KB155770

삶의 목적

청소년기 최적 발달의 핵심요인

Kendall Cotton Bronk 저 | 임효진 · 박주병 역

서문
Foreword

목적은 세상의 그 어떤 위대한 종교나 철학만큼 오래된 인간의 관심사이다. '나는 왜 여기에 있을까?', '내 존재 이유는 무엇일까?', '왜 사는 걸까?', '내 시간을 어디에 쏟아 부어야 최선일까?' 목적의 개념은 이런 물음과 함께 떠오른다. 인생에서 목적을 찾는 일은 모든 역사적 순간, 사회문화적 배경, 경제적 상황, 지리적 공간을 망라하여 인간들을 연결한다. 그 일은 인간 경험의 항구적이고 보편적인 특성이다.

또한 목적의 추구는 전세계적으로 역동적인 변화를 겪는 지금 이 시대에 꼭 들어맞는 일이다. 많은 평론가들이 지적하듯이 기술의 변화는 경제적, 사회적 존재양식의 모든 부분에 실제적인 '혼돈'을 가져오고 있다. 이제 당연한 것은 없다. 한때 견고했던 직업들도 사라지고 쇠락하거나 이전의 모습을 찾아볼 수 없을 정도로 바뀌었다(오늘날 언론, 법률, 의학, 교육 분야가 어디로 가고 있는지를 보라). 가족의 형태도, 가족이 함께하는 기간도, 나아가 가족구성원조차도 극적으로 다양해지고 있다. 사람들은 이전보다 열린 시야를 가지고 가족공동체에서 벗어나고 있다. 또한 가족의 확장과 더불어 친구나 다른 친밀한 관계들은 면대면을 대체한 휴대전화를 통해, 다시 휴대전화를 대체한 소셜 미디어를 통해, 지구 전체와 가상공간으로 옮겨가고 있다. 미래의 기술혁명이 소셜 미디어를 다른 무엇으로 대체할지 누가 알겠는가? 개인의 정체성을 지탱하던 버팀목이 쓸려가는 전면적인 변화 속에서, 자신을 안내해줄 인생 전체의 나침반을 찾아 헤매는 것은 당연한 일이다. 목적은 확실한 나침반이다. 대중매체를 보면 이 혼란스러운 시대에 성공, 건강, 행복을 위한 목적의 가치를 보여주는 서사들이 가득하다.

목적의 개념은 인간 경험의 핵심 요소로서 항구적이면서도 시의성을 가진다. 그럼에도 불구하고 놀랍게도 최근까지 목적에 관한 과학적인 연구는 별로 이루어지지 않았다. 인간에 관한 학문이, 실험실의 통제된 조건 아래 검사될 수 있는 협소한 구인에만 초점을 맞추었기 때문이다. 목적은, 중요한 인생결정의 도가니 속에서 긴 시간을 두고 작동하는, 넓고 먼 시야를 요구하는 목표이다. 목적에 대해서 진지하게 연구하려면 심도 깊고 탐색적인 인터뷰, 모범적 인물들에 대한 사례 연구, 목적이 도출되는 실제 맥락에 대한 탐색들과 같이 이 책에서 다루고 있는 방법론이 필요하다. 즉 목적에 대한 학문 연구가 가능하려면 목적의 복잡함을 다룰 수 있는 방법을 갖추어야 한다. 『삶의 목적: 청소년기 최적 발달의 핵심 요인』의 출간은 인간발달에 관한 심리학이 성숙한 수준에 도달했다는 징표가 된다는 점에서 충분히 환영할 만하다.

이 책은 심리학에서만 중요한 것이 아니다. 이 책은 교육의 현안을 다루고 있다는 점에서도 중요하다. 학생들의 동기 부여는 오늘날 교육의 가장 시급한 문제이다. 동기의 부족은 불우한 지역이나 제대로 운영되지 않는 교실에서만 나타나지 않는다. 물론 이런 상황이 특별히 동기부족으로 이어질 가능성은 있다. 가장 좋은 학교에서조차 많은 학생들이 자신이 하는 공부에 의미를 두지 못하고 있다. 어떤 학생들은 의무 때문에 열심히 하고는 있지만 흥미를 갖지 못하고, 최소한의 필요한 성적만 얻어 가려 한다. 어떤 학생들은 학업에 필요한 과제들을 모두 회피하고 있다. 학생들이 의미 없는 활동으로 많은 시간을 허비할 때 그들은 심리적으로 상당히 부담을 가지게 된다. 나는 『목적으로의 길(The Path to Purpose)』에서 권태, 무력감, 불안, 쾌락의 탐닉과 비관 등 이러한 심리적 부담에 대해 다루었다. 대체로 학교 안에서 가장 "스트레스가 심한" 학생들은 동기가 부족한 학생들이다. 물론 그들은 열심히 공부하는 학생도 아니다. 이와는 대조적으로 학교공부에서 목적을 발견한 학생들은, 큰 불안 없이 많은 시간을 쏟은 자신들의 노력에서 큰 만족을 얻는다. 열심히 하는 것만이 능사가 아니다. 오히려 이유를 알지 못한 채 명확한 목적 없이 공부하는 것이 문제이다. 그러므로 청소년들에게 목적은 학업 동기를 지속하는 중요한 요인이다.

목적의 중요성은 일생동안 지속된다. 일생의 단계가 전환될 때마다 목적은 자체적으로 다시 규정되고 확장되어 나간다. 이 일의 성공여부가 건강, 행복, 의미에 매우 중요하다. 그렇기 때문에 나이와 관계없이 모든 사람들은 목적에 관한 연구로부터 많은 것을 배울 필요가 있다. 『삶의 목적: 청소년기 최적 발달의 핵심 요인』은 과학자, 교육자, 그리고 인간 발달의 핵심 요인에 대해 관심을 가진 사람들에게 가치 있는 정보를 준다. 저자인 켄달 코튼 브롱크(Kendall Cotton Bronk)는 스탠포드 대학(Stanford University)에서 청소년의 목적에 관한 연구에 일찍부터 참여한 핵심인물이다. 그녀의 책은 목적 연구와 실천에 새로운 빛을 비추게 될 것이다.

윌리엄 데이먼(William Damon)

스탠포드(Stanford, CA)에서

2013년 3월

역자 서문
Prologue

1. 번역의 동기

　본인은 최근 4~5년간 그릿(Grit)이라는 개념에 관심을 두고 연구하고 있으며, 이 책을 번역하게 된 계기도 그릿 연구와 직접적인 관련이 있다. 그릿은 2007년 안젤라 더크워스(Angela Duckworth)가 "장기적인 목표를 향한 열정과 인내(passion and perseverance for long-term goal)"(Duckworth et al. 2007, p. 1087)라고 정의한 개념으로서, 이후 탁월한 성취를 이끄는 심리적 특성으로 알려져 학계와 대중의 주목을 받았다. 그러나 최근 수년간 진행된 비판적 연구들은 그릿의 연구와 적용에 여러 가지 이론적, 실천적 결함과 난점이 있음을 보여주었다. 그 원인과 해결책을 모색하는 가운데 만나게 되는 가장 핵심적 관문 중 하나는 바로 '목표(goal)'에 관한 이해이다. 기존의 그릿 연구자들은 목표를 특히 직업과 학업 영역에서 부여되는 여러 과업들로 보았고, 이를 직접적인 탐구의 대상으로 간주하지 않았다. 따라서 그릿을 측정하는 도구에서도 목표에 관한 문항은 전무하며, 그나마도 열정을 흥미유지로, 인내를 노력지속으로 치환하였기 때문에 불일치하고 편향된 결과들을 보여주었다(임효진, 2017). 본인은 이러한 논란이, 더크워스와 다른 연구자들 사이에 '목표'에 대한 관점의 차이가 존재하고, 그로 말미암아 열정과 인내, 더 나아가 그릿의 정의와 성격 그 자체를 서로 다르게 이해한 것에서 비롯되었다고 보았다.

　인간의 능력을 최고도로 발휘시키는 비인지적(non-cognitive) 정신 능력인 그릿을, '목표'라는 과업 위주의 개념에 한정하는 것이 과연 그릿 개념을 고안하게 만든 문제의식을 제대로 반영하고 있는 것일까? 인간의 탁월하고 고귀한 능력의 발현은 단순히 특정 과업의 성공에서가 아니라 끊임없는 실패에도 식지 않는 열정과 인내에서 더욱 분명히 드러나는 것이 아닐까?

열정과 인내를 특정 목표의 달성 여부에 제한하지 않고, 보다 긴 삶의 궤적을 관통하며 자신의 정체성과 연결되는 '목적(purpose)'의 수준으로 확장해서 이해하는 것이 그릿에 대한 더 깊은 이해를 가져다주는 것은 아닐까? 『삶의 목적(*Purpose in Life*)』이라는 책 이름에 즉각적으로 마음이 이끌렸던 것은 우연이 아니었다. 이 책 한 권으로 본인이 가진 모든 의문을 해결할 수는 없었지만, 번역을 마친 지금 생각해 보면 이 책은 출간된 책들 중 심리학에서 다루고 있는 목적의 연구 성과와 동향을 이해하는 데에 매우 도움이 되는 내용을 담고 있다고 확신한다.

이 책은 심리학 서적이지만 철학적 개념과 이해를 요구하는 내용들을 다수 포함하고 있기 때문에 번역 과정에서 교육철학 전공자인 박주병 선생님의 도움을 받았다. 이하에서는 책을 번역하며 가졌던 여러 의문들 중 독자의 이해를 돕기 위해 반드시 필요한 내용 두 가지를 설명하는 것으로 역자 서문을 대신하려고 한다.

2. 목적과 목적의식의 구분

인간의 행위에 내재한 다양한 목적은, 개인 차원이 아니라 사회 차원에서 형성된 일종의 가치와 신념의 체계들로서, 일찍이 철학이나 역사, 혹은 사회학 분야에서 수없이 논의되어 왔다. 마음을 탐구하는 과학인 심리학의 영역에서도 목적의 내면화, 동기화나 목적의식과 유사한 의지, 목표 등에 관한 연구가 다양한 방식으로 진행되었으며, 전생애(life-span)를 다루는 발달심리학이나 긍정심리학 분야에서는 가치와 신념의 체계인 목적의 기원과 발생적 조건 등에 관해 조금씩 탐색을 시작하고 있다.

이 책을 읽을 때 반드시 유의해야 할 것 중 하나는 저자가 목적과 목적의식을 혼용하여 쓰고 있다는 것이다. 가령, 5장(목적의 기원과 지원)에서는 인간이 추구하는 다양한 목적의 기원들과 그것들이 성립하는 조건을 말하고 있지 않고, 목적'의식'의 발생과 그것을 촉진시키는데 필요한 조건(주로 환경적 조건)에 관한 내용을 담고 있다. 또한 6장(목적의 여러 유형)에서는 목적 자체의 분류가 아니라, 개인이 유목적적 활동에 참여하는 과정에서 영감을 받아 목적의식을 가지게 되는 여러 가지 유형에 대한 내용을 담고 있다.

비록 학자마다 조금씩 다른 정의와 관심으로 연구될 수 있다고 하더라도, 목적과 목적의식은 서로 개념상 구분되며, 서로 다른 질문의 체계와 내용을 가진다. 그럼에도 불구하고 이 책의 저자가 양자의 차이를 거의 무의식적으로 간과하며 기술한 것은, 그의 관심이 목적 그 자체에 있는 것이 아니라 기본적으로 개인이 유목적적 활동에 참여하면서 그 활동의 목적을 내면화해 가는 과정에 보다 초점을 둔 결과로 보인다. 그러므로 독자는 이를 감안하여 목적의 기원, 발달, 지원 등의 용어를 만났을 때, 맥락상 그 문장의 의미가 목적의식의 발생, 발달, 발달단계상 필요한 환경적 지원 등을 의미하는지를 살펴서 읽어야 사고의 혼선을 막을 수 있다.

3. 목적 추구의 특성으로서 '자아를 넘어선'의 의미

저자는 목적 연구에서 주요 인물 중 하나인 데이먼(Damon)의 말을 빌려, "삶의 목적은 자아에게 의미를 가지면서도 동시에 자아를 넘어선 세계의 어떤 측면에 생산적으로 참여하도록 이끄는, 안정적이고 일반적인 의도이다"라고 말한 바 있다(p. 28). '의미'나 '참여' 요소는 목표 연구에서뿐만 아니라 목적 연구에서도 중요하게 다루어지지만, 이 책에서 새로운 요소로 소개된 '자아를 넘어선(beyond-the-self)'이란 표현에 주목할 필요가 있다. 이 책에서 'beyond-the-self'는 문맥에 따라 "자아를 넘어선" 또는 "자아외적"으로 번역하였다. 예거 등(Yeager et al. 2015)은 목적의 특성 중에 이 부분을 특히 강조하며 '초월적(transcendent)' 목적이라는 표현을 사용하였고, 이때의 초월은 자기지향적(self-oriented) 관점을 초월한다는 의미를 담고 있다. 그러나 '자아를 넘어선다'거나 '초월한다'는 표현은 어디까지나 마음을 공간적(물리적) 동사를 차용하여 비유한 것에 지나지 않으며, 이것만으로는 목적 추구의 마음이 어떤 상태인지를 이해하거나 기술할 수 없다.

저자 또한 목적 추구의 특성으로 'beyond-the-self'를 강조하면서도 이에 대해 명확히 진술하지 않았고, 다만 책의 여러 곳에서 타인지향적 (other-oriented), 이타적(altruistic), 친사회적(prosocial)이라는 표현을 나열하였을 뿐이다. 이러한 표현들로 미루어볼 때, 저자는 이기적 목적과 이타적 목적을 이분법적으로 대비시켜, 유목적적 활동의 결과가 누구에게 이익이 되느냐를 가지고 설명했음을 알 수 있다. 이러한 견해는 데이먼이나 후속 연구자들이 자아를 넘어선 목적에 대한 연구를 '사회적 목적(social purpose)'이라는 용어로 치환하여 연구하기 시작한 것과 맥을 같이 한다. 사회적 목적은 그야말로 사회적 가치 즉 타인을 배려하거나 공동체, 사회에 기여하고자 하는 목적이다. 이에 따르면 목적의 대상을 개인적 활동이 아닌 사회적 활동에만 한정하게 된다.

그러나 'beyond'나 'transcendent'라는 말을 통해 목적 추구의 특성을 논하고자 했던 저자의 의도가, 안과 밖, 이기와 이타, 개인과 사회라는 이분법적 기준으로 충분히 설명되는가? 이것이 본인이 가진 두 번째 의문이었다. 저자의 생각과 의도를 파악하는 것이 번역의 최소이자 최대의 미덕이라고 할 때, 이 표현이 포함된 문장의 번역은 그 이해가 어려웠던 만큼이나 해석에 주의를 기울이지 않을 수 없다. 저자의 설명 그대로, 자아를 넘어선 혹은 초월적 목적 추구가 '내적' 자아와 구분되는 '외적' 대상이나 활동에 대한 이타적 지향을 의미하는 것이라면, 이는 '자아 밖의(outside-the-self)' 목적 추구라고 말하면 충분하다고 생각된다. '넘어선', '초월적'과 같은 표현을 쓸 필요가 없다는 말이다. 특히 자기지향-타인지향과 같은 표현에서 나오는 이기-이타의 구분은, 개인의 이익이든 사회의 이익이든, 모두 '이익'이라는 관점에서 인간의 활동을 파악하게 만든다는 점에서 한계가 있다. 이러한 구분으로는 이익 추구와 별개이거나 이익과 무관한, 인간의 고귀한 목적 추구와 그러한 마음의 상태가 나타내는 심리적 현상을 포착하지 못한다.

목적의 용례에서 이러한 이분법이 만족스럽게 적용될 수 없음을 확인하는 것은 어렵지 않다. 가령, 예술가가 예술의 세계를 대면하고 이를 위해 열정과 끝없는 인내를 가지고 있다고 치자. 그 순간의 마음의 상태를 이기-이타, 개인-사회, 안-밖이라는 구분으로 설명하는 것은 적절하지 않다. 예술의 목적이든, 학문의 목적이든, 선행의 목적이든, (이를 통칭하여) 어떠한 '삶'의 목적이든, 목표와 달리 목적의 용법은 추구하는 대상과 자아가 구분되지 않는, 즉 목적 그 자체의 속성을 자아의 것으로 내면화한 모습을 그리게 만든다. 저자가 불명확하게나마 이러한 내용을 다룬 부분은 3, 4, 5장에서 간간히 등장하는 '목적이 내면화된 정체성', '목적과 통합된 자아'와 같은 설명에서 추론할 수 있다. 목적이 자아에 '내면화' 또는 '통합'된다라는 표현에서도 알 수 있듯이, 목적의 추구에는 안과 밖의 구분으로는 충분하지 않은 특성이 있고, 이를 상세히 밝히는 것이 목적 연구의 한 축을 담당하리라 생각된다.

책에 나타난 'beyond-the-self'의 불명확성에 대한 탓을 저자에게만 돌릴 수는 없다. 목적 추구 상태의 마음을, 어휘적 표현이나 철학적 고찰을 넘어서 경험적으로 분석할 수 있는 심리학적 개념으로 만드는 작업은 이제 시작점에 있다.

4. 마치며

이 책처럼 딱딱한 이론서를 굳이 찾아 읽을 때는 자신에게 부족한 지식을 얻거나, 불확실한 견해에 확신을 줄 수 있는 내용을 찾으려는 욕망이 앞선다. 본인도 그릿 연구의 한계와 문제점, 특히 목표와 관련된 연구에 돌파구를 찾을 수 있는 아이디어를 얻으려고 이 책을 읽기 시작하였다. 번역을 마친 지금 되돌아보면, 본인이 가졌던 그 기대는 목적 관련 연구에서 잘 몰랐거나 부족했던 것에 대한 대답을 얻는 데에 그치는 것이 아니라, 오히려 저자와 본인을 비롯한 연구자들이 아직 해명하지 못한 여러 질문의 조각들을 이해하고 향후 어떤 연구 주제로 나아갈 것인가를 확인하는 것이 아니었던가 싶다.

공역자인 박주병 선생님은 어려운 철학 용어와 논의들을 쉽게 설명해주셨을 뿐만 아니라 무엇보다 본인에게 번역이란 무엇인지 가르쳐주신 소중한 분이다. 또한 책이 나오기까지 여러모로 애써 주신 피와이메이트의 노현 대표님과 장유나 과장님께 무한한 감사를 드린다. 끝으로, 이 책을 읽을 독자들도 기존의 견해(아는 것)를 확인하고 수용하는 데에 그치지 않고, 목적에 관한 연구를 진척시킬 수 있는 질문(모르는 것)을 가질 수 있게 되는 데에 이 번역이 조금이나마 도움이 되었으면 하는 바람을 전하고 싶다.

2020년 5월
임효진 씀

* 참고문헌

임효진 (2017). 그릿의 최근 연구동향과 재개념화의 필요성. 교육심리연구, 31(4), 663－681.

Duckworth, A. L., Peterson, C., Matthews, M. D., & Kelly, D. R. (2007). Grit: Perseverance and passion for long-term goals. *Journal of Personality and Social Psychology*, 92(6), 1087－1101.

Yeager, D. S., Henderson, M. D., Paunesku, D., Walton, G. M., D'Mello S., Spitzer, B. J., ... , Duckworth, A. (2014). Boring but important: A self-transcendent purpose for learning forsters academic self-regulation. *Journal of Personality and Social Psychology*, 107(4), 559－580.

차 례
Contents

01

개요와 정의
Introduction and Definition

개요와 정의
Introduction and Definition

무엇을 위해 사는가? 이 질문은 생존을 위한 투쟁이 누그러질 때 떠오른다. 참으로 그렇다. 대부분의 사람들에게 삶을 위한 **수단**(means to life)은 있어도 삶을 위한 **의미**(meaning to life for)는 없다(Frankl 1979, p. 21, 저자 강조)

프랭클(Frankl)이 던진 이 질문은 중요하고도 시의적절하다. 인생의 목적은 무엇인가? 살다 보면 어느 순간 이 질문에 사로잡힌다. 이 주제를 다루는 두꺼운 책들은 서점의 주요 서가를 당연하다는 듯 꿰차고 있다. 그러나 대부분의 책들은 목적을 발견한 어떤 한 사람의 이론과 경험, 검증되지 않은 방법들이다. 삶의 목적(purpose in life)이라는 구인에 대한 관심이 점차 커지고 있지만, 과학적 자료들은 생각보다 많지 않다. 목적에 대해서 우리가 아는 것이 무엇이고 그것을 아는 방법은 무엇인가? 목적은 도대체 무엇이며 사람들은 그것을 어떻게 찾아내는가? 목적은 어떤 차이를 만들어내는가? 이 책에서는 이런 질문들, 그리고 이 주제와 관련 있는 그 밖의 질문들을 다루고 있는 이론적 혹은 경험적 연구들을 종합적으로 검토하고자 한다.

본격적인 논의에 앞서 지금까지 목적 개념이 연구에서 어떻게 다루어졌는지 그 윤곽을 그려보는 것이 중요하다. 또한 이 개념의 기원을 이해하는 것도 중요하다. 따라서 목적의 정의와 목적 구인의 역사를 논의하며 이 책의 문을 열고자 한다.

목적 구인의 역사

심리학자들이 안녕감(well-being)에서 목적이 중요하다는 것을 깨닫는 데는 상당한 시간이 필요했다. 그러나 빅터 프랭클(Viktor Frankl 1959)은 그렇지 않았다. 프랭클은 II차 세계대전 중에 수용소에 갇혀 심한 고초를 겪었다. 그는 3년 동안 노역, 고문, 굶주림, 수모에 시달렸다. 그러나 그는 결국 수용소에서 살아남았고, 개인적으로 의미 있으면서도 지속적인 목적1)을 유지하는 자신의 능력 때문에 생존할 수 있었다고 믿게 되었다. 수용소의 시련을 겪는 동안 그는 생존의 기회가 주어진 가운데 미래에 대해 희망을 품고 있는 사람들은 생존할 가능성이 높다는 것을 깨달았다. 사랑하는 사람들에게로 돌아가겠다는 희망을 놓지 않은 사람들, 마쳐야 할 사명을 가지고 있었던 사람들, 영적인 믿음이 견고하게 흔들리지 않는 사람들, 달리 말해서 여러 가지 목적에 헌신했던 사람들은 참고 견딜 수 있었다. II차 세계대전이 끝날 무렵 프랭클은 수용소에서 풀려났고, 『삶의 의미를 찾아서(Man's Search for Meaning)』(1959)를 썼다. 이 책에는 프랭클이 수인번호 119104로 살면서 경험한 것이 자세히 기록되어 있고, 목적을 발견하는 일의 중요성에 토대를 둔 그의 이론과 치료법의 윤곽이 담겨 있다.

프랭클에 따르면 모든 개인은 의미를 찾는 능력을 가지고 있다. 사람들은 심지어 의미가 없어 보이는 상황들에서도 의미를 찾는다. 프랑스의 실존

---

1) [역주] an enduring and personally meaningful purpose. 이하 내용을 통해서 알 수 있듯이, 저자는 '개인적으로 의미 있는' 지속적 또는 장기적 목적이라는 표현을, 목적 구인을 뜻하는 관용구처럼 쓰고 있다. 예를 들면 "개인적으로 의미 있고 장기적인 인생의 지향점"과 같다(p. 27).

주의자 샤르트르(J. P. Sartre)나 까뮈(A. Camus)와 같은 유명한 철학자들은, 삶에 의미가 없더라도 인간은 자신의 삶을 의미 있게 이끌 필요가 있다고 믿었다. 따라서 그들은 개인이 자신의 삶에 의미를 부여하는 존재라고 주장 했다. 사람은 각자의 삶을 위해 의미를 **선택하거나 고른다**(Fabry 1988; Yalom 1980). 반면에 프랭클이 보기에 목적과 의미는 이미 존재하며 개인은 그것을 **발견해야** 한다. 음악을 이루는 소리의 파동이 공기 중에 가득 차 있 듯이 의미와 목적은 우리 주위를 둘러싸고 있다. 그러나 음악을 듣기 위해 서 라디오를 켜야 하는 것처럼, 우리를 둘러싼 세상에서 의미를 찾기 위해 서는 "조율(tune in)"이 필요하다(Fabry 1988, p. 4).

프로이트(Freud)는 쾌락에 대한 욕망(desire for pleasure)이 행동의 가장 강력한 보상동기라고 믿었다. 아들러(Adler)에게 그것은 권력에 대한 욕망 (desire for power)이었다. 그러나 프랭클이 보기에 인간의 가장 강력한 동기 는 의미이다(Frankl 1984). 프랭클의 주장에 따르면, 쾌락이나 권력은 목적의 부산물일 수 있지만, 목적은 그런 부산물도 아니고 목표를 위한 수단도 아 니다. 목적 또는 의미(프랭클은 이 두 용어를 혼용한다)는 우리의 궁극적인 목 표를 대표하며, 목적을 발견함으로써 사람들은 고난을 견디고 어려움을 극 복할 수 있다.

프랭클은, 개인적으로 의미 있는 목적을 추구하는 것이 인간 동기의 기 초이므로, 목적의 부재가 심각한 심리적 문제들을 낳는다고 본 최초의 인물 이다. 그는 의미부재(meaninglessness)가 증오, 권태, 범죄행동, 중독, 우울 등과 지속적인 관련이 있음을 지적했다. 사람들은 의미가 빠지고 난 자리를 쾌락의 탐닉, 권력의 추구, 물질만능, 신경증적 강박과 충동 등으로 채우려 한다(Frankl 1984). 목적의 부재는, 권태, 우울, 무감각 등의 형태로 나타나는 실존적 좌절로 이어진다. 프랭클은 목적의 부재가 모든 개인에게 정신적 병 리현상을 가져오는 것은 아니지만, 대다수에게는 그렇게 된다고 보았다. 프 랭클의 추정에 따르면 목적이 없을 시에는 심리, 정신질환 환자의 약 20% 가, 그리고 일반인 중 절반 이상이 권태 및 "실존적 좌절"에 시달린다 (Crumbaugh 1977; Crumbaugh 1968; Crumbaugh & Maholick 1964).

목적이 가진 힘을 믿었던 프랭클은 수용소에서 풀려난 뒤 환자들이 삶의 목적을 발견하도록 돕는 상담치료법을 개발하였다. 로고테라피(Logotherapy)라고 이름붙인 이 의미중심적 치료법은, 모든 사람들이 삶의 이유를 확인할 수 있다는 가정, 그리고 그렇게 함으로써 개인으로 하여금 부정적 상태를 극복하고 더 충만한 삶을 살게 도울 수 있다는 가정에 기초한다(Crumbaugh & Henrion 2001).

목적과 같이 무언가 초월적인 것이 인간의 행동에 영향을 미치거나 동기로 작용한다는 생각은 당시의 통념에 반하는 것이었다. 그 당시 인간행동에 관한 접근은 행동주의와 정신분석학이었다. 이 주류의 관점에서 보면 목적과 같은 신념 체계는 더 근원적인 인간 추동(drive)의 부산물에 지나지 않았다(Damon et al. 2003). 그러나 프랭클은 이런 입장에 단호하게 반대한다.

> 인간에게 있어서 의미 추구는 인생에서 가장 중요한 힘이 된다. 그것은 본능적인 추동에 대한 '2차적 합리화(secondary rationalization)'가 아니다. 의미는 그 사람만이 충족해야 하고 충족할 수 있다는 점에서 고유하고 특수한 것이며, 그 사람 자신의 **의지**로 의미를 만족시킬 때 유의미성을 얻는다. 의미와 가치는 "방어기제, 반응형성, 승화에 지나지 않는다"고 말하는 저자들이 있다. 그러나 나를 두고 보더라도, 나는 단지 나의 '방어기제'를 위해서 삶의 의지를 불태우거나 또는 나의 '반응형성'을 목적으로 기꺼이 죽음을 맞을 준비를 하지 않는다. 인간은 자신의 이상과 가치를 위해서 살고, 또 심지어 목숨을 던진다!(Frankl 1984, p. 99).

로고테라피는 삶의 이유나 목적을 갖는 것이 충만한 삶에 꼭 필요하다는 원리에 토대를 두고 있다(Frankl 1984; van Deurzen-Smith 1997). 여기에는 몇 가지 주요 가정들이 있다(Schulenberg 2004). 첫째는 자유의지(Freedom of Will)에 대한 가정으로, 비록 자신에게 일어날 사건들을 항상 통제할 수는 없어도 그 사건에 대해 어떻게 반응할지는 항상 통제할 수 있다는 것이다(Crumbaugh 1971; Melton & Schulenberg 2008). 둘째는 의미추구 의지(Will to Meaning)의 가정으로, 자신의 삶을 위한 의미 또는 목적을 찾으려는 욕구가 인간의 일차적 동기라는 것이다(Crumbaugh 1971; Frankl 1984; Melton & Schulenberg 2008; van Deurzen-Smith 1997). 의미를 향한 의지가 꺾이거나 방해받을 때에는 실존적 좌절이 일어난다(Frankl 1984). 마지막으로 중요한 가정은, 삶에는 어떤 상황에서도, 심지어 피할 수 없는 고통과 고난 중에도, 의미가 내재해 있다는 가정이다(Frankl 1984). 프랭클은 희망이 없는 상황에 놓인 무력한 희생자일지라도 존엄하게 살기를 선택하고 상황을 딛고 일어섬으로써 의미를 찾을 수 있다고 믿었다. 그는 수용소 포로생활을 통해 이러한 삶의 방식을 직접 경험했다.

프랭클은 로고테라피에서 환자를 돕는 첫 단계로 「프랭클 설문(Frankl Questionnaire)」이라는 비형식적 질문지를 제작하여 환자들이 의미 있는 목적을 얼마나 유지하는지 평가하였다(Crumbaugh & Maholick 1967). 이 질문지에는 '당신의 삶에 목적이 없다고 느끼십니까?'와 같은 질문들이 들어 있다.

프랭클이 경험적 관점보다 임상적 관점에서 목적의 개념에 관심을 두고 있는 동안 그의 책은 심리학 연구자들 사이에서 관심을 얻기 시작했다. 프랭클과 긴밀히 공동작업을 했던 크럼보와 매홀릭(Crumbaugh & Maholick)은 프랭클의 비형식적인 질문지를 토대로 「삶의 목적 검사」(Purpose in Life Test, 이하 PIL, Crumbaugh & Maholick 1964)라고 이름붙인 20문항 질문지를 제작하였다. 목적에 대한 초창기 경험적 연구들은 대부분 「PIL」에 의존하였다(Crumbaugh & Maholick 1967; Crumbaugh 1968). 이 검사를 포함해서 목적을 측정하는 척도에 대한 자세한 논의는 2장(목적의 측정)에서 다룬다.

프랭클의 저술과 새로 만들어진 「PIL」에 힘입어 삶의 목적 구인에 대한 연구는 1960년대에 절정기를 맞는다. 그러나 이어지는 10년 동안 목적 구인에 관한 경험적 연구의 수는, 2000년대 초반 긍정심리학의 대두와 함께 다시 증가할 때까지 감소하는 경향이 있었다(Seligman & Csikszentmihalyi 2000; Sheldon & King 2001). 프랭클과 긍정심리학의 패러다임에서는 목적부재(purposelessness)의 부정적 연관성을 강조하는 편인 반면, 최근의 많은 학자들은 유목적성(purposefulness)의 긍정적 연관성에 더 주목하는 편이다.

목적의 정의

목적이 어떻게 긍정심리학의 모델과 이론 체계에 들어가게 되었는지 살펴보기 전에, 목적이 무엇으로 구성되는지 명확히 이해하는 것이 중요하다. 새롭게 등장한 구인이 모두 그렇듯이 목적의 이론적 개념과 정의는 다양하게 제시되었다. 목적은 의사결정의 핵심(Maddi 1998), 진화론적 적응(Boyd 2009; Klinger 1998), 혼돈에서 의미를 만들어내는 수단(Korotkov 1998), 개인의 궁극적인 지향점이나 목표(Damon 2008; Emmons 2005) 등으로 간주된다. 프랭클(1959)은 목적을, "내면의 힘"(p. 80), "인간이 자신의 존재를 위해 가지고 있는 책임"(p. 80), "[개인] 존재의 '이유(why)'"(p. 101), "주어진 순간에 개인의 삶이 가진 특별한 의미"(p. 110), "삶이 우리에게 기대하는 [것]"(p. 108) 등으로 기술한다. 프랭클(1959)이 제안하고 크럼보와 매홀릭(1964, 1967)이 내린 목적의 조작적 정의는 **"경험의 주체로서 개인이 보는 삶의 존재론적 중요성(the ontological significance of life from the point of view of the experiencing individual)"**이었다(p. 201). 초기 목적 연구에서는 주로 이 정의를 사용하는데, 여기서 목적이란 자신의 삶이 의미 있다고 느끼는 주관적인 인식을 의미한다. 연구자마다 인지적 요소(예: 삶이 의미 있다고 믿는 신념), 정의적 요소(예: 삶이 의미 있다는 느낌), 동기적 요소(예: 자신의 삶이 의미 있도록 애쓰는 것, Wong 1998) 등 목적 또는 의미의 특정한 측면을 강조한다. 오늘날 사용되는 목적의 정의 대부분은 헌신(commitment), 목표지향성(goal-directedness), 그리고 개인적 유의미성(personal meaningfulness), 이렇게 세 가지 특징을 갖는다.

에릭슨(Erikson 1968, 1980)에 따르면, 목적의 첫 번째 핵심요소인 헌신은 일반적으로는 건강한 인간발달에, 구체적으로는 긍정적인 정체성 발달에 중요하다. 일관된 자아의식을 수립하기 위해서 개인은 일관성과 통합성을 제공하는 특정 신념, 가치, 지향점에 헌신할 필요가 있다. 에릭슨은, 청소년들이 자신의 의지로 자연스럽게 선택과 결정을 내리기 시작하면, 이것이 나중에 되돌릴 수 없는 역할을 이끌고, 그리하여 인생의 목적에 헌신하기 위한 최종적인 자기정의(self-definition)로 이끈다고 하였다(1980, p. 119). 따라서 사람들은 자신의 시간, 자원, 정신적 에너지를 기꺼이 바칠 수 있는 지향점[2])을 규정해야만 한다. 이러한 헌신이 없다면 지속성을 특징으로 삼는 삶의 목적은 수립될 수 없다.

어떤 것에 헌신하는 것은 목표의 발달에 꼭 필요하다. 삶의 목적이란 이런 종류의 목표를 말한다. 목적의 정의가 가진 두 번째 측면이 바로 목표지향성이다. 리프와 싱어(Ryff & Singer 2003)는 높은 수준의 목적에는 "목표와 지향성"이 포함되어 있음을 확인하였다. 마찬가지로 버나드(Benard 1991)는 목적에서 '지속성'과 '목표지향성'을 강조하였고, 얄롬(Yalom 1990)은 목적이 "의도, 목표, 기능"을 의미한다고 말하였다(p. 423). 바우마이스터(Baumeister 1991)는, 사람들은 현재의 활동을 미래의 성과와 관련 있다고 지각하고 미래의 가능한 조건으로부터 현재 사건의 의미를 끌어낼 때 목적에 도달한다고 보았다. 사실상 대부분의 학자들이, 삶의 목적은 특정 유형의 목표를 추구하되 그 목표가 특별히 안정적이고 장기적인 것이라는 데에 의견을 같이한다(Damon et al. 2003; Damon 2008).

이렇듯 목적은 보다 광범위한 동기적 목표로서 행동 패턴에 영향을 주면서 단기적인 목표들을 지시하는 기능을 한다(McKnight & Kashdan 2009). 목적은 단기적 노력(proximal strivings)(Emmons 1999), 개인적으로 의미 있는 프로젝트(Little 2006)를 결정하기도 한다. "목적은, 목표를 **조직하고 자극하며** 행동을 조절하고 의미 있다는 느낌을 제공하는, 자기조직적인 구심점으로서의 삶의 목표이다. 목적은 유한한 자원을 어떻게 사용해야 할지 안내함으로써 인생의 목표들과 매일의 의사결정을 **가이드한다**"(McKnight & Kashdan 2009, p. 242 저자 강조). 많은 경우 먼 지평(far-horizon)의 목적은

---

2) [역주] aim. 저자는 purpose, aim을 대체로 비슷한 뜻으로 쓰고 있지만, 원문의 다른 용어는 가급적 구분해서 번역하고자 '지향점'으로 옮겼다. aim은 purpose와 달리 동사로 쓰인다는 점을 감안해 보면, 겨냥하고 지향하는 목적의 역동성을 드러내는 편이다. 참고로 goal은 purpose보다 단기적이고 성과가 뚜렷한 목표들을 가리키며, end는 비유적인 의미로 행위나 사건이 이끌어간 종착점을 가리킨다.

보다 직접적인 목표나 활동의 이면에 존재하는 이유로서 작용한다. 이렇게 보면, 어떤 사람이 의과대학에 진학하려고 열심히 공부하는 것은 양질의 의료 서비스 제공이라는 장기적인 목표 추구를 위한 단기적인 목표인 셈이다.

목적이 가리키는 지향점에 완전하게 도달하는 일은 불가능하지만, 그것은 개인을 더 발전시키는 동기가 된다. 예컨대 누군가는 노숙자를 줄이고, 재즈 음악의 사회적 가치를 높이고, 정치적 풍토를 개선하려고 한다. 이러한 목표들은 **완전하게** 성취되지는 못하나 개인의 삶에 중요한 방향성과 의미를 준다. 따라서 목적을 추구한다(to pursuit)는 것이 중요하다. 이와 같이 목적이 인간을 이끌고 가는 측면은 궁극적 동기의 원천으로서 중요한 역할을 한다. 리프와 싱어가 말했듯이, "삶의 목적[을 추구하는 것]은 역동적인 과정이다. 개인의 삶이 유의미하고 유목적적이라는 느낌은, 한순간 모든 것이 완결되는 종결점이 아니라 매일매일 끊임없이 펼쳐지는 현상이다."(Ryff & Singer 2008, p. 8). 마찬가지로, 에몬스(Emmons)는 목적과 유사한 의미인 궁극적 관심(ultimate concerns)을 가리켜, "결코 완전히 만족될 수 없다는 점에서 현실태가 아니라 가능태"라고 말하였다(2005, p. 732).

삶의 목적은 강력한 동기가 들어있는 헌신으로 나타난다. 개인은 삶의 목적에 고양되거나 떠밀리기도 한다. 그리하여 자신의 행동을 바꾸고 자원을 정비하며, 목적을 향해 나아가려 노력한다. 목적의 추구에 내재해 있는 목표지향성은 목표를 추구하는 강한 동기와 적극적인 참여를 가리킨다.

마지막으로 목적의 세 번째 요소는 개인적으로 의미 있다는 느낌이다. 우리가 동기를 가지고 추구하는 모든 것에 다 의미를 부여하는 것은 아니다. 예를 들어 누군가는 체중 감량의 동기가 있지만 살을 **빼는** 것이 장기적으로 그리고 개인적으로 볼 때 의미 있다고 보기는 어렵다. 반면에 목적은 중요하고 개인적인 의미를 말한다. 예컨대 크럼보와 매홀릭(1967)은 목적을 "**경험하는 주체의 관점에서 본 삶의 존재론적 중요성**"(p. 201, 저자 강조)으로 정의한다. 그리고 리프와 싱어(1998)는 "자신의 현재와 과거의 삶에 **의미가 있다고 느끼는 것이 중요하다**"(p. 107, 저자 강조)고 지적한다. 마찬가지로 맥나잇과 카슈단(McKinght & Kashdan 2009)은 목적을, 목표들을 조직하고 자극하고 행동을 조절하며 의미 있다는 느낌을 주는 자기조직적인 인생의 지향점이라고 정의한다(p. 242, 저자 강조).

목적은 개인에게 의미를 가질 뿐만 아니라 삶의 중심에 위치한다. 목적의 개념은 '범위(scope)'를 한 차원으로 가지고 있다(McKnight & Kashdan 2009). "범위는 목적이 그 사람의 삶에 얼마나 편재하는가를 나타낸다. 한 사람의 인생에 중심을 차지하고, 모든 행동, 사고, 감정에 영향을 미치는 목적은 넓은 범위를 가진 것이다."(p. 243). 이처럼 개인적인 유의미성이 중요하기 때문에 어떤 정의에서는 목적과 의미 구인을 동일시하기도 하고(Frankl 1984; Crumbaugh & Maholick 1964, 1968), 어떤 정의에서는 목적이 의미를 이루는 한 요소가 되기도 한다(Baumeister 1991; Reker & Wong 1988).

헌신, 목표지향성, 개인적 의미, 이 세 가지는 [목적] 구인의 요소로서 목적 구인의 다른 정의에도 대부분 나타나기 때문에 반박할 수 없다. 나침반 바늘이 항상 북쪽을 가리키듯이 삶의 목적은 스스로 중요한 목표들로 향하게 하고 동기를 부여한다. 목적의 개념에 따라서는 이 세 가지 요소가 필수조건일 뿐만 아니라 목적의 존재 여부를 가늠하는 충분조건이다(Ryff & Singer 1998; Crumbaugh & Maholick 1964, 1967; McKnight & Kashdan 2009).

그러나 자세히 살펴보면 목적에는 이 세 가지 요소 외에 한 가지 요소가 더 있음을 알 수 있다. 이 요소의 초점은 자아를 넘어선[3] 세계(the world beyond-the-self)에 대한 관심에 있다. 삶의 목적은 개인적으로 의미 있는 목표를 향해 활동하려는 열망인데, 단지 자신에 대한 봉사만이 아니라 좀 더 넓은 세계에 생산적으로 참여하도록 이끄는 것을 말한다. 프랭클에 의하면 삶의 목적은 인간적인 동기를 위한 토대로서, 그는 이런 동기를 '노에틱(noetic)'[4]이라고 부른다. 이는 달리 말해서

---

3) [역주] 'beyond-the-self'는 이 문단에 쓴 것처럼 자아에 한정하지 않고 더 넓은 세계에 참여하고 헌신하는 측면을 가리키는 것으로서 목적의 의미 요소 중 저자가 특히 강조하는 측면이다. 이 책에서는 문맥에 따라 '자아를 넘어선' 또는 '자아외적'으로 옮겼다.

4) [역주] 'noetic'은 그리스어 'nous'에 뿌리를 두고 있는 것으로서, 특히 플라톤은 감각경험을 초월한 이데아 자체에 대한 인식을 가리킨다. 자아를 넘어서 객관의 지평에서 다른 주관과 공유되는 지성의 측면을 가리키는데, 이 책에서는 좀 더 실천적인 의미에서 세계와 고립된

"정신적인", 또는 마음이 가진 영감과 열망의 측면들을 가리킨다. 이것이 꼭 "종교적"일 필요는 없다. 인생의 비물질적인, 또는 보다 고차원적인 지점을 가리킨다. 다른 표현으로 '인간은 빵만으로 살 수 없다'고 말할 때처럼 인생의 참 의미와 목적을 '물질'의 축적이 아닌 데서 찾는 것, 아니 그보다는 자신을 둘러싼 사람들로부터 공감과 인정과 수용을, 실제로든 상상으로든, 지금 당장이든 미래에서든, 모종의 피드백으로 얻기 위해서 어떤 과업을 행하고자 하는 것이다(Crumbaugh 1977, p. 901).[5]

비록 크럼보와 매홀릭(1964, 1968)의 저술이나 목적 연구를 위해 개발된 도구에서는 프랭클이 암시하는 자아외적 요소가 강조되지 않음에도 불구하고, 목적에 이와 같은 통합적 특징이 들어있다는 프랭클의 믿음은 충분히 짐작할 수 있다. 삶의 목적은 개인적으로 의미 있는 목표일뿐만 아니라 동시에 개인이 보다 넓은 세계에 참여하게 하는 목표이다. 가족을 위해서, 신에게 봉사하기 위해서, 공동체와 국가를 위해서 무언가를 하려는 것은 모두 자아를 넘어선 세계에 능동적으로 참여하는 방식이다.

목적에서 자아외적 요소는 이론적으로뿐만 아니라 실제적으로도 중요하다. 경험적 연구에 의하면 이 지표는 심리적 안녕감에 중요하다. 자아외적 목표를 가진 사람들은 그렇지 못한 사람들보다 개인적 통합성, 심리적 조절 능력, 성취도, 개방성, 삶의 만족이 모두 더 높게 나타났다(Bronk & Finch 2010; Mariano & Vaillant 2012). 목적에서 자아외적 요소는 대체로 개인을 넘어선 지향점에 대한 친사회적 헌신, 고귀한 헌신으로 조작화되기 때문에 발달적 관점에서도 도움이 된다.

목적 개념에 관한 연구 결과에 따르면 흥미롭게도, 대부분의 사람들이 삶의 목적에 자아를 넘어선 관심이 포함된다고 보고 있다(Hill et al. 2012). 널리 유명한 『목적이 이끄는 삶(*Purpose-Driven Life*)』(Warren 2002)은 3천만 부 이상 팔려나갔고 목적 추구에 관한 초창기 관심을 불러일으킨 책인

자아에 봉사하는 것을 넘어서서, 타인과 세계에 기여하고자 하는 생산적 관심, 더 넓은 세계와 하나되는 통합적 관심을 뜻하는 것으로 짐작된다.
5) 프랭클은 크럼보와 매홀릭의 논문에 조언을 하였고, 그들은 프랭클의 개념에 맞춰 이렇게 목적을 정의하였다.

데, 이 책은 "그것은 당신에 관한 것이 아니다."(p. 11) 라는 아주 단출한 문장으로 시작된다. 달리 말해서 그것, 즉 목적의 추구는 자아보다 더 큰 무엇에 대한 것이다.

마지막으로 목적의 자아외적 요소는 **목적**을 **의미**와 구분하는 데에 도움이 된다. 프랭클을 포함하여 많은 초기 연구자들은 의미와 목적을 혼용해서 썼다. 그러나 목적과 의미에 관한 경험적 연구가 성장한 지난 10년간, 이와 관련한 구인들을 명확하게 구분할 필요가 있었다. 의미는 개인의 삶에 중요하게 보이는 것은 무엇이든 다 가리키는 반면, 목적은 자아를 넘어선 세계에 생산적으로 참여토록 이끄는 의미의 원천들을 가리킨다(Damon 2008; Damon et al. 2003).

목적과 의미를 구분하는 또 다른 방식은 목표지향성과 관련이 있다. 목적은 개인적으로 의미 있고 장기적인 인생의 지향점을 가리키는 반면, 의미에는 목표나 지향점이 반드시 포함되지는 않는다. 대신에 인생에서 의미란 상황적 의미와 실존적 의미를 모두 망라한다(Wong, 출판 중[6]). 상황적 의미란 개인이 자신을 둘러싼 세계를 이해하는 방식인 반면, 실존적 의미란 개인이 존재하는 이유를 가리킨다. 의미는 우리가 맞닥뜨린 세계와 사건들에 대한 이해이다. 그것은 우리가 상황을 이해하는 방식, 그 상황과 관계된 우리의 입장을 이해하는 방식이다(Parks 2011). 의미구인은 "자신의 존재와 실존의 본성에 관하여 이해하고 느끼는 의식"으로 정의된다(Steger et al. 2006, p. 81).

의미와 목적은 서로 구분되는 구인이지만 서로 관련성이 있다. 우리가 상황을 이해해서 얻은 의미는 우리에게 방향을 제공하고 세계에서 우리의 위치를 찾게끔 도와준다. 따라서 우리를 둘러싼 세계에 대한 이해는 자아와 목적에 대한 관념을 만들어낸다(Parks 2011). 요컨대 우리 존재 안에서 발견

---

6) [역주] 원서의 참고문헌에는 in press라고 표기되어 있다. 이는 Wong, P. T. P. (2014). The positive psychology of meaning in life and well-being. In A. C. Michalos (Ed.), *Encyclopedia of quality of life and well-being research* (pp. 3894−3898), New York, NY: Springer로 출간된 원고이다.

한 의미는 우리 목적의 성격에 영향을 미친다.

목적의 개념들 중에서 문헌에 명백하게 드러나 있고 가장 포괄적이고 자주 쓰이며 아울러 목적의 중요한 요소인 자아외적 측면이 서술된 정의는 다음과 같다. "삶의 목적은 자아에게 의미를 가지면서도 동시에 자아를 넘어선 세계의 어떤 측면에 생산적으로 참여토록 이끄는, 안정적이고 일반적인 의도이다."7)(Damon 2008; Damon et al. 2003). 이 정의는 헌신, 목표지향성, 개인적 유의미성을 강조하면서 자아를 넘어선 관심에도 초점을 맞추고 있기 때문에 목적을 연구하는 학자들 사이에서 폭넓게 채택되고 있다.

철학적 기초

위에서 제시한 목적의 정의는 초기의 정의들과 마찬가지로 철학적 개념의 영향을 많이 받았다. 철학자들은 인생에 목적이 있는지, 있다면 그것은 무엇인지 오랫동안 천착해왔다. 대부분의 철학자들은 목적이나 의미의 수준에 따라 인생이 달라지며 목적은 행복과는 구분되는 "선(good)"의 의미를 포함한다는 데에 의견을 같이 한다.

소크라테스와 플라톤도 목적의 관념에 관심이 있었지만, 목적에 관한 탐구에 가장 영향을 미친 고대 그리스 철학자는 아리스토텔레스이다. 그는 인간이 어떻게 살아야 하는지, 어떤 목적을 위해 살아야 하는지 이해하는 데에 관심이 있었다. 그는 『니코마코스윤리학(*Nicomachean Ethics*)』(1962)에서 에우다이모니아(*eudaimonia*)라고 부른 최고선을 논의한다. 이 그리스 용어는 영어로 옮기기가 쉽지 않지만 자아실현, 완성, 번성의 뜻으로 풀이된다. 에우다이모니아는 도덕성, 진정성, 탁월성을 갖춘 삶의 과정을 말하며, 고정된 상태가 아니다. 인간의 기본적인 기능을 충족하고 성품에 따르는 활동을 함으로써 성취되는, 비교적 안정적인 인간 번성, 그것이 에우다이모니아이

---

7) [역주] 원문은 "A purpose in life is a stable and generalized intention that is at once meaningful to the self and at the same time leads to productive engagement with some aspect of the world beyond-the-self."이다.

다.8) 에우다이모니아는 미덕과 탁월성을 갖춘, 개인적으로 의미 있는 행위들의 결과이다. 아리스토텔레스는 모든 사람들이 특수한 재능 또는 능력을 가지고 있고, 그 기술들을 특정 역할, 직업 또는 목적을 충족하기 위해서 사용하는 것이라고 믿었다. 그 목적을 위해 우리가 가진 능력을 최고로 끌어올려 활동하는 것이 에우다이모니아를 가져온다. 아리스토텔레스의 에우다이모니아 개념은 심리학에서 목적과 안녕감 개념에 중요한 영향을 주었다(Ryff & Keyes 1995; Ryff 1989a, 1989b; Ryff & Singer 2008). 이 점에 관한 자세한 설명은 3장(최적의 인간 기능에서 목적의 역할)에서 다룬다.

고대 그리스의 철학자들과 더불어 근현대의 철학자들도 삶의 목적이 무엇이며 목적의 기능이 무엇인지 고찰해 왔다. 이들은 개인의 존재에 중요성이나 의미를 제공하는 신이나 초자연적 힘의 역할에 주목해 왔다. 이런 전통에서 대부분의 철학자들은, 한 사람의 존재는 신이 부여한 목적을 충족할수록 더 의미를 갖는다고 보았다(Metz 2007).

철학자이자 프로테스탄트 신학자인 폴 틸리히(Paul Tillich 1952)는 궁극적 관심으로서의 신앙의 개념에 주목한다. 틸리히가 보기에, 철학은 존재론적 질문인 '인간 경험의 의미는 무엇인가'를 제기하고, 신학은 그 대답을 신앙으로 제시한다. 존재의 상실과 같은 존재론적 위협에 답을 찾는 것은 신에 헌신하는 삶으로 이끈다. 따라서 신앙은 삶에 목적을 부여한다. 존재의 상실 또는 의미부재와 결부된 극도의 불안을 피하려면 개인에게 의미가 필요하고, 이러한 의미를 접하기 위해서는 "자신의 근원적 창조행위에 의미 있게 참여해야" 한다(p. 46). "의미부재의 불안은 궁극적 관심, 즉 모든 의미들에 의미를 주는 의미의 상실에 관한 불안이다."(p. 47). 이러한 관점에서 보면 한 사람의 궁극적 관심 또는 목적은 개인적으로 의미 있는 다른 목표에 틀을 제공한다.

---

8) [역주] 이 문단을 통해서 알 수 있듯이, 에우다이모니아는 단순히 행복으로 번역하기 어렵다. 이 단어의 어원이 eu(excellent)＋daimon(spirit)＋a(state)을 뜻하는 것처럼, 에우다이모니아는 행위주체와 무관하게 닥치는 행운이나 은총이 아니라, 행위주체의 성품에 따른 결과로서의 행복을 의미한다.

이와 유사하게 현대철학자 로버트 노직(Robert Nozick 1981)은 "궁극적" 목적 또는 의미의 추구를 신(神)중심적인 것으로 보았다. 그러나 노직이 보는 신은 목적의 궁극적 원천이라기보다 무한성의 궁극적 원천이다. 그의 주장에 따르면, 유한한 인생의 의미는 의미를 가진 다른 조건으로부터만 도출될 수 있다(Cooper 2005; Nozick 1981). 예컨대 어떤 사람은 자녀들에게서 의미를 찾고, 그 자녀는 자기 일에서 의미를 찾는다. 이런 식으로 사람들은 타인 또는 자신의 활동과의 관련을 통해 의미를 발견한다. 그 의미의 원천들은 다시 또 다른 원천에서 의미를 도출한다. 이러한 의미들의 연쇄는 어느 지점에서 끝날 수밖에 없고, 그 순간 의미는, 자신 너머 다른 것으로부터 의미를 구하지 않고도 모든 것을 아우르는 어떤 것과의 관련을 통해서 찾아야 한다. 이 어떤 것이 바로 "신"이다. 이렇게 해서 노직은 삶의 목적이 자아의 한계를 초월한다고 말한다(Nozick 1981, 1989). 이 정의는 앞에서 제안한 목적의 정의와 상통한다.

철학이, 목적의 자아외적 측면을 가정하고 신과 신앙의 역할에 주목한다는 점은 흥미롭다. 이 점 때문에 목적의 유형에 관한 많은 심리학 연구들이 사회봉사, 가정, 직업 지향적 목적들에 비해서 종교 지향적 목적에 초점을 맞추고 있다. 종교형 목적과 그 밖의 다른 유형의 목적들에 관한 보다 자세한 논의는 7장(다양한 집단에서 목적의 경험)에서 다룬다.

삶의 목적을 직간접적으로 연구한 철학자들은 이밖에도 많이 있다. 그중에는 알베르트 까뮈, 장 폴 샤르트르처럼 보다 세속적인 접근을 한 사람들도 있다. 그러나 여기서는 목적에 관한 심리학 연구에 큰 영향을 준 철학자들을 위주로 논의하였다. 따라서 이 논의들이 결코 포괄적인 것은 아니지만 목적 구인의 철학적 기초를 고찰하기 위한 출발점은 될 수 있을 것이다.

최적 발달 이론(Theories of Optimal Development)에서 목적

앞서 살펴본 철학들은 목적에 대한 이해뿐만 아니라 최적의 인간 기능과 관련해서 목적을 보는 관점에도 영향을 주었다. 지난 20년간 심리학의 연구와 실천은 이 영역에 큰 변화를 주었다. 심리학자들은 인간의 고난, 결함, 고통을 감소시키는 방법에 주목해왔지만, 이제 우리는 이러한 결과들이 지나치게 제한적이라는 것을 잘 알고 있다. 우리는 그 이상이 필요하다. 구체적으로 어떻게 하면 완전성, 연결성, 생산성, 유의미성을 갖춘 삶으로 모든 사람들을 이끌 수 있는지 이해해야 한다.

긍정심리학의 새로운 패러다임은 이처럼 최적의 인간발달에 대한 구인들을 폭넓게 연구하도록 이끌었다. 아울러 청소년들의 건강한 발달을 돕는 데 관심 있는 발달심리학자들은 청소년들의 긍정적 발달을 증진하고 지지하는 방법들을 찾으려 하였다(Benson 2006; Bundick et al. 2010; Damon 2004; Lerner 2004). 최적의 성장은, 단지 약물남용 또는 반사회적 행동이 없는 것이 아니라, 적응적 성격과 능력을 가지는 것이다.

그렇다면 최적의 인간 기능을 구성하는 것은 무엇인가? 나와 동료들은 12년 전 스탠포드 대학 청소년센터의 회의 탁자에 둘러앉아 이 질문에 빠져들었다. 청소년의 긍정적 발달을 측정하는 도구 개발에 관심이 있었던 우리는, 도구에 무엇을 포함시켜야 하는지, 인간 발달의 긍정적 요소는 무엇인지, 그것을 나타내는 지표는 무엇이고 그 결과물은 무엇인지 궁금했다. 이 질문들을 둘러싼 논쟁은 여전하지만, 긍정발달이론은 계속 발전했고, 삶의 목적을 추구하는 것은 그 이론들의 핵심 요소라고 할 수 있다.

긍정심리학의 초창기 연구자들은 사람들이 번영하고 번성하는 방법보다 상황과 역경에 대응하는 방법에 초점을 두었다. 그리하여 초기 이론들은 회복탄력성(resiliency, Werner & Smith 1992), 강인성(hardiness, Kobasa 1979)과 같은 구인들에 관심을 두었다. 이 두 가지 구인은 난관과 도전에 성공적으로 대처한 개인들에게서 나타나는 특성이다. 회복탄력성이 목적의식과 밝은 미래에 대한 믿음을 가짐으로써 드러나는 것이라면(Benard 1991), 강인성은 도전의식(인생은 변화무쌍하며 이 변화는 성장의 기회라는 믿음), 통제(개인은 그들에게 일어나는 사건에 영향을 줄 수 있다는 믿음), 헌신(지금 하고 있는 일에 그가 관여하는 것이 가치있다는 믿음)(Kobasa 1979)으로 드러난다. 헌신은 목적과 강인성 모두의 핵심요소로서 헌신을 보여주는 개인은 자신의 삶에 열정적으로 관여한다. 헌신하는 사람들은 자신의 삶에서 중요한 활동에 수동적이지 않고 능동적으로 개입한다. 개인은 어떤 특수한 목표에 헌신하지 않고서는 삶의 목적을 유지할 수 없으며, 헌신과 강인성을 갖춘 사람들은 여러 가지 도전에 대응할 준비가 되어 있다. 이런 식으로 목적, 강인성, 건강한 인간발달은 모두 관련을 맺는다.

안녕감에 관한 초기 모델들은 역경을 딛고 일어서는 개인의 능력에 초점을 두었다. 예컨대 애런 안토노브스키(Aaron Antonovsky 1987)[9]는 질병이나 난관에 초점을 두는 것이 아니라 어려운 상황을 극복하는 자원에 초점을 두는 건강생성이론(salutogenesis)을 제안하였다. 안토노브스키(1987)는 사랑하는 사람을 잃거나 결핍된 환경을 경험하는 등의 외상에서 사람들이 어떻게 살아남고 심리적으로 큰 상처 없이 일어서는지 이해하려 하였다. 그의 주장에 따르면, 그저 생존하는 것에 그치지 않고 번영에 이른 사람들은 자신의 삶에 강한 일관성을 의식하고 있었다. 일관성이란 자신의 삶 전체에 편재해 있다고 표현될 만큼 범위상 전방위적인 지향성을 나타내며, 다음과 같은 확신을 지속적으로 느끼는 것이다. (1) 사는 동안 내적, 외적 환경으로부터 오는 자극들에는 구조가 있고 설명과 예측이 가능하다는 믿음, (2) 이러한 자극의 요구에 대처하는 데 도움이 되는 가용 자원이 있다는 믿음, (3) 이 요구는 투자하고 참여할 만한 가치가 있는 도전이라는 믿음. 다시 말해, 일관성의 느낌은 이해가능성(comprehensibility 삶을 이해할 수 있는 정도), 유용가능성(manageability 난관을 극복하는 데 요구되는 자원을 지각하는 정도), 유의미성(meaningfulness 그들의 삶이 가치있고 중요하다고 믿는 정도)으로 구성된다. 이 모델에서 유의미성은 의미상 목적과 중첩된다. 삶이 의미 있다고 믿는 사람들은 자신들의 삶에 목적이 있다고 말한다. 이 모델에 의하면 삶의 의미 또는 목적이 있다고 믿는 것은 효과적인 대처를 위해 매우 중요하다.

강인성, 회복탄력성, 일관성에 관한 이론들은 목적이 안녕감에 있어 중

---

9) [역주] 원문에는 Antonovky로 되어 있으나, 오식으로 보인다. 학자 이름 오기나 챕터 제목의 불일치와 같은 명백한 오식은 역자가 바로 잡아 옮겼다.

요하다는 것을 각기 다른 방식으로 보여주고 있다. 이 연구들과 기타 초창기 긍정심리학 구인들은 난관에 효과적으로 대처하고 인내하는 능력에 초점을 두었다. 그렇기 때문에 이 모델들은 고난과 역경이 존재하는 바로 그 지점에서 출발한다. 반면에 최근의 긍정심리학 이론들은 부정적인 출발점 대신에 어디서 출발하든 관계없이 모든 사람들이 잘 살고 번영할 수 있는 방법을 규명하는 데 중점을 둔다.

캐롤 리프와 버튼 싱어(Carol Ryff & Burton Singer 1988)의 심리적 안녕감 이론은 이와 같은 긍정심리학의 예이다. 아리스토텔레스의 철학에 토대를 둔 그들의 에우다이모니아 이론에서, 자신에 대해 긍정적인 견해를 가지는 것(자기수용, self-acceptance), 자신의 심리적 조건에 부합하는 맥락을 선택하거나 만들 수 있는 것(환경적 숙달 environmental mastery), 따뜻하고 신뢰할 수 있는 관계를 가지고 사랑할 수 있는 것(긍정적 관계 positive relations), 자신의 잠재력을 계속 개발하는 것(개인적 성장 personal growth), 자기결정적이고 독립적인 것(자율성, autonomy), 삶에 목표, 포부, 방향성을 가지고 있는 것(목적, purpose)들은 모두 심리적 안녕감을 예측한다(Ryff & Singer 1988). 삶의 목적을 가지는 것, 즉 개인적으로 의미 있는 방향으로 가고 있다는 의식은 심리적 안녕감의 여섯 가지 요소 중 하나이다. 위의 여섯 가지 요인은 모두 긍정적 기능(예: 삶의 만족과 심리적 건강)을 예측하고 부정적 기능(예: 우울과 불안; Ryff & Singer 1996)과 역관계를 가진다. 그러나 이 여섯 가지 요소가 안녕감에 똑같이 기여하는 것은 아니다. 여러 연구들에서 목적이 긍정적인 정신건강에 더 많이 기여한다는 결과를 얻었다(Ryff & Singer 2008). 목적 수준이 높다는 것은 또한 생물학적 건강을 나타내는 중요한 지표이다(Boyle et al. 2010; Ryff & Keyes 1995; Ryff & Singer 2002; Ryff et al. 2004). 이 모델에서 알 수 있듯이 목적이 심리적, 신체적 안녕감과 맺는 일관된 관계는 목적이 대처 모델뿐만 아니라 번영 모델에 있어서도 중요함을 보여준다.

그 밖의 많은 긍정심리학 이론에서도 목적은 최적의 인간 기능을 위한 중요한 요소이다. 예를 들어, 셀리그만(Seligman 2002)의 참 행복론(theory of authentic happiness)에서 최적 발달을 위한 세 가지 핵심 요소는 긍정적 감정, 참여, 의미로 규정된다. 이 각각의 요소들을 경험하는 것은 삶에 대한 만족감을 높인다. 그러나 셀리그만에 의하면 이 요소들은 질적으로 다른 유형의 삶의 만족을 준다. 긍정적 감정은 유쾌한 삶을 위해 필요하다. 우리는 모두 메시지를 받거나 아이스크림을 먹는 것과 같이 잠시 동안 기분을 좋게 만드는 것들을 추구한다. 한 마디로 즐거운 생활을 하는 것은 잠깐의 만족으로 가는 유용한 방법이다. 다음으로, 몰입(flow, Csikszentmihalyi 1997)과 유사한 개념인 참여(engagement)도 만족을 얻는 또 다른 방법이다. 악기 연주, 달리기, 그림 그리기, 글쓰기 등에 참여하고 몰입을 경험함으로써 우리가 좋아하는 활동에 자신을 잊고 빠지게 된다. 도전과 쾌락을 동시에 주는 활동에 참여할 때 우리는 몰입을 경험하지만, 이러한 경험으로 나타나는 긍정적 감정 역시 상대적으로 짧은 순간에 불과하다. 우리가 다른 활동을 하는 순간 그 감정은 사라지기 때문이다. 긍정적 감정이나 참여가 이끄는 만족은 그리 길지 않다. 지속적인 만족 또는 안녕감을 경험하기 위해서는 삶의 의미나 목적을 추구하는 것이 필요하다. 셀리그만에 의하면 목적의식을 가지는 것, 즉 소속감을 가지거나 자신보다 더 큰 어떤 것을 향해 나아가는 것은 참 행복의 세 번째 요소이자 가장 오래 지속되는 요소이다.

지난 몇 년 사이 최적 발달 이론에 대한 셀리그만의 생각들은 계속 발전해왔다. 2011년 그는 이론을 수정하여 최적의 인간 발달이 가진 궁극적인 목표를, 삶의 만족과 대비되는 '번성(flourishing)'으로 개념화한 책을 출판하였다. 삶의 만족은 그때그때 우리의 기분에 따라 영향을 받지만, 안녕감은 주된 요소들의 결과로 이루어진다. 번성에 기여하는 주된 요소들은 긍정적 감정, 참여, 긍정적 관계, 성취, 그리고 삶의 목적이다(Seligman 2011).

최적 발달과 관련된 모델에서는 심리적 안녕감에서 성격강점(character strength)과 덕목(virtue)의 중요성을 강조한다(Peterson & Seligman 2004). 활동가치(Values in Action, VIA) 목록은 강점을 더 잘 규정하고 이해하는 유용한 틀이다. VIA 목록에 따르면, 강점에는 여섯 가지 종류, 즉 용기, 사랑, 정의, 절제, 지혜, 초월이 있다. 이 여섯 가지 상위 범주는 각각 24개의 구체적 덕목을 포함한다. 그러나 VIA의 요인분석 결과에 따르면 절제(예: 신중, 자기조절), 지적 능력(예: 학구열, 호기심), 타인지향성(예: 친절, 팀워크), 초월(예: 감사, 삶의 목적)과 같은 4개 요인만이 나타났다(Park & Peterson 2006). 목적을 포함하는 초월 강점은 방향성과 타인과 연결된 느낌을 개인에게 제공함으로써 발달을 돕는다(Graham et al. 2011). VIA 목록은 번영하는 개인이 어떤 사람인지, 건강한 발달을 촉진하는 프로그램은 무엇인지 규명하는데 도움을 준다(Peterson & Seligman 2004). 그럼에도 불구하고 긍정적 건강(positive health)[10]과 관련된 다른 모델과 마찬가지로 이 모델에서도 목적이 중요한 역할을 담당하고 있다는 점은 흥미롭다.

지금까지 살펴본 이론들이 성인들의 안녕감을 다루고 있다면, 청소년의 긍정적 발달을 다루고 있는 연구들도 일군을 이루고 있다. 서치 인스티튜트(The Search Institute)[11]의 발달 자산(developmental assets) 접근법은 청소년의 긍정적 발달에 관한 선도적 이론이다. 서치 인스티튜트의 전 회장이자 CEO였던 피터 벤슨(Peter Benson)은 발달 자산 접근법이 청소년들의 건강한 성장을 돕는다고 말한다(Benson 2006). 발달 자산에는 가정, 학교, 지역사회에서 길러질 수 있는 성격, 관계, 기회가 포함된다. 자산은 건강한 발달을 만드는 재료가 되며, 더 많은 자산을 가질수록 번영(thrive)할 가능성이 높아진다. 자산은 외적 자산과 내적 자산으로 구분된다. 20개의 외적 자산은 청소년 개인 환경의 특성과 질에 초점을 둔다. 외부적 지지(예: 가족 지원, 지역사회 돌봄), 임파워먼트(empowerment)(예: 지역사회가 청소년들을 존중하고 이들을 자원으로 인정하는 것), 적절한 경계 설정과 기대(예: 긍정적인 또래 효과, 가정 내에서의 명확한 규칙), 건설적인 시간 사용(예: 창의적 활동, 종교 활동)이 외적 자산이다. 20개의 내적 자산은 청소년들이 길러야 하는 능력을 강조한다. 배움에의 헌신(예: 성취목표, 학교참여), 긍정적 가치(예: 배려, 책임), 사회적 역량(예: 문화 역량, 갈등 해결 역량), 긍정적 정체성 등이 포함된다. 긍정적

---

10) [역주] 질병이 없는 상태로서의 건강이 아니라, 적극적으로 활동하고 자아가 충만히 기능하는 적극적이고 긍정적인 상태로서의 건강.
11) [역주] 1958년 설립된 이래, 청소년발달 관련 연구 및 사업을 진행하고 있는 기관.

정체성에 목적의식이 포함되는데, 이는 "청소년들에게 방향성과 의미를 제공하는"(p. 56) 데 기여한다. 청소년의 긍정적 발달 개념에서 목적은 안녕감의 핵심요소이자 지표이다.

벤슨이 제시한 청소년기 최적 발달의 개념에서는 청소년의 건강한 성장과 지역사회의 지지가 서로 상호작용한다고 본다. 마찬가지로 레너와 동료들(Lerner et al. 2003)도 맥락 안에서 이루어지는 긍정적인 청소년 발달을 다루고 있다. 그들의 주장에 따르면, 청소년들은 지역사회가 투자하고 지지해야 하는 자원이다(Lerner 2003). 따라서 레너와 동료들은 건강한 인간 발달 체제 모델(developmental system model of healthy human development)을 제시하였는데, 이 모델에서 목적은 건강한 발달의 성과를 나타내는 것으로 상정된다. 이들이 보기에 청소년의 긍정 발달은 개인과 맥락의 관계에 있어서 유연성 및 적응적 조절과 관련이 있다. 요약하면, 건강한 공동체가 되기 위해서 지역사회는 투자적 관심을 가지고 개인들을 재생산해야 하며, 이를 위해서 청소년들의 건강한 발달을 지원해야 한다. 정확히 무엇이 건강한 발달을 구성하는가는 사회, 문화, 시대에 많은 영향을 받지만, 미국을 비롯한 서구 문화권에서 높이 평가되는 가치는 개인의 자유, 평등, 민주주의이다. 이러한 가치들은 레너(Lerner 2004)가 제시한 건강한 발달을 위한 '다섯 가지 C'에 잘 반영되어 있다. 다섯 가지 C는 능력(competence), 자신감(confidence), 성품(character), 사회적 연계(social connection), 배려 혹은 동정심(caring or compassion)을 가리킨다. 이 특성들은 기능적으로 적응적인 조절 능력이 발달했음을 보여주는 건강한 결과들이다. 청소년들이 이 다섯 가지 특성을 보여주는 정도는 그들이 얼마나 번영하고 있는가를 말해준다. 5C를 보여주는 청소년들은 여섯 번째 C인 기여(contribution)를 보여줄 가능성도 높다(Lerner 2004; Lerner et al. 2005). 기여는 보다 넓은 세계를 위해 이익이 되는 방법으로 행동하는 것을 의미한다. 따라서 이 관점에 따르면 5C를 보여주는 사람들은 목적의 징후를 보여줄 가능성도 높다.

목적은 회복탄력성에서 번영까지 최적의 인간 기능에 관련된 다양한 개념에서 핵심을 차지한다. 안녕감의 요소들은 모델에 따라 나타나기도 하고 그렇지 않기도 하지만, 목적은 중요한 이론에는 모두 나타난다. 그러나 이론에 따라서 목적의 역할은 다르게 나타나는데, 예를 들어 어떤 모델에서는 목적이 안녕감에 선행하지만 다른 모델에서는 [안녕감의] 결과로 나타난다. 목적이 최적의 인간 발달에서 중요한 요소임은 분명하다.

목적의 성격

목적이 건강한 성장을 위해 매우 중요하다는 사실은 분명하지만, 앞선 논의들은 이 구인이 순수하게 긍정적, 도덕적, 또는 고귀한 구인이라고 가정하는 경향이 있다. 앞서 제안한 목적의 정의에 따르면 꼭 그럴 필요는 없다. 목적의 주요 요소들인 헌신, 목표지향성, 개인적 의미, 자아를 넘어선 초점은 긍정성을 함축하지 않는다.[12] 더 큰 세계에 참여하는 형식은 고귀할 수도 비열할 수도 있으며, 도덕적일 수도 비도덕적일 수도 있다. 마찬가지로 목적은 긍정적일 수도 부정적일 수도 있다. 예를 들어 테레사 수녀가 가난하고 병든 사람들을 보살피는 시도를 통해 목적을 찾았듯이, 히틀러는 짐작컨대 세상에서 유대인을 없애려는 시도를 통해 목적을 가지게 되었다. 테레사 수녀와 히틀러는 모두 더 넓은 세계에 관여하였고 개인적으로 의미 있다고 여기는 목표들을 향해 노력하였다. 목적의 정의에 따르면 고귀하지 않은 목적들이 제외되는 것은 아니지만, 대부분의 연구들은 고귀하거나 혹은 적어도 중립적인 목표들에 초점을 두고 있다. 따라서 이 책에 소개된 대다수의 연구들에서 목적은 긍정적이거나 혹은 적어도 중립적인 것으로 볼 수 있다.

혹자는 도덕적인 목적과 비도덕적인 목적을 구분하는 것이 불가능하다

---

12) [역주] 목적이 꼭 도덕적이지 않을 수 있다는 주장은 후속 연구를 통해서 좀 더 연구될 필요가 있다. 9장의 pp. 232~233에서도 자아를 넘어선 관심이 목적의 의미 요소이기는 해도 그것이 반드시 도덕성을 함의하지 않는다고 주장한다. 무엇을 긍정적인 것으로 간주하는 것과 도덕적인 것으로 간주하는 것을 구별할 수는 있지만, 자아를 넘어선 세계에 대한 기여가 부정적인 것으로 나타날 가능성이 있는지, 그리고 그런 기여를 과연 삶의 목적으로 삼을 수 있는지, 그런 상태의 비도덕적 목적을 가리켜 목적이라고 할 수 있는지 의문이다.

고 주장할 수 있으나 사실은 그렇지 않다. 관심 있는 독자들은 이 구분이 어떻게 가능한지 보다 자세하게 설명한 『청소년의 목적: 석학들의 워킹 컨퍼런스(*Youth Purpose: Conclusions from a Working Conference of Leading Scholars*)』(Bronks et al. 2004)를 읽어보라. 그러나 목적이 고귀한 것으로 간주되려면 "행위의 방법(how) 뿐만 아니라 이유(why)에 있어서도 강한 도덕 의식의 안내를 받아야 한다."(Damon 2003, p. 12)는 점은 중요하게 기억해 둘 필요가 있다.

목적의 성격도 흥미롭지만 열망하는 목적이 한 가지가 아닐 수 있다는 점도 흥미롭다. 정의에 의하면 사람들은 삶에서 하나 이상의 목적을 가질 수 있다. 그러나 실제로는 한 개인이 어떤 특정한 포부에 시간, 에너지, 노력을 투자할 때에는 여러 목적들이 서로 밀접하게 관련되는 경향이 있다(Damon 2008). 청소년들의 목적에 대한 최근의 한 연구에서는 병든 사람들을 치료함으로써 신에게 봉사하고자 하는 여학생의 모범사례가 다루어졌다(Bronk 2012). 이 여학생은 두 가지 목적(환자들을 위한 봉사와 신에 대한 봉사)을 추구하였지만, 이 둘은 서로 반목하지 않고 중첩된 목표로서 그녀가 가진 포부로 표현되었다. 이렇게 서로 관련 있는 목적 유형은 모범사례에서뿐만 아니라 평범한 청소년들에게서도 볼 수 있으며, 대부분의 목적들은 이러한 형태를 보인다(Bronk & Finch 2010). 이 책에서는 위에서 언급한 연구들을 포함해서 여러 가지 목적 관련 연구들을 검토할 것이다.

이 책의 범위와 개요

목적에 대한 과학적인 연구는 1960년대 이전에는 사실상 이루어지지 않았고, 대략 10년 전까지만 해도 매우 드문 편이었다. 그러나 긍정심리학이 시작되면서 목적을 다루는 경험적 연구들도 크게 증가하였다. 이 책에서는 이 구인에 대한 이론적 혹은 경험적 연구들을 검토하고 종합하고자 한다. 특별히 이 책에서는 역사적으로 이정표가 되었던 목적 연구들과 최근의 경험적 연구들에 초점을 두었다. 또한 이 책은 의미나 그 밖의 목적과 관련된 구인에 대한 연구들보다는 목적 자체를 주요하게 다룬 연구들에 집중하였다. 물론 때에 따라 목적에 대한 유용한 결과가 없을 경우, 아직까지 연구되지 않은 목적의 측면을 확인하기 위해서 의미(meaning), 궁극적 관심(ultimate concerns), 포부(aspirations), 지혜(wisdom), 생산성(generativity), 신의(fidelity) 등과 같이 목적과 밀접한 관련을 지닌 개념을 다룬 연구 결과들도 포함하였다.

또한 목적이 대체로 청소년기와 청년기(발현 성인기, emerging adulthood)의 현상이라는 점도 중요하게 보아야 한다. 목적의 발달은 정체성의 발달과 밀접하게 관련되어 있고(Bronk 2011; Damon 2008; Erikson 1968, 1980), 이 주제는 4장(전생애적 관점에서 본 목적)에서 더 자세히 논의할 것이다. 아동과 달리 청소년들은 "내 인생에서 가치 있는 것은 무엇인가?", "내가 특히 관심을 두는 것은 무엇인가?", "내가 성취하고자 하는 것은 무엇인가?"와 같은 실존적 질문을 생각할 수 있을 만큼의 인지 능력을 가지고 있다. 그리고 이런 종류의 질문은 궁극적인 삶의 목적을 찾는 것과 관련이 있다. 이와 같이 목적의 탐색은 주로 10대에 형성되는 자기이해와 자기지식에 토대를 두고 있다. 대부분의 청소년들은 개인적으로 의미 있는 문제를 탐색할 인지적, 정서적 준비가 되어 있다. 또한 자신의 재능을, 개인적으로 의미 있는 사회적 요구에 맞추어가는 방법에 대해 생각하면서, 미래의 계획 안에서 자신의 포부를 펼칠 준비를 한다(Damon 2008; Fry 1998). 목적은 자신이 누구이며 인생에서 무엇을 성취할 것인지 생각하는 청소년들에게서 분명하게 나타난다. 청소년기의 헌신은 성인기까지 이어진다. 이 책에서는 전생애적 관점에서 본 목적을 개괄하지만, 대다수의 연구들은 청소년기와 청년기의 목적에 초점을 두고 있다.

이 구인에 대한 이해를 높이기 위해서는 효율적으로 이 구인을 측정하는 것이 중요하다. 따라서 이 책의 2장(목적의 측정)에서는 목적 구인을 연구하기 위해 사용된 설문조사, 인터뷰, 일기나 문서 검토 등을 다룬다. 각각의 방법이 가진 장단점 역시 이 장에서 검토된다. 연구 결과를 위해 사용된 측정 도구를 참고하여 후속 논의를 할 수 있을 것이다.

목적은 최적의 인간 발달에서 핵심적인 역할을 하기 때문에 이와 관련된 주제도 중요하다. 지금까지의 연구에서 얻은 결론은 목적이 심리적 안녕감을 지원한다는 것이며, 또한 신체적 건강을 증진하는 것과도 관련이 깊다는 것이다. 3장(최적의 인간 기능에서 목적의 역할)에서는 목적과 관련 있는 건강한 결과를 규정함과 동시에 목적이 어떻게 건강한 발달을 돕는지 그 기제를 밝힐 것이다.

또한 목적은 발달적 양상을 가진 구인이다. 목적은 전생애에 걸친 발달 단계에서 건강을 결정하는 중요한 요소지만, 그 역할과 편재성은 연령에 따라 다양하다. 이미 언급했듯이 목적은 정체성의 발달과 밀접히 묶여 있다. 정체성과 목적의 공생적 관계에 대해서는 4장(전생애적 관점에서 본 목적)에서 집중적으로 다룬다. 또한 이 장에서 목적의 발달 궤적을 드러내는 이론적, 경험적 연구들도 종합적으로 검토할 것이다.

5장(목적의 기원과 지원)에서는 시간을 두고 목적을 개발하고 지원하는 방법을 다룬다. 여기서는 목적의 발달을 가능하게 하는 진화의 근원, 발달의 기원을 논의하고자 한다. 청소년들이 목적을 개발하도록 돕는 부모, 또래, 멘토, 지역사회의 역할도 소개하고, 목적을 길러낼 수 있는 방법들을 제안한 개입 연구들도 소개한다.

삶의 목적에 대한 포부는 종교, 직업, 가정, 사회봉사 등을 지향하는 활동들에서 자주 발견된다. 6장(목적의 여러 유형)에서는 여러 가지 목적 유형에 관한 경험적 연구들을 요약하였다. 목적을 범주화하는 것이 쉽지 않음을 설명함과 동시에, 이 장에서는 여러 다른 종류의 목적들이 어떻게 개발되고 지지되고 안녕감에 기여하는지를 다룬다.

7장(다양한 집단에서 목적의 경험)의 주제는 목적이 이끄는 삶이 어떤 경험으로 나타나는지를 다룬다. 구체적으로 이 장은 도시, 근교, 시골 청소년들과, 뛰어난 능력을 가진 청소년과 평범한 청소년, 그리고 각기 다른 인종적 배경의 청소년에게 있어서 목적이 이끄는 삶이 일상과 그리고 먼 미래에 어떤 경험으로 나타나는지 다룬 연구를 보여줄 것이다.

목적을 포함하여 다른 발달적 구인들을 충분히 이해하기 위해서는 불완전하고 일반적인 형태의 구인만이 아니라 모범사례에 해당하는 매우 완전한 형태의 구인에 관한 연구도 필요하다. 8장(모범사례 연구)에서는 모범사례를 활용한 방법론을 설명하고, 이 새로운 방법론이 목적과 같은 발달적 구인의 이해에 왜 중요한 도구인지 설명하고자 한다. 또한 이 장에서는 목적을 가진 청소년들의 모범사례를 종단적으로 연구한 결과들을 중점적으로 살펴보고자 한다. 정체성의 발달과 목적의 발달, 목적과 청소년의 긍정적 발달간의 관련 기제에 대해서도 논의한다.

목적에 관해 수년간 연구를 하고 관련 구인에 관해 문헌 검토를 해 본 결과, 훌륭한 경험적 연구들이 많은 것을 제공한다는 것을 확실히 알게 되었다. 이론적 연구들 또한 목적의 중요한 측면을 비춰준다. 그러나 현존하는 연구들은 이 구인의 이해를 위한 기초를 막 닦아놓았을 뿐이다. 많은 후속 연구들이 필요하며, 따라서 이 책의 마지막 장에서 기존 연구들의 한계를 언급하고 삶의 목적 구인을 연구하기 위한 방향을 제시할 것이다.

02

——

목적의 측정

Measuring Purpose

목적의 측정
Measuring Purpose

삶의 목적이라는 개념은 다면적이고 주관적인 특성을 가지고 있기 때문에 이를 측정하는 것은 쉽지 않다(Melton & Schulenberg 2008). 따라서 목적 연구에서는 다양한 방법론이 사용되어 왔다. 설문조사, 인터뷰, 평정, 일기 연구, 역사적 자료는 목적 및 관련 구인의 측정에 이용되어 왔다. 또한 청소년기와 청년기, 성인기의 연구 대상자를 위한 측정 도구들이 별도로 개발되어 왔다.

심리학 연구의 역사에서 목적을 측정한 초창기 도구들은 결핍(deficit)이라는 주제에 초점을 두었다(Melton & Schulenberg 2008). 이에 따라 우울, 알코올 중독, 약물 중독, 그 밖의 심리적 부적응을 겪는 개인들의 목적부재를 연구하기 위한 도구들이 개발되었다(예: Crumbaugh 1968; Crumbaugh & Malholick 1964; Reker 1977). 그러나 긍정심리학의 발전과 함께, 최근 목적을 측정하는 연구들은 성장지향적(growth-oriented)인 경우가 많다(예: Bronk 2008, 2011, 2012; Bronk et al. 2009, 2010; Damon 2008). 이러한 연구들은 목적의 결핍보다는 삶의 목적을 이끄는 긍정적인 요인들에 더 관심을 둔다.

이하에서는 결핍 관점부터 성장 관점까지 목적을 측정하는 데 자주 이용되는 도구들을 개괄한다. 이어 경험적 연구들에서 통상적으로 사용되면서도 이 책에서 제안한 목적 개념과 유사한 개념들을 측정하기 위해 고안된 도구들의 특징을 살펴본다.

프랭클의 목적 개념에 근거한 설문

설문지는 목적 연구에서 가장 자주 사용되는 측정 도구이다. 빅터 프랭클(Viktor Frankl 1959)은 삶의 목적에 대한 설문조사를 개발한 최초의 인물이다. 「프랭클 설문」(Frankl Questionnaire)이라고 불리는 이 자기보고식 도구는 13개의 비형식적인 질문으로 이루어져 있다. 이 설문지는 프랭클의 내담자들을 대상으로 '의미추구 의지(Will to Meaning)' 가정을 측정하고 목적의 현재 수준을 평가하기 위해서 개발되었다. 그는 개인이, 자신의 삶에서 목적을 찾을 수 없을 때 다양한 수준에서 실존적 좌절을 겪는다고 믿었다. 실존적 좌절은 대개 권태, 무감각, 우울로 나타난다. 프랭클에 따르면, 심리상담을 찾은 20%의 내담자들은 심각한 삶의 목적 결여(정신인성 신경증[noogenic neurosis])를 경험하고, 일반인들의 55%는 다소간의 '목적부재'(실존적 공허[existential vacuum])를 겪는다(Crumbaugh & Maholick 1964; Crumbaugh 1968). 프랭클이 목적 실재(presence of purpose)를 평가한 방법은 설문지의 한 문항인 "당신은 당신의 삶에 목적이 없다고 느낍니까?"에 응답한 결과를 바탕으로 한다(Crumbaugh & Maholick 1964). 응답자들은 1("목적이 전혀 없음 혹은 매우 낮은 수준의 목적 또는 의미")부터 3("높은 수준의 목적")까지 응답할 수 있고, 여기에 다른 12개의 질문을 통해 개인의 목적이 어느 정도의 수준인지 결정된다.

프랭클은 자신의 도구를 연구 목적보다는 임상 목적으로 사용하였다. 그러나 크럼보와 매홀릭(Crumbaugh & Maholick 1964)은 이 도구를 경험적 연구에 사용하였다. 그들은 「프랭클 설문」을 정신질환자와 일반인 집단의 성인들에게 실시하였고 그 결과 일반인들이 정신질환자들보다 높은 삶의 목적 수준을 일관되게 보인다고 하였다. 이 결과는 프랭클이 주장한 정신건강과 삶의 목적 사이의 관련성을 지지한다. 그러나 「프랭클 설문」은 신뢰도와 타당도가 확인되지 않았기 때문에 목적 측정 도구로서 사용하는 것을 비판하는 연구자들도 있다(Reker 1977).

크럼보와 매홀릭도 「프랭클 설문」이 측정 도구로 쓰기에는 한계가 있다는 데에 동의하였다. 따라서 그들은 "실존철학의 원리들을 임상 실제에"(1964, p. 200) 적용하기 위해 새로운 목적 관련 설문지를 개발하였다. 정신병리가 목적부재와 같은 실존적 요인의 결과일 수 있다는 생각은 당시 사회 통념에 반하는 것이었다(Damon et al. 2003; Kotchen 1960). 이 시기에는 행동주의와 정신분석 이론들이 더 보편적이었지만 크럼보와 매홀릭은 프랭클의 논점을 검증하기 위해서 노력하였다.

프랭클의 자문을 얻어 크럼보와 매홀릭은 최근까지도 널리 사용되는 목적 측정 도구를 개발하였다. 「삶의 목적 검사」(Purpose in Life Test, 이하 PIL, Crumbaugh & Maholick 1964)는 「프랭클 설문」을 개선한 것으로서, 프랭클의 목적 개념, 즉 "경험의 주체로서 개인이 보는 삶의 존재론적 중요성"에 근거를 두고 있으며(Crumbaugh & Maholick 1964, p. 201), 프랭클의 '의미추구 의지' 가정을 검증한다(Crumbaugh & Maholick 1964, 1981). 특히 이 설문지는, 개인이 경험속에서 의미를 찾고자 하는 수준이 어느 정도인지 그리고 그 의미를 통해서 자신의 삶이 얼마나 가치 있고 중요하다고 느끼는지를 측정한다(Crumbaugh & Henrion 2001). 그러나 이 설문지는 개인이 자아를 넘어선 관심사에 헌신하는 정도를 측정하지는 않는다(Damon et al. 2003).

「PIL」은 A, B, C 세 파트로 이루어져 있다. 객관적으로 채점되는 부분은 A파트뿐이기 때문에 목적에 대한 경험적 연구에서는 이 부분만을 사용한다. B파트는 목적에 대한 13개의 문장을 완성하도록 되어 있고, C파트는 자신의 개인적 열망에 대해 한 문단 정도 작성하도록 되어 있다. A파트는 본래 25문항으로 되어 있었으나 예비 검사 이후 절반 정도의 문항들이 삭제되거나 수정되었고 새로운 문항들이 추가되어 22문항의 검사지로 완성되었다(Crumbaugh & Maholick 1964). 더 간편하게 사용하기 위해서는 역산하는 두 문항을 빼고 20문항짜리 도구를 사용하기도 한다(Crumbaugh 1968; Crumbaush & Maholick 1981). 「20문항 PIL」은 태도나 신념을 자기보고식으로 측정하며, "나는 대체로~"로 시작되는 문장에 1("매우 지겹다.")부터 7("활기차고 열정적이다.")까지 응답하거나, "나는 내 삶에서~"로 시작되는 문장에 1("아무런 목표나 목적이 없다.")부터 7("매우 명확한 목표나 목적이 있다.")까지 응답한다. 총점은 각 문항 점수를 합하여 산출한다. 대체로 원점수 113점 이상은 높은 수준의 목적, 92점에서 112점 사이는 보통 수준의 목적, 92점 이하는 낮은 수준의 목적으로 해석된다(Crumbaugh & Maholick 1964). 예상할 수 있듯이 「PIL」과 「프랭클 설문」의 점수는 서로 정적인 상관을 보인다($r=.68$, $p<.05$)(Crumbaugh & Maholick 1964).

「PIL」은 주니어 리그(Junior League)[1]의 여성(Crumbaugh & Maholick 1964), 대학생(Crumbaugh 1968; Crumbaugh & Maholick 1964), 입원 환자(Crumbaugh 1968), 알코올 중독자(Crumbaugh 1968; Crumbaugh & Maholick 1964), 정신질환자(Crumbaugh & Maholick 1964), 사업가(Bonebright et al. 2000; Crumbaugh 1968), 종교인(Crumbaugh 1968), 수감자(Reker 1977) 등 다양한 집단의 사람들에게 실시되었다. 「수정판 PIL」 역시 노인 환자(Hutzell 1995), 성인(Reker & Peacock 1981), 청소년(Hutzell & Finck 1994; Jeffries 1995)에게 실시되었다. 이 도구는 중국어(C-PIL; Shek 1993; Shek et al. 1987), 일본어(J-PIL; Okado 1998), 스웨덴어(Jonsen et al. 2010) 등 다양한 언어로도 번안되었다.

「PIL」점수는 심리적 건강을 측정하는 다양한 도구들과 상관이 있다. 예컨대 「PIL」점수는 「미네소타 다면적 인성검사」(Minnesota Multiphasic Personality Inventory)의 우울 척도와 유의한 부적 상관이 있었고($r=-.30$에서 $-.65$, $p<.01$; Crumbaugh 1968; Crumbaugh & Maholick 1964, 1981), 「캘리포니아 성격검사」(California Psychological Inventory, 이하 CPI, Bonebright et al. 2010)의 하위척도들인 자기수용($r=.40$, $p<.01$), 안녕감($r=.52$, $p<.01$), 순응적 성취($r=.63$, $p<.01$), 심리적 민감성($r=.47$, $p<.01$)과는 정적 상관을 보였다. 「PIL」점수는 또한 「스롤 아노미 척도」(Srole Anomie Scale)와 부적인 상관을 보이는데(남: $r=-.48$, 여: $r=-.32$, 모두 $p<.05$; Srole 1956), 이는 실존적 공허가 아노미 또는 사회적 규준의 부재와 중첩됨을 시사한다.

---

1) [역주] 1901년 미국 뉴욕에서 시작되어 국제조직으로 성장한 여성자원봉사단체.

「PIL」은 목적을 측정하는 다른 도구들보다 심리측정학적 안정성이 더 양호하다. 이 도구는 성인(Crumbaugh 1968; Crumbaugh & Maholick 1964; Guttman 1996; Meier & Edwards 1974; Reker 1977)과 청소년(Sink et al. 1998) 집단에서 개인적 의미의 수준을 일관되게 측정한다. 이를테면 싱크 등(Sink et. al 1998)이 도시지역과 시골지역의 청소년들에게 「20문항 PIL」검사를 실시한 결과 [신뢰도인] 크론바하 알파값은 각각 .88과 .86으로 나타났다. 1 주일 후에 실시한 재검사 신뢰도 계수는 .68에서 .83($p<.01$)의 범위를 보였다(Meier & Edwards 1974; Reker 1977). 6주 후의 재검사 신뢰도 계수는 .79($p<.001$)였고(Reker & Cousins 1979), 8주 후에 실시한 재검사 신뢰도는 도시 청소년에서는 .78로, 시골 청소년에서는 .66으로 나타났다(유의도 p값은 제시되지 않았음, Sink et al. 1998). 성인 집단에서의 신뢰도 추정치는 청소년 집단에서 보고된 값과 거의 유사하다(Guttman 1996). 성인 집단을 대상으로 한 네 연구에서 보고된 스피어만-브라운 반분신뢰도의 범위는 .76에서 .85 였으며 교정공식에 의한 값은 .87에서 .92로 나타났다(Crumbaugh 1968; Crumbaugh & Maholick 1964; Hutzell 1988; Reker 1977; Reker & Cousins 1979).

성인 대상 연구에서 「PIL」은 프랭클의 '의미추구 의지' 개념을 타당하게 측정하고 있는 것으로 나타난다(Chamberlain & Zika 1988; Crumbaugh 1968; Crumbaugh & Henrion 1988; Crumbaugh & Maholick 1964; Hutzell 1988; Reker 1977). 구인타당도[2] 역시 다양한 집단의 평균을 비교한 결과 확인되었다(Crumbaugh & Maholick 1981). 프랭클의 이론에서와 마찬가지로 낮은 「PIL」점수는 자살생각(Harlowe et al. 1986; Kinnier et al. 1994), 정신병리(Kish & Moody 1989), 우울과 불안(Schulenberg 2004), 약물사용(Harlowe et al. 1986; Kinnier et al. 1994; Padelford 1974)과 유의한 상관이 있었던 반면, 높은 「PIL」점수는 긍정적 자기개념, 자존감, 내적 통제 소재, 삶의 만족, 계획(Reker 1977)을 유의하게 예측하였다. 사실 「PIL」에는 행복을 탐색하는 문항이 많기 때문에, 일부 학자들은 이 검사가 실제로는 삶의 만족을 간접적으로 측정하는

---

2) [역주] 구인타당도가 이 연구에서처럼 평균비교에 의해 확인되는 것이 일반적이지는 않으나 과거의 연구방법을 감안해야 할 것이다.

도구이자(Damon et al. 2003), 우울을 역으로 측정하는 도구(Dyck 1987; Schulenberg 2004; Steger 2006; Yalom 1980)라고 주장한다. 그러나 목적과 안녕감의 정적 상관 그리고 목적과 우울간의 부적 상관은 완벽하지 않다. 따라서 「PIL」은 이런 심리적 구인들과 관련은 있되 서로 구분되는 구인을 측정하고 있는 것으로 볼 수 있다.

「PIL」로 측정된 삶의 목적 구인이 다차원성(multi-dimensionality)을 가지고 있는지에 대해서도 의문이 제기되어 왔다. 탐색적 요인분석과 확인적 요인분석을 사용한 연구자들은 일부 문항을 제외하면 이 척도가 단일한 차원을 측정하고 있다는 결론을 내렸다(Dale 2002; Marsh et al. 2003). 다른 학자들은 이 척도가 명백히 다차원적이라고 주장한다. 예를 들어 얄롬(Yalom 1980)은 문항에 대한 질적 검토 후에 이 척도가 목적, 삶의 만족, 자유, 죽음에의 두려움, 자살생각, 자신의 삶에 대한 가치평가 등 여섯 개의 서로 다른 구인들로 이루어졌다고 하였다. 요인분석 방법을 사용한 또 다른 학자들 역시 서로 구분되는 차원들을 확인하였는데, 예를 들어 셰크(Shek 1988)는 이 척도가 삶의 질, 죽음, 목표, 선택, 은퇴, 이렇게 다섯 개의 차원을 가지고 있다고 보았다. 한편, 이 척도가 두 개의 차원만을 가지고 있다고 보는 학자들도 있으나 각 차원이 무엇을 측정하는지에 대해서는 의견이 다르다. 탐색적 요인분석을 사용한 한 연구팀은 이 척도가 정의적 차원(문항 3, 4, 13, 17, 18, 20의 합)과 인지적 차원(문항 1, 2, 5, 6, 8, 9, 11, 12, 16, 19의 합)으로 구분된다고 한 반면(Dufton & Perlman 1986; Shek 1993; Shek et al. 1987), 흥미위주의 삶(문항 2, 5, 7, 10, 17, 18, 19)과 유목적적인 삶(문항 3, 8, 20)의 두 가지로 구분된다고 보는 학자들도 있다(Morgan & Farsides 2009). 이렇듯 상반되는 연구 결과에 비추어 보자면 이 척도가 단일 차원을 측정하지 않는 한 단순히 총점을 산출하는 것은 결과의 신뢰도와 타당도를 저해하며 따라서 지양되어야 하는 방법이다(Marsh et al. 2003). 따라서 더 다양한 계층의 집단을 대상으로 한 추가적인 연구가 필요하다.

「삶의 목적 검사-간편형」(Purpose in Life-Short Form, 이하 PIL-SF, Shulenberg et al. 2011)의 다차원성을 해소하는 방법의 일환으로 최근에는 간

편형 척도가 제안되었다. 「PIL-SF」 확인적 요인분석 결과 4개의 문항을 포함하고 있으며 연구에서는 자료가 모형에 부합하는 것으로 나타났다. 이 4개의 문항은 주로 목표 달성(goal attainment)에 초점을 맞추고 있다(문항 3, 4, 8, 20). 「20문항 PIL」의 내적일관성 계수 알파는 .86이고 이와 별도로 실시된 4문항 「PIL-SF」의 알파는 .84로, 간편형 검사는 원검사 만큼이나 신뢰할 수 있다(Schulenberg et al. 2011). 별도로 실시된 간편형 검사의 응답은 원검사의 응답과 상관이 있었으며($r=.75$, $p<.01$, 일방검증), 「PIL」과 마찬가지로 「PIL-SF」 역시 심리적 안녕감과는 정적 상관을, 심리적 스트레스와는 부적 상관을 보였다. 「PIL-SF」은 「완전형 PIL」의 실용적인 대안처럼 보였지만 정작 경험적 연구에서는 거의 사용되지 않았다.

한편, 「PIL」은 청소년(Shek et al. 1998)과 성인(Crumbaugh 1968; Crumbaugh & Maholick 1967; Guttman 1996; Meier & Edwards 1974; Reker 1977) 연구에서는 지속적으로 사용되고 있지만 그보다 어린 연령에게는 자주 실시되지 않는다. 초기 청소년들에게 적절하지 않은 몇 개 문항들이 있기 때문이다. 예를 들어 삶의 목표의 명확성과 관련된 문항은 초기 청소년들에게는 지나치게 추상적일 수 있고, 존재의 이유를 묻는 질문은 이들의 생활 경험을 넘어서는 경우가 많으며, 죽음과 관련된 질문은 이들이 통상적으로 고민하는 문제가 아니다. 따라서 초기 청소년들의 목적을 측정하는 데 관심을 가졌던 연구자들은 「PIL」에서 청소년들의 생활과 관련 있는 문항들을 선별하여 「삶의 목적 실존 하위척도」(Existence subscale of Purpose in Life Test, 이하 EPIL, Law 2011)를 개발하였다. 7문항으로 이루어진 「EPIL」은 삶에 대한 열정과 흥분, 일상 활동에 대한 가치, 삶의 의미에 대한 신념 등에 초점을 맞추었다. 연구자들은 2,842명의 초기 청소년들에게서 자료를 수집하여 척도의 심리측정학적 특성을 확인하였다(Law 2012). 크론바하 알파 값은 .89였고, 탐색적 요인분석 결과 하나의 요인이 60%의 분산을 설명하고 있음을 확인했으며 이러한 요인구조는 성별에 관계없이 일정하게 나타났다. 척도의 준거타당도를 알아보기 위한 검사 결과, 초기 청소년들 중 자원봉사를 한 학생들은 그렇지 않은 학생들에 비해서 「EPIL」 점수가 높게 나타나서 이 두 집단을 성공적으로 구분할 수 있었다. 이 연구 결과를 보면 「EPIL」이 초기 청소년의 목적을 측정하는 유용한 도구이지만, 그럼에도 불구하고 경험적 연구에서는 거의 사용되지 않고 있다. 비교적 잘 알려지지 않은 최근의 척도이기 때문인 듯 하다.

「PIL」의 변형에는 「EPIL」과 유사한 「삶의 목적 설문」(Life Purpose Questionnaire, 이하 LPQ, Hablas & Hutzell 1982)도 있다. 이 검사는 더 자주 실시되는 도구이다. 연구자들은 「PIL」이 질문마다 다른 응답 구문(response anchor)을 사용하기 때문에 대상자에 따라 혼란을 줄 수 있다고 하였다 (Harlowe et al. 1986; Schulenberg 2004). 따라서 「LPQ」는 단순하고 편리하면서 지필검사로 실시할 수 있는 삶의 의미 및 목적 측정 도구로 개발되었다. 「PIL」과 마찬가지로 이 척도도 20문항으로 목적과 의미를 측정하도록 되어 있으나, 「PIL」과는 달리 문장이 아닌 단순한 이분형 응답방식(동의한다-동의하지 않는다)에 답하도록 요구한다. 「LPQ」는 특히 노인병, 신경정신병, 알코올 중독자, 그 밖에 「PIL」에 응답하기 힘든 대상자들에게 사용할 수 있도록 만들어졌다(Hablas & Hutzell 1982; Hutzell 1989).

「LPQ」는 성인 집단에서 목적을 측정하는, 심리측정학적으로 양호한 척도이다(Hablas & Hutzell 1982). 「LPQ」와 「PIL」의 상관은 .60에서 .80의 범위로 나타나며(Hutzell 1989; Kish & Moody 1989), 「PIL」과 마찬가지로 「LPQ」의 점수는 삶의 만족과 정적 상관을, 우울과 부적 상관을 보인다(Hutzell 1989). 그러나 「LPQ」의 심리측정학적 특성은 「PIL」만큼 완전하게 확인되지 않았으며 추가적인 연구가 더 필요하다(Kish & Moody 1989). 그럼에도 불구하고 이 척도는 「PIL」을 이해하기 쉽지 않은 대상자들에게서 목적을 측정하기에 매우 유용하다(Hutzell 1989). 사실 응답자들은 「PIL」보다 「LPQ」를 더 선호한다(Schulenberg 2004).

「LPQ」 역시 청소년들에게 사용할 수 있도록 수정되었다(Hutzell & Finck 1994). 수정된 척도에는 어린 연구 대상에게 적합하지 않은 2개의 문항이 삭제되어 있다(문항 7: "은퇴는 내가 하고 싶었던 재미있는 일들을 할 수 있는 시간을 의미한다.", 문항 5: "나는 죽음에 대한 준비가 되어 있지 않다."). 「삶의 목적 설문-청소년용」(Life Purpose Questionnaire-Adolescent version, 이하 LPQ-A, Hutzell & Finck 1994)의 나머지 18개의 문항들은 "나는 자주 지루하다.", "나는 하고 싶은 일에 대한 생각이 분명하다.", "나의 삶은 의미 있다."와 같은 내용을 포함한다. 응답자들은 각 문항에 동의한다 또는 동의하지 않는 다고 응답한다. 이 척도는 알코올 중독이나 약물 중독 치료를 받고 있는 청소년들의 목적을 측정하는 데 사용되곤 한다.

경험적 연구에서 「LPQ-A」는 그다지 많이 사용되지 않았고, 따라서 이 척도의 심리측정학적 특성은 제한적으로 이루어진 것(Hutzell & Finck, 1994) 외에는 거의 연구되지 않았다. 홋젤과 핀크(Hutzell & Finck)는 척도를 평가하기 위해서 두 집단의 청소년들에게 검사를 실시하였다. 첫 번째 집단은 알코올 중독, 약물 중독 집단의 청소년들이었고(n=100), 두 번째 집단은 일반 청소년들이었다(n=100). 18개 문항 각각은 나머지 문항의 총점과 유의한 상관이 있었고, 상관계수는 중독 집단의 경우 평균 .37, 범위는 .21에서 .55, 일반 집단의 경우 평균 .48, 범위는 .23에서 .62였다. 이 척도는 안녕감에 있어 목적이 중요하다고 보는 프랭클의 이론에 기초를 두었기 때문에, 연구자들은 일반 집단의 점수가 중독 집단의 점수보다 높을 것으로 기대하였고, 연구 결과도 이러한 가설을 지지하였다. 중독 집단의 평균 점수는 10.6(SD=4.1)인 데 비해 일반 집단의 평균 점수는 12.5(SD=4.5)이며 이 차이는 통계적으로 유의하였다(t(198)=3.13, p<.01, 양방검증).

「삶의 목적 척도」(Purpose In Life Scale, 이하 PILS, Robbins & Francis 2000)는 「PIL」의 문항들에 상당히 의존하고 있는 또 다른 목적 측정 척도이다. 이 척도는 단일 차원의 12문항으로 구성되어 있으며 "나의 삶은 대체로 가치있다.", "나는 내 삶에서 목적의식을 느낀다.", "나의 삶은 명확한 목표가 있다."와 같은 문항들이 포함된다. 응답자들은 1("동의하지 않는다")부터 5("매우 동의한다")까지의 5점 리커르트 척도에 평정한다. 「PILS」의 심리측정학적 특성은 517명의 대학생 표집에서 확인되었다. 크론바하 알파 계수는 .90이었고, 「PILS」의 높은 점수는 교회 출석(r=.11, p<.001), 안정적인 외향성(r=.23, p<.001), 낮은 수준의 노이로제(r=.35, p<.001)와 관련이 있었

다(Robbins & Francis 2000).

크럼보(Crumbaugh)는 「PIL」을 보완하기 위한 「노에틱 목표 탐색 검사」 (Seeking of Noetic Goals Test, 이하 SONG, Crumbaugh 1977)를 개발하였다. 「PIL」이 자신의 삶에서 개인이 목적을 **찾았는지**(*found* a purpose)를 측정하는 것처럼, 「SONG」은 자신의 삶에서 개인이 목적을 얼마나 적극적으로 **찾고 있는지**(*searching* for a purpose)를 측정한다(Crumbaugh 1977).

「SONG」은 목적 탐색을 측정한 첫 번째 도구이다. 프랭클에 의하면 목적을 찾고자 하는 동기는 노에틱(noetic)한 측면, 즉 정신적, 영감적, 열망적, 비물질적 측면을 의미한다. 프랭클은 자아를 넘어선 문제를 강조했지만, 「SONG」의 문항에서는 이런 종류의 문제가 직접 측정되지 않았다. 그 대신, "나는 삶의 궁극적인 의미를 생각한다.", "나는 안절부절한다.", "나는 내가 정확히 규정하지 못하는 어떤 요소가 내 삶에서 빠진 것 같다고 생각한다."와 같은 문항들이 들어있다. 응답은 7점 리커르트 척도로 평정한다(1 = "전혀 아니다", 7 = "항상 그렇다").

몇몇 연구자들이 「SONG」의 심리측정학적 특성을 연구하였다(예: Crumbaugh 1977; Melton & Schulenberg 2008; Reker & Cousins 1979). 크론바하 알파 계수는 .81에서 .94의 범위로 보고되었고, 6주에서 8주 후에 실시한 재검사 신뢰도는 .66에서 .78(p값은 보고되지 않았음; Reker & Cousins 1979; Sink et al. 1998)이었다. 「SONG」은 환자 집단과 일반인 집단을 구분할 수 있는데, 프랭클의 '의미추구 의지' 가정에 근거하였으므로 정신질환자들은 건강한 일반인보다 목적 추구의 동기가 낮게 나타난다(Crumbaugh 1977).

크럼보(1977)에 따르면 목적을 이미 찾은 사람들은 목적을 탐색하려는 동기를 가질 필요가 없기 때문에 「PIL」과 「SONG」의 점수들은 역관계에 있어야만 한다. 크럼보(1977)가 예상한 대로 「SONG」의 점수는 「PIL」의 점수와 통계적으로 유의한 부적 상관(r = −.33, p < .001; Reker & Cousins 1979)을 보인다. 또한, 삶의 만족 10개 차원을 사용한 연구자들(Reker & Cousins 1979)에 의하면, 「PIL」의 문항들은 6개 요인에, 「SONG」의 문항들은 4개 요인에 적재되어, 「PIL」과 「SONG」이 애초에 제안했던 것처럼 서로 보완하

는 척도임을 시사한다. 그러나 크럼보(1977)는 '목적 탐색(search for purpose)'과 '목적 실재(presence of purpose)'가 항상 반대의 관계라고 제안하였는데, 이는 실제 사례에 부합하지 않는다. 목적을 측정하는 다른 도구를 사용한 결과들에서 목적 탐색과 목적 실재가 성인 집단에서는 역관계를 보여도 청소년 집단에서는 그렇지 않기 때문이다(Bronk et al. 2009; Steger & Kashdan 2007). 현재까지 청소년 집단에서 「PIL」과 「SONG」이 함께 사용된 적은 없다. 목적 확인(identification of purpose)과 목적 탐색(search for purpose) 간의 관계에 대한 보다 자세한 설명은 7장(다양한 집단에서 목적의 경험)에서 다룬다.

「삶의 태도 프로파일-개정판」(Life Attitude Profile-Revised, 이하 LAP-R, Reker 1992)은 프랭클(1978)의 '의미추구 의지' 가정에 근거한 또 다른 척도이다. 이 도구는 현재의 목적 수준과 목적을 찾으려는 동기를 동시에 측정하기 위해 개발된 다차원적 척도이다. 「LAP」의 원척도(Reker & Peacock 1981; Reker et al. 1987)는 56문항으로 되어 있었으나 연구자들은 개정판 척도를 48문항으로 압축하고 차원당 동일한 문항수로 평가하도록 개발하였다(Reker 1992). 「LAP-R」은 목적, 일관성, 선택/책임, 죽음 수용, 실존적 공허, 목표 탐색, 이렇게 여섯 개의 차원으로 구성되어 있다. 이 차원들로부터 두 개의 통합 점수가 산출된다. '개인적 의미' 지표(목적＋일관성)와 '실존적 초월' 지표([목적＋일관성＋선택/책임＋죽음 수용] － [실존적 공허 ＋ 목표 탐색])가 그것이다. 「LAP-R」의 여섯 개 차원은 내적 일관성, 시간에 따른 안정성, 그리고 구인타당도를 가진 척도임을 보여주고 있다(Reker 1992). 「LAP-R」은 "나의 예전 성취들은 내 삶에서 의미와 목적을 제공해왔다.", "나는 내가 정확히 규정하지 못하는 어떤 요소가 내 삶에서 빠져 있다고 느낀다."와 같은 질문들을 포함한다. 응답자들은 7점 리커르트 척도(1＝"매우 동의하지 않는다", 7＝"매우 동의한다")로 답하게 되어 있으며, 점수들은 「PIL」점수, 「삶의 관심 지표-개정판」(Life Regard Index-Revised Framework, 이하 LRI-R, Reker 1992) 점수, 유의미성 점수와 정적 상관을 보인다(Reker 1992).

「LAP-R」과 같은 도구들은 일반인 집단에게 사용하도록 고안된 것이고,

특수한 집단에 사용할 수 있도록 유사한 도구들도 만들어졌다. 프랭클은 도전과 고통 중에도 삶의 목적을 발견할 수 있는 기회가 주어진다고 믿었다. 이 전제 아래, 패트리샤 스타크(Patricia Starck 1983)는 「고통의 의미 검사」(Meaning in Suffering Test, 이하 MIST, Starck 1983, 1985)라는 척도를 개발했는데, 이것은 특히 불가피한 고통과 관련된 삶의 의미를 측정한다. 「MIST」는 두 부분으로 되어 있다. 두 번째 부분은 치료에 유용한 정보를 얻기 위해 주로 사용되지만(Starck 1985) 양적 측정이 어렵기 때문에(Schulenberg 2004) 실제 연구에 자주 사용되지는 않는다. 그러나 첫 번째 부분에는 "나는 고통이 사람들에게 더 새롭고 가치 있는 삶의 목표를 찾는 원인이 된다고 믿는다.", "나는 모든 사람이 삶의 목적, 또는 지구상에 존재하는 이유를 가지고 있다고 믿는다."와 같은 20개 문항이 들어있다. 응답은 7점 리커르트 척도(1 = "전혀 아니다", 7 = "항상 그렇다")로 점수화된다. 이 척도는 세 가지 하위척도로 구성되어 있는데, '고통의 주관적 특성', '고통의 내용들에 대한 개인적 반응', 그리고 '고통의 의미'가 그것이다(Starck 1985). 간호대 학생들 그리고 입원 환자들의 「MIST」 점수는 목적 관련 구인들 점수와 유의한 상관이 있다(Guttman 1996; Schulenberg 2004; Starck 1985).

「MIST」는 경험적 연구에서 폭넓게 사용되지는 않았지만 최근 연구들에 따르면 「MIST」 전체는 수용가능한 내적 일관성(Cronbach α =.83)을, 세 하위척도 중 두 척도는 낮은 내적 일관성을 보였다('고통의 주관적 특성'[6문항]: Cronbach α =.52, '고통의 내용들에 대한 개인적 반응'[8문항]: Cronbach α =.53, Schulenberg et al. 2006).

프랭클의 [목적] 개념을 반영하고 있는 마지막 측정 도구는 「개정판 청소년 목적 설문」(Revised Youth Purpose Survey, 이하 RYPS, Bundick et al. 2006)이다. 목적 확인과 목적 탐색, 두 가지를 모두 측정하는 도구들도 있고, 성인과 청소년 모두의 목적을 측정하는 도구도 있지만, 이 도구는 청소년들에게서 목적 확인과 목적 탐색을 함께 측정한 최초의 도구이다. 여기서는 「PIL」의 일부 문항들과 더불어 목적을 측정하는 검사(리프의 「심리적 안녕감 척도」, Ryff & Keyes 1995)와 의미를 측정하는 검사(「삶의 의미 설문」

[Meaning in Life Questionnaire, 이하 MLQ, Steger et al. 2006)]의 문항을 사용하였다. 이 다차원적 척도는 목적의 탐색, 목적의 실재, 목적을 향한 적극적인 참여, 목적의 중요성을 탐색한다. 그러나 이 척도를 반복해서 사용한 연구들에서 네 개의 구성요소는 두 개의 하위척도에 수렴되는 것으로 나타났다. 즉 '목적 확인' 하위척도(15문항: Cronbach α = .94)와 '목적 탐색' 하위척도(5문항: Cronbach α = .94; Bronk et al. 2009; Burrow et al. 2010)가 그것이다. 응답자들은 7점 리커르트 척도 양식으로 평정하며, 점수가 높을수록 목적 확인과 목적 탐색의 수준이 높음을 나타낸다. 목적 확인 문항은 "나는 만족스러운 삶의 목적을 찾았다."와 같고, 목적 탐색 문항은 "나는 목적 혹은 삶의 임무를 찾아보고 있다."와 같다.

위에서 살펴 본 것과 같이, 목적 확인과 목적 탐색 하위척도들은 청소년기나 청년기 집단에서는 서로 정적인 상관을 보이지만, 중년 집단에서는 그렇지 않다. 달리 말하면 삶의 목적을 가지고 있다고 응답한 청소년들은 또한 그것을 찾고 있다고 응답하지만, 「PIL」이나 「SONG」에서와 마찬가지로, 중년 집단에서 삶의 목적을 이미 찾았다고 응답한 사람들은 목적을 찾고 있다고 응답하지 않기 때문이다(Bronk et al. 2009). 안타깝게도 「PIL」과 「SONG」이 청소년이나 청년 집단의 연구 대상에게 시행된 적은 아직 없으나, 이와 같은 패턴은 목적 탐색과 목적 확인의 관련이 발달 단계에 따라 다를 수 있음을 시사한다. 4장(전생애적 관점에서 본 목적)에서는 이 가능성에 대하여 더 깊이 논의한다. 「개정판 청소년 목적 설문」은 비교적 새로운 측정 도구이며 그렇기 때문에 심리측정학적 안정성을 확인하기 위한 추가 검증이 필요하다.

리프의 「삶의 목적 하위척도」

크럼보와 매홀릭의 「PIL」의 뒤를 이은 리프(Ryff)의 「삶의 목적 하위척도」는 「PIL」 다음으로 널리 쓰이는 목적 측정 도구이다(Pinquart 2002). 리프는 인간의 긍정적 건강에 대한 경험적 연구를 지지한 초창기 학자이다. 그녀는 심리적 안녕감을 6개 차원의 구인으로 개념화하였다. 즉 자율성, 환경적 숙달, 개인적 성장, 타인과의 긍정적 관계, 자기수용, 삶의 목적(Ryff & Singer 1998)이 그것이다. 심리적 안녕감 척도라고 불리는 이 자기보고식 설문지는 위의 여섯 개 영역에서 개인의 행복(welfare)을 측정한다. 하위척도들은 함께 쓰이기도 하고 각각 따로 쓰이기도 한다. 「삶의 목적 하위척도」는 버전에 따라서 20문항, 14문항, 9문항, 3문항 검사가 있다. 응답자들은 "나는 그날그날 살아가며 미래를 생각하지 않는다.(역산)", "삶을 방황하며 보내는 사람이 있지만 나는 그런 사람이 아니다."와 같은 질문에 답하게 된다. 응답은 6점 리커르트 평정으로 이루어지며 점수가 높을수록 '목적 실재', '삶의 방향성', '목적의 강도'가 높음을 의미한다. 반복 측정한 20문항 척도의 신뢰도는 크론바하 알파 값이 .88에서 .90이었고 6주 간격을 두고 시행한 재검사 신뢰도는 .82로 나타났다(Ryff 1989; Ryff et al. 1994, 2003). 3문항 척도는 전화설문용으로 제작되었으나 내적 일관성이 확보되지 않았다(Ryff & Keyes 1995).

안토노브스키의 「일관성 의식 설문」

안토노브스키(Antonovsky)의 「일관성 의식 설문」(Sense of Coherence Survey, 이하 SOC, 1983)은 목적과 유사한 구인을 측정한다. 의학 연구에 주로 사용되는 「SOC」는 "건강생성(salutogenesis)" 즉 건강의 원천들을 측정하기 위해 개발되었다. 구체적으로 「SOC」는 자신의 삶에 대한 이해가능성, 운영가능성, 유의미성에 대한 신념 정도를 측정한다. 이러한 신념들이 종합적으로 유용한 대처 양식을 보이므로 이러한 신념을 가진 사람들은 스트레스 상황을 잘 조절할 수 있다. 「SOC」에서는 "일상생활에서 얼마나 자주 당신이 하는 일들이 의미가 없다고 느낍니까?", "당신은 혼란스러운 생각이나 감정을 가지고 있습니까?", "당신은 익숙하지 않은 상황에 처해있고 무엇을 해야 할지 모르겠다고 느낍니까?" 등을 묻는다. 「SOC」는 최소한 15개 이상의 버전이 있지만(Eriksson & Lindstrom 2005), 가장 자주 사용되는 버전은 29문항으로 되어있는 7점 리커르트 원척도와 13문항으로 되어 있는 척도(원척도와 같은 평정 방법에 일부 문항만을 포함, Jacobsson 2011)이다. 「SOC」에서 '의미' 요소에 대한 질문만 추출하여 사용할 수도 있지만, 안토노브스키(1987)는 이러한 방식에 동의하지 않았다. 그는 이 척도가 세 가지 하위 요소들로 구성되는 대처 경향성을 측정하는 도구로 쓰도록 개발되었기 때문에 척도의 심리측정학적 특성은 전체 척도에만 적용된다고 하였다.

에릭손과 린드스트롬(Eriksson & Lindstrom 2005)은 약 500편에 달하는 「SOC」 관련 논문들을 엄밀하게 분석하였다. 그 결과, 이 척도를 사용한 124개 연구에서 크론바하 알파 값이 .70에서 .95의 범위를 가졌고, 1년 간격을 둔 재검사 상관은 .69에서 .78, 5년 간격을 둔 상관은 .59에서 .67, 10년 간격을 둔 상관은 .54였다. 연구자들은 「SOC」점수가 대체로 연령에 따라 증가한다고 결론 내렸다. 그러나 「SOC」의 축약형 검사에서는 심리측정학적 문제가 있었다. 예컨대 1,753명의 응답자를 대상으로 한 13문항짜리 척도는 적절한 구인타당도를 확보하지 못하였다(Jakobson 2011).

안토노브스키의 "건강생성" 접근법(1987)과 마찬가지로, 「삶의 관심 지표」(Life Regard Index, 이하 LRI, Battista & Almond 1973)는 삶의 유의미성과 이해가능성을 측정한다. 특히 이 척도는 개인이 자신의 삶에 얼마나 긍정적인 관심을 가지고 있는지 보여준다. 바티스타와 아몬드(Battista & Almond 1973)는 이 관심을 "가치있는 삶의 목표, 즉 삶의 기본체제(framework)를 따르는 목표에 의해 삶이 채워지고 있다는 믿음"으로 정의한다. 「LRI」는 자기보고식 설문지로 두 개의 하위요인으로 구성된다. '삶의 기본체제' 하위척도(The Framework subscale, LRI-FR)에서는 자신의 삶을 유의미성의 관점에서 떠올리는 수준, 또는 일군의 삶의 목표를 끌어내는 수준을 측정한다. '삶의 충족' 하위척도(The Fulfillment subscale, LRI-FU)에서는 자신의 삶의 목표 또는 삶의 기본체제가 얼마나 충족되고 있는지 측정한다.

「LRI」는 28개 문항으로 이루어져 있다. 문항의 절반은 긍정 진술문이고 ("나는 무엇을 하며 살고 싶은지 생각이 명확하다."), 나머지 절반은 부정 진술문이다("나는 내가 하고 있는 일이 가치있다고 여기지 않는다."). 원척도에서는 응답자들에게 5점 리커르트 척도로 평정하도록 요구하지만, 드뱃(Debats, 1998)의 개정판(「LRI-R」)에서는 극단적 응답을 피하기 위해 3점 척도(1 = "동의하지 않는다", 2 = "어느 쪽도 아니다", 3 = "동의한다")로 측정한다.

다수의 연구들에서 「LRI」의 심리측정학적 안정성을 알아보았다(예: Battista & Almond 1973; Chamberlain & Zika 1988; Debats et al. 1993, 1995). 「완전형 LRI」의 크론바하 알파 값은 연구 대상에 따라 .87에서 .91(예: Cronbach's α = .87 [일반학생]; Cronbach's α = .91 [스트레스 학생]; Cronbach's α = .91 [일반인])로 나타난다. 두 하위척도들의 내적 일관성 점수는 거의 유사하다(Cronbach's α LRI-FR = .84; Cronbach's α LRI-FU = .87 [일반인]; Debats et al. 1993). 5주 간격을 두고 실시한 재검사 신뢰도는 스피어만 로오 값이 .80(LRI), .73(LRI-FR), .79(LRI-FU)로 나타났다. 교육수준이나 성별에 따른 전체 점수 또는 하위척도 점수의 유의한 차이는 없었다. 그러나 기혼 집단은 미혼 집단(t=3.43(130), p<.001), 이혼 집단(t=3.56(156), p<.001) 보다 유의하게 높은 「LRI」 점수를 보인다. 「LRI」의 구인타당도를 확인하기 위한 연구에서 이 척도는 '행복'(r=.73, p<.001), '우울'(r=−.59, p <.001), '불안'(r = −.40, p<.001), '심리적 스트레스'(r = −.52, p<.001)와 유의한 상관을 나타냈다. 마지막으로 「PIL」과 마찬가지로, 「LRI」는 일반인과 스트레스 집단을 유의하게 구분하였으며, 일반인은 스트레스 집단보다 삶의 관심 점수가 높게 나타났다 (t=10.8(269), p<.001, d=1.36; Debats et al. 1993).

혼합 평정의 「LRI」에서 응답자들은 설문지, 그리고 삶의 의미와 유의미성에 관한 특별한 경험을 묻는 서술형(open-ended) 질문에 답한다. 그 결과 (「LRI」로 측정된) 긍정적 삶의 관심 점수가 높은 사람들은 가족, 친구, 이방인 등 다양한 사람들과 관련하여 유의미한 경험을 묘사하는 경향이 있었다. 이와 같이 다양한 사람들을 돕고 배려하는 긍정적 상호작용은 삶의 충만한 향유 및 안녕감의 경험과 일치한다(Debats 1995). 저자들은 「LRI」로 측정된 유의미성이 타인과의 긍정적인 관계로 구현된다고 결론 내렸다. 이 결론에 따르면, 그리고 '목표지향성'이나 '자아를 넘어선 헌신'이 빠져있다는 점을 고려하면, 이 척도는 목적보다는 의미에 가까운 구인을 측정하는 것으로 보인다.

최근 「LRI」 문항의 일부를 사용한 다차원적 목적 척도가 제안되었다. 「삶의 유의미성 척도」(Meaningful Life Measure, 이하 MLM, Morgan & Farsides 2009)라고 불리는 이 도구는 「LRI」, 「PIL」, 그리고 리프의 「심리적 안녕감 척도」 중 '목적' 하위척도에서 선택한 문항들로 구성되어 있기 때문에 사실상 의미보다는 목적에 가까운 구인을 측정한다. 설문지는 23개의 문항으로 구성되어 있으며 '목적지향적 탐색'("나는 내 미래의 목표들이 무엇인지 명확히 알고 있다.", "나는 목적이나 방향감없이 방황하며 사는 것 같다.", [역산])에 대한 질문들을 포함한다. 응답자들은 7점 리커르트 척도에 평정(1 = "매우 동의하지 않는다", 7 = "매우 동의한다")한다. 탐색적 요인분석 결과 이 척도에는 흥미로운 삶, 성취된 삶, 원칙있는 삶, 목적있는 삶, 가치있는 삶, 이렇게 다섯 개의 요인이 나타났다. 이 요인들 중 목적있는 삶과 가치있는 삶의 요인은 이 책에서 다루고 있는 삶의 목적에서의 의미와 거의 유사하게 측정된다. 원칙있는 삶은 이해를, 성취된 삶은 책임을, 그리고 흥미로운 삶은 즐거움을 측정하고 있다.

이 척도를 대다수가 여대생으로 구성된 표집에 실시한 예비검사 결과는 심리측정학적 안정성을 보여준다. 다섯 개 하위요인의 알파 계수들은 .85에서 .88의 범위를 보이고, 6개월 간격을 두고 실시한 재검사 신뢰도는 .64에서 .70으로 나타났다(Morgan & Fasides 2009). 그러나 척도의 양호성을 확인하기 위해서는 다양한 집단을 대상으로 한 추가 연구가 필요하다. 또한 척도의 수렴타당도와 변별타당도를 확인하기 위한 연구들도 필요하다.

의미, 목적 관련 기타 구인들에 대한 설문 도구

목적과 밀접하게 관련되어 있는 구인들을 측정하는 일군의 도구들이 있다. 예를 들어 「의미 원천 프로파일」(Source of Meaning Profile, 이하 SOMP, Reker & Wong 1988)은 다양한 연령대에서 삶의 개인적 의미 수준과 그 원천을 측정한다. 「SOMP」는 16개의 문항으로 이루어져 있으며, 응답자들은 의미의 잠재적 원천 각각을 얼마나 중요하게 여기는지 7점 리커르트 척도로 표시한다. 의미의 잠재적 원천은 여가 활동 참여, 후속 세대를 위한 유산, 다른 사람을 위한 봉사이다. 16문항 척도의 크론바하 알파 값은 .77과 .76이었고(Reker 1988; Prager 1996), 3개월 간격을 둔 재검사 신뢰도 계수는 .70이었다(Reker 1988; Prager 1996).

「SOMP」는 개인이 느끼는 삶의 의미의 원천이 무엇**이어야 하는지**에 대한 심리학자들의 이론적 아이디어를 측정하는 반면, 「개인적 의미 프로파일」(Personal Meaning Profile, 이하 PMP, Wong 1998)은 일반인들이 실제로 자신의 삶을 의미 있게 느끼는 원천은 무엇**인지**에 대한 암묵적 이론(implicit theories)을 측정한다. 이 자기보고식 척도는 원래 59문항으로 이루어져 있었으나 후속 개정판에서 57문항으로 수정되었으며 의미의 원천을 일곱 개로 제시한다. 즉 성취/추구(16문항), 관계(9문항), 종교(9문항), 초월(8문항), 자기수용(6문항), 친밀(5문항), 공정(4문항)이 그것이다. 이 요인들은 이상적인 상황은 물론이고 그들의 삶을 실제로 의미 있게 한다고 생각되는 것들을 나타낸다. 이 척도는 삶의 의미의 크기 또는 강도(총점이 클수록 의미 있는 삶의 이상적 상태에 더 가까이 가고 있음), 의미의 폭(다양한 원천에서 의미를 찾는 사람은 한두 가지 원천에서 찾는 사람보다 보다 광범위한 원천을 가지고 있음), 그리고 균형(각 의미 차원의 점수가 대략 비슷하게 나타나는 응답자는 삶의 의미에 대해 균형 잡힌 시각을 가지고 있음)을 측정한다. 자기 평정 점수는 모형 평정(prototypical rating) 그리고 준거 점수와의 상관을 보이는데, 이는 「PMP」의 점수가 높은 사람일수록 의미 있는 삶의 이상적 상태에 근접함을 의미한다.

「PMP」의 질문들은 다음과 같다: "나는 깊이 사랑하는 누군가를 찾았다.", "나는 길이 남을 좋은 유산을 남기려고 한다." 응답자들은 이러한 질문에 7점 리커르트 척도(1="전혀 아니다", 7="매우 그렇다")로 답한다. 「PMP」에서의 의미 개념은 목적에서 개인적 중요성과 공통점이 있지만, 그 안에 미래 지향성과 더 넓은 세계로의 헌신이 들어있지 않다.

「MLQ」는 자주 사용되는 의미 측정 도구이다(Steger et al. 2006). 10문항으로 구성된 이 설문 도구는 각각 다섯 개의 문항을 포함하는 두 개의 하위 척도로 구성되어 있다. 즉 의미의 탐색과 의미의 실재가 그것이다. 모든 문항은 7점 리커르트 척도로 평정되며(1="전혀 그렇지 않다", 7="매우 그렇다"), 탐색에 해당하는 하위척도 문항은 "나는 내 삶을 의미 있게 만드는 것을 항상 찾고 있다." 등으로, 실재에 해당하는 하위척도 문항은 "나는 내 삶의 의미를 이해하고 있다." 등으로 구성된다. 최근 이 척도를 사용한 연구에서 크론바하 알파 값은 .80(Yeager & Bundick 2009)으로 나타났다. 이 척도는 삶의 만족, 긍정적 정서 등과 같이 안녕감을 측정하는 다양한 척도와 정적 상관이 있고, 우울과는 부적 상관이 있다는 점에서 타당한 척도이다(Steger et al. 2006; Steger & Kashdan 2007).

「MLQ」가 의미를 가지고 있다는 비교적 안정적인 느낌을 측정하는 반면, 이와 유사한 척도인 「일상 의미 척도」(Daily Meaning Scale, 이하 DMS, Steger et al. 2008; Stillman et al. 2009)는 "지금 여기"에서 응답자들이 삶의 의미를 얼마나 느끼고 있는지를 측정한다. 「MLQ」와 마찬가지로 「DMS」는 실재 하위척도(예: "지금 여기에서 당신의 삶은 얼마나 의미 있다고 느낍니까?" 5문항, Cronbach α = .78), 탐색 하위척도(예: "당신의 삶에서 얼마나 의미를 찾으려 하고 있습니까?" 5문항, Cronbach α = .92)로 구성되며, 7점 리커르트 평정 (1="전혀 아니다", 7="매우 그렇다")으로 응답한다.

자주 사용되지 않는 그 밖의 목적 설문

목적을 다른 구인들과 함께 측정하는 도구들이 더 있다. 예를 들어 「강점의 활동가치 목록」(Values in Action Inventory of Strengths, 이하 VIA)은 개인이 가진 강점의 범위를 측정하는 자기보고식 설문조사이다. 이 척도는 성격이 가진 강점 또는 그 조합들을 확인한다. 18세 이상의 성인에게 사용할 수 있는 성인용(「VIA-IS」, Peterson & Seligman 2004)과 10세~17세의 청소년에게 사용할 수 있는 청소년용(「VIA-Youth」, Dahlsgaard 2005) 두 가지 버전이 있다. 탐색적 요인분석을 사용한 결과, 24개의 강점은 절제, 지혜, 대인기능, 초월, 네 가지로 나뉘었다. 목적은 초월 영역에 포함되지만 영성이나 감사와 함께 묶여 있기 때문에 목적 점수만 단독으로 사용되지는 않는다.

「긍정심리 태도 목록」(Inventory of Positive Psychology Attitude, 이하 IPPA, Kass et al. 1991)은 삶의 목적 차원을 포함하는, 긍정심리학의 또 다른 척도이다. 30문항으로 이루어진 이 설문지는 목적/삶의 만족과 스트레스 상황에서의 자기확신, 이렇게 두 영역으로 이루어져 있다. 이 척도는 요인분석을 사용하여 개발되었으며 카스 등(Kass et al. 1991)은 「IPPA」 전체의 크론바하 알파 값이 .88에서 .94라고 보고하였다. 「IPPA」와 정서적 균형($r=.66$, $p<.001$), 자존감($r=.79$, $p<.001$)과의 상관은 정적으로 나타났으며, 「IPPA」와 고독($r=-.63$, $p<.001$)과의 상관은 부적으로 나타났다. 이 척도를 이용한 경험적 연구 중 만성통증 환자들을 대상으로 한 연구에서, 이 검사 점수에서 정적인 변화를 보이는 사람들은 건강상태가 나아졌다고 보고하였다(Kass et al. 1991). 「VIA」와 「IPPA」는 목적과 다른 구인들을 함께 측정하며, 따라서 목적을 단독으로 측정하기에 적절한 도구가 아니다. 그러나 신체적, 심리적 안녕감을 측정하는 데 있어서 목적의 중요성을 보여준다는 점에서 주목할 만하다.

목적을 측정하는 다른 도구들은 연구 맥락보다는 임상 맥락에서 시행되어 왔다. 예를 들어 「목적 발달 목록」(Developing Purpose Inventory, 이하

DPI, Barratt 1978)은 치커링과 라이서(Chickering & Reisser)가 제시한 학생 발달의 일곱 개 벡터(Seven Vectors of Student Development)에 근거를 두고 있다. 이 모델은 1969년에 만들어졌다(Chickering 1969). 이 모델은 1993년에 개정된(Chickering & Reisser 1993) 대학생 성장에 관한 모델로서, 학생들의 능력 개발(developing competence), 감정 조절(managing emotions), 자율성을 통한 상호의존(moving through autonomy toward interdependence), 성숙한 대인 관계 개발(developing mature interpersonal relationships), 정체성 수립(establishing identity), 통합성 개발(developing integrity), 목적 개발(developing purpose)의 일곱 가지 핵심 영역을 평가한다(Chickering & Reisser 1993). 여기서 "목적 개발"의 벡터는 학생들이 대학에 가고 전공을 선택한 이유를 평가하며, 학생들의 개인적 포부, 가정과 삶의 여러 영역에 대한 헌신, 이러한 헌신들 간의 균형을 맞추는 능력을 측정한다(Chickering & Reisser 1993).

바라트(Barratt 1978)가 「DPI」를 개발한 목적은 학생들이 삶의 목적을 추구하는 데 얼마나 헌신하고 있는지를 측정하기 위해서이다. 이 척도는 각각 15문항으로 이루어진 세 개의 하위척도로 구성되어 있다(총 45문항). 각 하위척도는 치커링과 라이서(1993)의 '목적 개발' 하위벡터 세 가지인, 취미·여가적 목적(avocational and recreational purpose), 직업·전문적 목적(vocational and professional purpose), 생활양식 또는 대인 관계 목적(life-style or interpersonal purpose)을 측정한다. 예시 문항은 다음과 같다: "나는 취미와 관련된 특강이나 프로그램에 출석한다."(여가적 목적), "나는 강의에서 교수님이 추천한 것들을 의무가 아니어도 읽어 본다."(직업·전문적 목적), "나는 내 개인적 가치가 진로 계획과 얼마나 관련이 있는지 생각한다.(생활양식 목적)" 학생들은 5점 척도(1 = "절대 그렇지 않다"에서 5 = "항상 그렇다")로 각 문항이 자신에게 얼마나 해당되는지를 표시한다.

「학생 발달 과업과 생활양식 평가」(Student Development Task and Lifestyle Assessment, Winston 1990; Winston et al. 1999)는 치커링의 심리사회 발달의 한 측면을 평가한다. 「DPI」와 마찬가지로 이 도구도 연구에서 많이 사용된 편은 아니지만, 학생생활지도 차원에서 학생들이 자신들의 성장을 이해하고 성찰하기 위해, 미래를 위한 목표를 수립하고 계획하기 위해, 지도 차원의 개입을 위해 자주 사용되어 왔다(Winston 1990). 이 척도는 약 17세~24세 연령의 학생들을 대상으로 하고 있다. 척도는 총 140개 문항에 '그렇다-아니다'로 응답하며, 다음의 여섯 가지 범주가 포함된다. '성숙한 대인 관계의 개발', '학문적 자율성', '건강을 증진하는 생활방식', '친밀성', '목적의 수립과 명료화', '응답 편향'3).

이 도구에서 '**목적의 수립과 명료화**' 차원을 눈여겨볼 필요가 있다. 총 140개 중에서 68개의 질문이 이 발달 과업을 측정하고 있는데, 이 과업은 다섯 개의 하위요인으로 구성되어 있다. 첫째, 교육적 참여(Educational Involvement, EI, 16문항)는 학생들이 자신의 교육적 경험을 위해 잘 규정된 목표들을 얼마나 꼼꼼하게 탐색하고 확인하는지, 그리고 자기주도적이고 적극적인 학습자의 모습을 얼마나 보이는지 측정한다. 둘째, 진로 계획(Career Planning, CP, 19문항)은 학생들이 자신의 장단점과 교육적 배경을 고려하여 진로계획을 어느 정도 세웠는지 측정하며 학생들이 진로 계획에 얼마나 헌신하고 있는지도 반영한다. 셋째, 생활양식 계획(Lifestyle Planning, LP, 11문항)은 학생들이 가족, 진로계획과 더불어 종교적, 도덕적 신념을 고려하여 개인적인 삶의 방향을 얼마나 확인하고 있는지 측정한다. 넷째, 생활 관리(Life Management, LM, 16문항)는 학생들이 일상적 요구를 충족하고 개인적 또는 경제적 책임을 다하기 위해서 얼마나 자신의 생활을 잘 조직하고 있는지 측정한다. 마지막으로 문화 참여(Cultural Participation, CUP, 6문항)는 학생들이 얼마나 문화적 관심을 가지고 문화 활동에 참여하는지 측정한다.

'목표 수립과 명료화' 차원에 대한 평가는 도구 개발과 함께 진행되어 왔다. 하위척도 68개 문항의 크론바하 알파 값은 .45에서 .90이었다. 2주 간격을 둔 재검사 상관은 .80에서 .87, 4주 간격을 둔 재검사 상관은 .76에서 .85, 20주 간격을 둔 재검사 상관은 .53에서 .73으로 나타났다(Winston & Miller 1987; Winston 1988). 타당도 연구 결과, 하위척도 내 문항간의 상관

---

3) [역주] 여섯 가지 범주 중, 응답편향(response bias)은 응답자가 문항에 대해 특정한 편향을 보이는지 확인하기 위한 문항으로 학생생활지도와 직접적인 관련은 없다.

은 다른 하위척도의 문항과의 상관보다 높게 나타났다. 그러나 학문적 자율성 하위척도의 문항들은 목적 하위척도의 문항들과 비교적 높은 상관을 보였다. 목적 하위척도는 학습 기술, 진로 계획, 진로 탐색과도 정적인 상관을 보인다(Winston 1988).

마지막으로, 목적 측정 도구 중 비교적 자주 사용되지 않는 척도가 있다. 이 도구는 일반적으로 청소년에게 실시되며, "나는 내 삶이 목적을 가지고 있다고 느낀다."는 문항에 5점 리커르트 척도(1 = "매우 동의하지 않는다", 5 = "매우 동의한다")로 응답하도록 되어 있다(Francis 2000; Francis & Burton 1994; Francis & Evans 1996; Robbins & Francis 2000). 그러나 한 문항으로 이루어져 있다는 한계점 때문에 이 도구는 자주 사용되지 않는다.

종합하면, 목적 또는 관련 개념의 측정 도구를 실용화한 연구들은 이론적, 실제적 측면에서 이 구인의 이해를 증진하는 데에 상당히 큰 도움이 되었다. 그러나 현존하는 도구들은 한 가지 중요한 제한점이 있다. 어떠한 척도도 목적의 "타인지향적" 차원을 측정하지 않는다. 위의 도구들은, 삶의 목적을 추구하는 개인의 동기가 자기지향적인 것 말고 다른 이유가 있는지를 더 깊이 파고들지 못했으며, 이 점은 현재의 도구들이 목적 구인을 완전하게 측정하지 못하고 있음을 의미한다. 이 문제를 해결하기 위한 도구를 고안하는 것은 쉽지 않다. 실체가 분명하지는 않지만 목적 구인에서 본질적인, 자아외적 요소를 측정하기 위해서는 우선 개인들이 삶의 유목적성을 어디서 찾는지 알아내고, 이어 그 지향점이 개인에게 왜 특별한 의미를 갖는지 탐색해야 한다. 이러한 탐색은 다른 도구들을 사용함으로써 더 쉽게 수행될 수 있다. 구체적으로 일기 연구나 문서 검토 등은 목적에서 자아외적 차원을 측정하기 위해 유용한 방법임이 입증되고 있다.

면담(인터뷰) 프로토콜

면담은 경험의 질적이고 "심층적인 기술(thick description)"을 얻는 데에 주로 사용된다(Geertz 1983). 면담은 양적인 연구 결과를 풍부하게 하고 이어지는 연구에서 검증될 가설을 만드는 데 사용될 수 있다. 목적 연구에서 면담은 사람들이 가진 유목적적 지향점의 이면에 어떤 동기가 있는지 밝히는 데 특히 유용하다. 설문조사와 다르게 면담을 통해서 개인적으로 의미 있는 열망을 추구하는 이유가 무엇인지 더 잘 이해할 수 있다.

　목적의 중요한 차원들을 평가하기 위해 면담이 유용함에도 불구하고 이 방법은 자주 사용되지는 않는다. 목적 관련 연구들을 면밀히 검토해본 결과 목적을 평가하기 위한 면담 프로토콜 한 개, 목적 관련 구인인 '생산성(generativity)'을 평가하기 위한 면담 프로토콜 한 개를 확인하였다. 면담 도구가 이와 같이 적은 것은 면담 연구에 들어가는 시간과 비용이 만만치 않기 때문이다.

　「개정판 청소년 목적 면담」(Revised Youth Purpose Interview, Andrews et al. 2006)은 자기이해 및 정체성 발달연구들(예컨대 Colby & Damon 1993; Damon & Hart 1988; Hart & Fegley 1995)에서 도출된 반구조화된 면담 프로토콜이다. 이 프로토콜은 두 부분으로 구성된다. 첫 번째 부분은 개인에게 특별히 중요한 것이 무엇인지를 알아보는 일련의 질문들로 이루어져 있다. 이 질문들은 "당신이 정말로 마음을 쏟는 것들은 무엇입니까?", "당신에게 가장 중요한 것은 무엇입니까?"와 같이 일반적이고 개방적인 탐색 질문들이다. 또한 응답자들이 자아를 넘어선 관심사에 대해서도 생각하도록 하기 위해, 더 넓은 세계에서 응답자들에게 중요한 문제는 무엇인지 질문하기도 한다. 이런 종류의 질문들은 다음과 같다. "당신에게 세상의 무엇이든 바꿀 수 있는 마법의 지팡이가 있다면 무엇을 바꾸시겠습니까?" 응답자가 자신에게 가장 중요한 목표(들)이 무엇인지 대답하고 나면, 면담실시자는 이 잠재적인 추동원(potential driver)이 면담대상자의 삶에서 어떠한 역할을 하고 있는지 이해하기 위해 두 번째 질문에 들어간다. 예컨대 면담대상자가 자신의 삶에서 가장 중요한 포부를, 가정을 꾸리는 것이거나 어떤 직업을 통해 타인을 돕는 것이라고 말한다면, 면담실시자는 이 특정한 목표가 얼마나 중요한지, 그 이유는 무엇인지, 이 목표를 추구하기 위해서 어떤 계획을 세워왔고 세우고 있는지를 질문한다.

면담은 한 시간 정도 소요되며 대체로 청소년이나 청년 집단에서 활용되고 있다(Bronk 2005, 2008, 2011, 2012; Bronk et al. 2010; Damon 2008; Moran 2009; Yeager & Bundick 2009). 이 프로토콜을 사용한 연구 결과들은, 다양한 청소년 집단에서 목적의 편재성(prevalence)(Bronk et al. 2010; Damon 2008; Moran 2009), 건강한 정체성 발달에서 목적의 역할(Bronk 2011), 학업이나 진로 계획에서 의미의 역할(Yeager & Bundick 2009)을 보여주었다. 이 프로토콜은 목적의 발달과 시간에 따른 변화 양상을 이론화하는 데 사용되었고(Bronk 2012), 목적을 가진 청소년들의 특성을 확인하는 데에도 사용되었다(Bronk 2008). 이 프로토콜은 현재 목적을 추구하는 이면에 들어있는 동기를 판단하는 몇 안 되는 방법이기 때문에, 자기충족적 이유와 자아를 넘어선 이유에 의한 개인의 포부가 어떤 영향을 미치는지 연구하는 데 사용된다. 한 연구에서는 자기지향적인 목표와 타인지향적인 목표를 청소년 번영의 지표와 비교하였다(Bronk & Finch 2010). 연구 결과 자아를 넘어선 목표에 응답한 청소년들은 자기충족적 목표에 응답한 청소년들보다 삶의 만족이 높았다.

또 다른 목적 관련 면담 프로토콜인 「생애사 면담」(Life Story Interview, McAdams 2008)에서는 장년기의 '생산성'에 대한 정보를 수집한다. '생산성'은 에릭슨의 심리사회적 발달의 7단계로서, 긍정적인 유산들을 남기고 죽음 이후에도 남아 있을 더 넓은 세상에 기여하고자 하는 관심을 의미한다. 예를 들어 자녀양육이나 자원봉사는 '생산성'의 활동이다. 그러므로 '생산성'과 '목적'은 모두 자아를 넘어선 동기에 중요한 초점을 두고 있다.

「생애사 면담」은 대략 두 시간 정도 걸리며 여덟 개의 섹션으로 나뉜다. 첫 번째 섹션은 대상자가 살아온 여러 장(chapters)에 초점을 둔다. 두 번째 섹션에서는 대상자에게 전성기(high point)와 암흑기(low point)를 포함해서 인생에 있어 중요한 장면들을 이야기하도록 한다. 세 번째 섹션에서는 미래에 초점을 맞추고 자신의 희망, 꿈, 계획에 대해 이야기하도록 한다. 이 섹션에서는 대상자들에게 인생 프로젝트, 즉 "미래에 펼쳐질 인생의 장을 위해서 지금까지 해왔던 것, 그리고 하려고 하는 것들"을 이야기하도록 격려한다. 이 프로젝트에는 가족, 직장, 취미, 여가 등이 포함된다(McAdams 2008). 여기서 인생 프로젝트는 삶의 목적을 의미할 수 있다. 다음 [다섯 번째] 섹션에서는 대상자들에게 그들의 삶에서 마주친 도전적 경험을 이야기하도록 한다. 여섯 번째와 일곱 번째 섹션은 대상자들에게 종교적, 도덕적, 정치적 신념 그리고 삶의 주제(life themes) 각각을 포함한 개인적 이데올로기에 대해 답하도록 한다. 마지막 섹션에서는 대상자들에게 본 면담의 경험을 성찰하도록 한다. 목적과 생산성의 주제들은 세 번째 인생 프로젝트 섹션에서 두드러지게 나타나지만, 전체 면담 과정에서 두루 나타나기도 한다.

다음 표는 목적 관련 구인을 측정하는 데 자주 사용되는 설문과 면담조사 도구를 요약해서 정리한 것이다.

도구명	설명	예시문항
• 목적 그리고 이와 관련된 구인들을 이미 발견했는지 묻는 설문도구		
Existence subscale of Purpose in Life for early adolescence (EPIL, Law 2012) 「삶의 목적 실존 하위척도」	「PIL」에서 초기 청소년들의 삶에 관련성이 높은 7문항을 선별	"나의 삶은 − (1) 공허하다 (7) 좋은 것들이 차고 넘친다"
Life Purpose Questionnaire (LPQ, Hablas & Hutzell 1982) 「삶의 목적 설문」	「PIL」과 매우 유사한 20개의 문항; 노인병, 신경-정신병, 혹은 다른 특수집단 환자들의 이해를 돕기 위한 동의/비동의 형식	"나는 대체로 나의 삶의 유용성을 생각할 수 있다" − 동의한다, 동의하지 않는다
Life Purpose Questionnaire -Adolescent Version (LPQ-A, Hutzell & Finck 1994) 「삶의 목적 설문-청소년용」	18문항, 청소년 응답자들의 이해를 돕기 위한 동의/비동의 형식	"나는 내가 태어난 이유들을 많이 찾았다" − 동의한다, 동의하지 않는다
Meaning in Suffering	20문항, 7점 리커르트 척	"나는 나의 고통스러운 경

도구명	설명	예시문항
Test (MIST, Starck 1983) 「고통의 의미 검사」	도; 총점과 세 가지 하위 척도점수 제시	힘이 내 삶의 임무를 완수할 기회를 제공했다고 믿는다" – (1) 전혀 아니다 (7) 항상 그렇다
Purpose In Life Scale (PILS, Robbins & Francis 2000) 「삶의 목적 척도」	5점 리커르트 척도 응답 방식의 12문항	"나의 개인적 경험은 어떤 방향을 향해 가고 있다" – (1) 매우 동의하지 않는다 (7) 매우 동의한다
Purpose in Life Test (PIL, Crumbaugh, 1968; Crumbaugh & Maholick 1964) 「삶의 목적 검사」	20문항, 7점 리커르트 척도 형식, 각 문항마다 다른 응답구문이 있으며 4점이 중간	"내 삶은 – (1) 정말 지루하다 (7) 항상 흥미진진하다 "
Purpose in Life Test - Short Form (PIL-SF, Shulenberg et al. 2011) 「삶의 목적 검사-간편형」	「PIL」에서 4문항을 추출, 7점 리커르트 응답 형식; 각 문항마다 다른 응답구문이 있으며 4점이 중간	"내 삶에는 – (1) 명확한 목표가 없다 (7) 명확한 목표가 있다"
Ryff's Scale of Psychological Well-being Purpose Subscale (Ryff 1989; Ryff & Keyes 1995) 리프의 「심리적 안녕감 척도 중 목적 하위척도」	20, 14, 9, 3 문항으로 이루어진 여러 버전 있으며 6점 리커르트 응답 형식; 심리적 안녕감의 여섯 개의 차원 중 한 차원(목적)을 측정하는 단일차원 척도	"어떤 사람들은 삶의 목표가 없이 방황하지만, 나는 그런 사람이 아니다" – (1) 전혀 그렇지 않다 (7) 매우 그렇다
Sense of Coherence Scale (SOC, Antonovsky 1983, 1987) 「일관성 의식 설문」	가장 자주 사용되는 버전은 29, 13문항으로 이루어진 도구; 7점 리커르트 응답 형식	"현재까지 나의 삶에는 – (1) 명확한 목표가 없다 (7) 매우 명확한 목표나 목적이 있다 "

• 목적을 찾는 동기를 측정하는 도구

도구명	설명	예시문항
Seeking of Noetic Goals (SONG, Crumbaugh 1977) 「노에틱 목표 탐색 검사」	7점 리커르트 척도에 평정하는 20개의 문장; 목적을 찾는 동기에 대한 단일차원 척도	"내가 확실하게 정의할 것 없는 어떤 요소가 내 삶에 빠져 있다고 느낀다" – (1) 전혀 아니다 (7) 항상 그렇다

• 목적과 목적을 찾는 동기를 측정하는 도구

도구명	설명	예시문항
Daily Meaning Scale (DMS, Steger et al. 2008) 「일상 의미 척도」	10문항의 7점 리커르트 응답 형식; 2개의 하위척도, 의미실재(5문항), 의미탐색(5문항)	"현재 당신의 삶은 얼마나 의미 있습니까?" (1) 전혀 아니다 (7) 매우 그렇다
Life Attitude Profile-Revised (LAP-R, Reker & Peacock, 1981; Reker 1992) 「삶의 태도 프로파일–개정판」	48문항의 7점 리커르트 응답 형식; 여섯 개의 차원과 두 개의 통합점수 제공	"나의 과거 경험은 내 삶에 의미와 목적을 주었다" – (1) 매우 동의하지 않는다 (7) 매우 동의한다
Life Regard Index (LRI, Battista & Almond 1973; Debats et al. 1995) 「삶의 관심 지표」	두 개의 하위척도로 이루어진 28문항; 기본체제 척도는 삶의 목표의 존재를 측정, 충족 척도는 삶의 목표를 향한 과정을 측정	"나는 내 삶에서 무엇을 하고 싶은지 명확한 아이디어가 있다" – 그렇지 않다, 잘 모르겠다, 그렇다
Meaningful Life Measure (MLM, Morgan & Farsides 2009) 「삶의 유의미성 척도」	「LRI」, 「PIL」, 「리프의 심리적 안녕감 척도 하위요인」에서 추출된 23개의 문항으로 구성	"나는 나의 미래의 목표가 무엇인지 명확히 알고 있다" – (1) 전혀 동의하지 않는다 (7) 매우 동의한다
Meaning in Life Questionnaire (MLQ, Steger et al. 2006) 「삶의 의미 설문」	10문항의 7점 리커르트 응답 형식; 2개의 하위척도, 의미실재(5문항), 의미탐색(5문항)	"나는 내 삶의 의미를 이해한다" – (1) 전혀 그렇지 않다 (7) 매우 그렇다

도구명	설명	예시문항
Revised Youth Purpose Survey (Bundick et al. 2006) 「개정판 청소년 목적 설문」	20문항의 7점 리커르트 응답 형식; 2개의 하위척도, 목적 확인 (15문항), 목적 탐색 (5문항)	"나의 삶은 확실히 목적이 있다고 느낀다" (확인) "나는 항상 나의 삶의 목적을 찾고 있다" (탐색) – (1) 매우 동의하지 않는다 (7) 매우 동의한다
Personal Meaning Profile (PMP, Wong 1998) 「개인적 의미 프로파일」	57문항의 7점 리커르트 응답 형식; 성취, 관계, 종교, 자기초월, 자기수용, 친밀, 공정의 7개 차원	"나는 내가 하는 것에 열정적이다" "나는 사회에 중요한 기여를 하고 있다" – (1) 전혀 아니다 (7) 매우 그렇다
Sense of Meaning Profile (SOMP, Reker 1988; Prager 1996) 「의미 원천 프로파일」	16문항의 7점 리커르트 응답 형식; 의미의 원천과 수준을 측정	"다음 세대에게 유산을 남기는 것" – (1) 전혀 중요하지 않다 (7) 매우 중요하다

• 인터뷰 도구

Life Story Interview (McAdams, 2008) 「생애사 면담」	장, 등장인물, 주제로 완성되는 인생 이야기를 이야기하도록 하는 반구조화된 면담 프로토콜. 인생 프로젝트 섹션을 포함함	"인생 프로젝트는 미래에 펼쳐지는 어떤 장(chapter)을 위해 해 왔던 또는 하려고 했던 것들입니다. 이 프로젝트는 당신의 가족, 직장, 취미, 여가 등을 포함할 수 있습니다. 미래를 위해 현재까지 해 왔거나 앞으로 해야 할 일들에 대해 기술해보십시오. 어떤 프로젝트이며, 어떻게 그 프로젝트를 시작하게 되었으며 혹은 어떻게 프

도구명	설명	예시문항
		로젝트를 시작할 것이며, 어떻게 프로젝트가 진행될 것이며 당신이나 혹은 다른 사람에게 그 프로젝트가 왜 중요한지를 말씀해주세요"
Revised Youth Purpose Interview Protocol (Andrews et al. 2006) 「개정판 청소년 목적 면담」	가장 중요한 목표들과 그 목표에 헌신하는 깊이, 이러한 목표의 배후에 있는 이유, 그리고 목표를 향한 활동이나 계획을 탐색하는 반구조화된 면담 프로토콜	"당신에게 정말로 중요한 것들은 무엇입니까? 당신이 40세가 되었을 때 무엇을 하고 있을 것 같습니까? 당신에게 중요한 것은 무엇일 것 같습니까? 왜 그렇게 생각합니까?"

그 밖의 삶의 목적 연구도구

연구자들은 설문지와 면담 도구 외에도 목적 구인을 측정하기 위해 여러 방법들을 사용해 왔다. 목적 연구의 초창기에 인헬더와 피아제(Inhelder & Piaget 1958)는 20세기 스위스 청소년들의 일기들을 검토하였다. 일기는 타인을 염두에 두고 쓴 것이 아니기 때문에 지극히 사적인 내용의 기록들이다. 애초에 연구자들이 이 문서들을 수집하고 검토한 목적은 다른 데 있었지만, 일기에는 청소년들의 희망, 꿈, 포부들과 '목적'이 다양하게 서술되어 있다. 이와 같은 창의적 연구를 통해 '목적'과 청소년 발달 일반에 대한 흥미롭고 의미 있는 결과들이 도출된다. 그럼에도 불구하고 이 방법은 한계가 있다. 연구자들이 청소년들의 개인적이고 사적인 생각들을 공유하는 것은 매우 어려울 뿐만 아니라 후속 질문이나 목적에 대한 직접적인 질문이 불가능하다. 이러한 한계점을 고려해서 실시한다면, 일기 분석은 목적 구인을 연구하기 위한 흥미롭고 실용적인 방법이 될 것이다.

목적을 탐색하는 또 다른 방법은 사료(역사적 자료) 검토이다. 마리아노와 밸리언트(Mariano & Valliant 2012)는 "가장 위대한 세대(greatest generation)", 즉 Ⅱ차 세계대전을 겪은 청소년들과 성인들의 목적에 대해 연구했다. 그들은 목적과 자아를 넘어선 포부에 대한 내용을 확인하기 위해 Ⅱ차 세계대전에 참전한 젊은이들의 면담기록을 검토하였다. 이 방법으로 이 세대가 가졌던 목적의 성격에 대해 흥미로운 결과를 확인하였지만, 일기 분석에서 보인 한계점도 가지고 있다. 믿을 수 있는 자료들을 구하기 힘들고 모으는 데 비용도 많이 들며 후속 질문이나 목적에 대한 직접적인 질문을 하는 것도 불가능하다.

마지막으로 드볼거와 에버솔(DeVolger & Ebersole)은 목적을 불러일으키는 유형 또는 의미의 원천을 확인하기 위해 창의적인 방법을 사용하였다. 먼저 「의미 에세이 문서」(Meaning Essay Document)를 통해 응답자에게 의미의 가장 중요한 세 가지 원천을 쓰고 순서를 매기도록 한 뒤, 각 원천에 관련된 구체적인 경험을 적도록 하였다(DeVolger & Ebersole 1980). 연구자들은 청소년(1983), 대학생(1980), 성인(1981)들에게 이와 같은 과제를 하도록 하였고, 의미의 원천이 어떻게 분류되는지를 연구하였다. 여기에서 도출된 의미 범주에 대해서는 6장(목적의 여러 유형)에서 자세히 기술한다.

「의미 에세이 문서」를 개발한 데 이어서, 에버솔과 사코(Ebersole & Sacco 1983)는 「삶의 심층 의미 탐색」(Meaning in Life Depth, 이하 MILD)을 창안했다. 초창기 그들의 연구 경향과는 대조적으로, 이 도구에서 목적은 삶의 의미의 원천을 확인할 뿐만 아니라 각 원천에 대한 헌신의 깊이를, 응답자의 자기보고와 별개로 평가하는 데 있었다. 응답자들은 「MILD」의 마지막 단계에서 드볼거와 에버솔의 초기 연구에서 도출된 의미 원천 여덟 개중에서 개인적으로 가장 중요한 것부터 가장 덜 중요한 것을 순서대로 답하게 된다. 응답자들은 [각 의미 원천이] 자신들의 삶에 "의미없음"으로 답할 수도 있다. 그 다음, 응답자들은 가장 중요하다고 선택한 의미 원천이 자신들에게 얼마나 중요한지 짧은 에세이를 쓴다. 그 후, 평정자들은 에세이를 읽고 다른 에세이들과 비교하여 상대적인 깊이 점수(depth score)를 부여한다. 이 방법은 제3자가 개인의 의미 수준을 최종적으로 평가하게 된다는 점에서 편향적일 수 있다는 비판도 받고 있다(Ebersole & Kobayakawa 1989).

　지금까지 고찰한 결과를 보면, 목적 구인을 측정하는 다양한 도구들이 존재한다는 것은 분명히 알 수 있다. 물론 그 어떤 도구들도 완벽하지는 않다. 그러나 설문조사, 면담, 또는 그 밖의 창의적인 방법들을 종합하면, 목적이 무엇이며 어떻게 기능하며 왜 중요한지를 알아볼 수 있고 이를 통해 목적에 대해 새롭게 떠오르는 그림을 그려볼 수 있을 것이다. 다른 무엇보다도 이 도구들을 사용한 경험적 연구들은 최적의 인간 기능에서 목적이 중요한 역할을 하고 있음을 드러내 주었다. 이 주제에 관해서는 다음 장에서 더 자세히 다룰 것이다.

03

최적의 인간 기능에서
목적의 역할

The Role of Purpose in Optimal Human Functioning

최적의 인간 기능에서 목적의 역할
The Role of Purpose in Optimal Human Functioning

1장(개요와 정의)에서 언급한 오스트리아의 홀로코스트 생존자 빅터 프랭클(Viktor Frankl 1959)은 부정적 상태를 극복하고 안녕감을 증진시키는 요인인 삶의 목적을 처음으로 제안한 심리치료학자이다. 프랭클에 따르면 목적은 사람들에게 주어지는 것이 아니라 발견되는 것이며, 목적을 발견한 사람들은 힘든 상황이나 일상생활에서 자신이 직면한 어려움을 참고 견딜 수 있다. 반대로 목적을 찾지 못했거나 찾으려 하지 않는 사람들은 "실존적 공허" 또는 "실존적 신경증"을 겪기 쉽다. 이 경우 권태, 무기력, 공허감과 같은 주관적 상태가 지속적으로 나타난다.

여러 연구자들이 프랭클의 실존적 신경증 이론을 확장하고 정교하게 다듬었다. 예를 들어 어윈 얄롬(Irwin Yalom 1980)은, 죽음, 고립, 자유의 상실 등과 함께 의미가 삶의 궁극적 관심사 중 하나라고 생각했으며, 의미가 없는 개인은 크게 고통받는다는 사실에 주목하였다. 그는 이렇게 주장한다. "인간이 살아가기 위해서는 의미가 필요하다. 의미, 목표, 가치, 이상이 없이 살아가는 것은 상당한 스트레스를 유발한다."(p. 422).

마찬가지로 살바토레 매디(Salvatore Maddi 1967)는 실존적 신경증이 중요한 인지적, 정서적, 행동적 특징들로 나타난다고 하였다. 먼저 실존적 신경증의 인지적 특징은 의미부재 또는 만성적 무능감이다. 이는 개인이 현재 종사하거나 하고자 하는, 중요하거나 유용하거나 흥미로운 일이 없다고 느끼는 것을 말한다. 정서적 특징은 무료함, 권태, 우울감이 만연한 것으로 나타난다. 마지막으로 행동적 특징은 활동 수준이 낮거나 활동을 강요받는다는 느낌으로 나타난다. 물론 대부분의 사람들이 때때로 회의에 빠지거나 수동성을 경험하기도 하지만, 실존적 신경증을 겪는 사람들은 이러한 인지적, 정서적, 행동적 징후를 만성적으로 경험하고 있다.

매디(1967)에 따르면, 실존적 신경증을 경험할 가능성이 더 큰 사람들이 있다. 지나치게 구체적이고 단편적인 자아의식(sense of self)[1]을 가진 사람들은 특히 자신이 "생물학적 요구나 사회적 역할에 끌려다닐 뿐"(p. 315)이라고 느낄 때에 이러한 신경증을 겪을 수 있다. 이런 부류의 사람들도 모호한 불만이나 전반적인 불안하에서 어느 정도까지는 잘 기능할 수 있다. 그러나 자신도 언젠가 죽을 수 있다는 사실을 맞닥뜨리는 것과 같이, 생물학적 자아에 한계를 느끼는 상황에서 스트레스를 받게 되면 실존적 신경증에 빠지게 된다. 또는 자신이 사회적 역할을 담당하던 체제에 의문을 갖게 될 때에도 위기에 놓인다. 대공황과 같은 경제침체기에 실직한 가장처럼 경제적·사회적 격동기에는 역할을 제대로 수행해도 통상적인 보상을 얻을 수 없다. 이 경우 자신을 단지 사회적 역할을 수행하는 존재로만 인식한 개인은 실존적 신경증을 겪을 가능성이 크다.

프랭클의 아이디어는 이론적이었지만 이후 그의 아이디어를 경험적으로 지지하는 연구들이 이루어졌다. 예를 들어 권태가 목적부재의 결과라고 주장한 프랭클의 실존 이론이 경험적 근거를 갖는지 확인하려는 일련의 연구가 있었고, 그 근거는 일관되게 나타난다. 권태는 우울, 불안감과 다르며(Fahlman et al. 2009), 높은 수준의 목적의식을 가진 사람은 그렇지 않은 사람들보다 권태를 덜 느끼고(Fahlman et al. 2009), 만성적으로 권태를 느끼는 사람은 대개 삶의 목적이 부재하며(Drob & Benard 1988), 의미에서 멀어지거나 의미가 없는 생활을 하는 것은 만성적 권태를 이끈다(Bargdill 2000).

---

1) [역주] 자아의 통합성과 목적 구인 간의 관련해서는 6장 참조.

의미와 권태에 대한 종단연구의 결과는 이 두 요소가 양방향적 또는 상호적 인과관계(Fahlman et al. 2009)를 가지고 있다는 결론을 내렸다. 의미부재가 권태를, 역으로 권태가 의미부재를 유발한다. 종합하면 이 연구들은 목적과 권태의 역관계를 강력하게 지지하고 있다.

나아가 경험적 연구들은 목적부재가 실존적 신경증뿐만 아니라 다른 부정적인 결과나 심리상태를 가져온다고 결론 내렸다. 예를 들어 프랭클이 주장했듯이 목적부재는 정신병리와 관련이 있고(Kish & Moody 1989), 반사회적 행동과도 연관이 깊다(Shek et al. 1994). 삶의 목적이 없는 개인은 문제를 곱씹으면서 다른 사람들을 비난하고 분노와 부정적인 감정을 높게 나타낸다(Sappington & Kelly 1995). 일련의 연구에서는 목적, 희망 및 우울의 관계를 조사하여 목적이 희망에는 정적 관련, 우울과는 부적 관련이 있다고 결론내렸다. 매스카로와 로젠(Mascaro & Rosen 2005)은, 개인이 일관성과 목적의식을 제공하는 철학 또는 기본체제(framework)를 가지고 있는 경우를 명시적 의미(explicit meaning)라고, 개인적인 유의미성을 느끼는 경우를 암시적 의미(implicit meaning)라고 말한다. 이런 의미들은 희망적인 상태 또는 특성의 수준을 높이고 불안의 수준을 낮춘다. 임상 집단에서도 결과는 이와 유사하게 나타났다(Debats 1996). 즉 목적이 고독(Paloutzian & Ellison 1982), 심리사회적 문제(Ho et al. 2010), 전반적인 불안, 우울(Bigler et al. 2001)과 역관계에 있음을 보여주는 연구들이 발견된다.

정신질환을 앓고 있는 사람들이 더 높은 목적부재 상태를 보이는 결과 역시 프랭클의 이론과 일치한다. 예를 들어 정신병 환자의 목적 점수는 일반인보다 더 낮다(Chaudary & Sharma 1976; Crumbaugh & Maholick 1967; Gonsalevz & Gon 1983). 정신병리 환자를 대상으로 한 연구 결과에서는 삶의 목적이 없으면 정신병의 통상적인 증세들이 더 많이 나타난다는 것을 보여주었다(Gonsalvez & Gon 1983). 그러나 이 연구들은 종단연구가 아니라 횡단연구이기 때문에 목적부재와 정신병리 사이의 인과관계를 확증할 수는 없다(Moomal 1999).

같은 맥락에서 또 다른 경험적 연구들은, 목적부재 또는 삶에서 의미 있는 이유를 가지지 못하는 것은 절망 및 자살생각과 관련 있음을 발견했다 (Dixon et al. 1991; Edwards & Holden 2001; Heisel & Flett 2004; Kinnier et al. 1994; Harlow et al. 1986). 하이젤과 플렛(Heisel & Flett 2004)은 임상 집단에서 목적과 삶의 만족이 자살생각을 막아주는 요인인지 확인하였는데, 그 결과 목적 수준과 삶의 만족이 낮은 경우 신경증, 우울, 절망감 수준이 같다고 해도 자살생각이 더 높게 나타났다. 또한 목적과 의미는 삶의 만족과 자살생각 사이의 관계를 매개하고, 우울과 자살생각 사이의 관계를 완화하는 것으로 나타났다(Heisel & Flett 2004). 마찬가지로 의미부재는 우울과 자기비하의 관계를 매개하는 것으로 밝혀졌다(Morojele & Brook 2004; Harlow et al. 1986).

의미부재와 목적부재는 자살생각뿐만 아니라 자살행동의 실행도 예측한다. 한 연구에서는 강력한 삶의 이유가 없다고 보고한 학생들은 스트레스와 절망감이 닥치면 이를 해결하려 하지 않고 자살행동으로 옮겨 갈 가능성이 더 많다고 하였다(Bonner & Rich 1987). 마찬가지로 의미부재를 포함한 일관성 의식의 결여는 자살의 전조가 되기도 한다(Mohler-Kuo et al. 2006; Kinnier et al. 1994; Petrie & Brook 1992). 이와 같은 결과로 연구적 관점은 물론 임상적 관점에서도 목적과 의미에 중점을 두는 것이 중요하다는 사실을 알 수 있다.

요약하면, 축적된 경험적 연구들은 실존적 신경증이 실제로 존재한다는 것을 증명하고 있다. 프랭클이 예측한 것처럼 의미부재, 목적부재는 권태 (Fahlman et al. 2009; Drob & Benard 1988; Burgdill 2000), 자살생각 (Mohler-Kuo et al. 2006; Petrie & Brook 1992; Kinnier et al. 1994), 기타 부정적인 심리상태(Harlow et al. 1986; Kish & Moody 1989)를 강력하게 예측한다는 수많은 연구 결과가 이를 뒷받침한다.

스트레스

스트레스는 목적과 관련 있는 또 하나의 부정적인 심리상태이다. 그러나 목적과 스트레스 사이의 관계는 목적부재와 그 밖의 정신건강 지표 사이의 관계만큼 직접적이지는 않다. 연구자들은 삶의 목적을 유지하고 증진하는 일이 적어도 단기적으로는 스트레스 수준을 실제로 증가시킬 수 있다고 주장한다. 예를 들어 라자러스와 드롱기스(Lazarus & DeLongis 1983)는 개인적 의미의 원천들이 스트레스와 그 대처과정에 영향을 미친다고 주장하였다. 매우 중요한 목적일 경우 위협요인으로 간주되고 이 경우 스트레스 수준이 높아질 수 있다는 것이다. 이런 식으로 목적을 추구하는 과정은, 특히 목적으로 삼는 지향점이 위협을 받는다고 느낄 때 스트레스를 증가시킬 수 있다 (Zika & Chamberlain 1992).

목적이 스트레스와 관련되는 또 다른 양상은 개인적으로 의미가 있지만 스트레스를 주는 활동에 참여할 때 나타난다. 목적이 있는 삶을 영위하고 유목적인 활동에 참여하는 행위는 그 자체로 스트레스가 될 수 있으며 부정적인 영향을 줄 수 있다(Hughes 2006). 예를 들어 부모가 되거나 누군가를 돌보는 활동은 상당한 스트레스가 될 수 있지만 또한 아주 큰 의미를 지닌다. 부모(Umberson & Gove 1989)나 보호자 또는 [노부모, 친구, 친척의] 간병인(caregivers, Marks et al. 2002)은 그렇지 않은 사람들보다 긍정적 정서를 경험하는 빈도는 적지만, 높은 수준의 목적을 가지고 있는 것으로 나타났다. 일부 유형의 목적을 추구하는 것은 스트레스를 높이는 결과로 이어질 수 있다.

반면에 목적을 가지는 것이 스트레스 수준을 낮출 수 있다는 연구들도 있다. 최근 연구에서는 삶의 목적을 유지하는 것이 긍정적인 스트레스 대처 방식과 관련 있고(Kass et al. 1991) 누적된 스트레스(Pan et al. 2008)를 포함해서 스트레스 수준의 감소(Ishida & Okada 2006; Stevens et al. 2008)와 관련이 있었다. 또한 최근 중국에서 이루어진 경험적 연구에서는 의미의 초월감

(transcendent sense of meaning)이 대학생의 스트레스, 우울 및 정신건강 문제를 완화한다는 결론을 얻었다(Hong 2008). 여기서 의미의 초월감은 자아를 넘어선 지향점을 위해서 헌신한다는 점에서 목적과 중첩된다. 이와 유사하게 미국에서 수행된 연구에서도 자신의 삶이 의미 있다고 인식하는 대학생들은 스트레스를 덜 느끼는 것으로 보고하였으며(Steger & Frazier 2005), 영어권 국가에서 유학 중인 중국 학생들을 대상으로 한 연구에서는 삶의 의미를 가지는 것이 일종의 보호 요소로 작용한다고 보고하였다(Pan et al. 2008). 높은 수준의 삶의 의미는 삶의 만족을 높이고 스트레스를 낮춘다. 종합하면 목적과 스트레스는 일부 사례에 한해서 역관계에 있음을 알 수 있다.

얼핏 보기에 목적과 스트레스의 관계는 모순인 것처럼 보인다. 즉 목적을 추구하는 사람들은 목적에 참여하면서 스트레스를 더 많이 받을 수도 있고, 동시에 그 목적이 스트레스에 더 잘 대처하게 하여 결과적으로 스트레스를 낮출 수도 있다. 여기서는 기간(timing)이 중요한 역할을 하는 것으로 보인다. 단기적으로 보면, 목적을 가진 개인은 개인적으로 의미 있는 포부를 추구하느라 여러 가지 도전에 직면하게 되므로 목적을 가지지 않은 개인보다 더 큰 스트레스를 경험할 수 있다. 그러나 장기적으로 보면, 이러한 도전이 더 큰 목적을 실현하는 데에 도움이 된다는 사실을 인식함으로써 스트레스를 적게 경험할 수 있다. 다음의 세 가지 이론은 목적과 스트레스 사이의 관계를 설명하고 있다.

첫 번째 이론에서는 목적을 가진 사람들은 더 많은 스트레스 요인에 노출되기 쉽지만, 목적을 가지지 못한 사람들보다 스트레스를 더 잘 다룰 준비가 되어 있다고 본다. 목적을 따르는 삶은 스트레스를 유발하지만, 목적이 제공하는 통합성은 어려움을 극복하는 능력을 강화시킬 수 있으며, 따라서 목적을 가진 개인들은 목적과 관련된 스트레스 및 다른 스트레스 요인을 잘 다룰 준비가 되어 있다는 것이다. 이와 관련된 경험적 연구들에서는 목적을 회복탄력성(resiliency)에 기여하는 보호 요소로 규정하고 있다(Benard 1991; Masten & Reed 2002). 안토노브스키(Antonovsky 1979, 1987)는 통합성에 대해 명확한 의식을 가진 사람들, 즉 자신의 삶이 이해가능하고 대처가능하며 의미 있다는 신념을 지닌 사람들은, 동시에 삶의 요구를 충족시키고 장애물을 극복할 수 있다는 믿음도 함께 가지고 있다고 하였다. 달리 말하면 목적을 가진 사람들은 개인적으로 의미 있는 포부를 추구하는 동안 스트레스가 높아질 수 있지만, 자신의 삶에 대한 강한 통합성을 가지고 있으므로 목적을 가지지 못한 사람들보다 어려움을 더 잘 극복할 수 있다.

이와 관련된 또 다른 이론에서는 강인성(hardiness)을 가진 사람들이 회복탄력성을 가진 사람들과 마찬가지로 목적을 추구하는 삶에서 오는 스트레스 요인을 잘 처리 할 수 있다는 것을 보여주고 있다. 강인성은 통제감, 도전의식, 그리고 목적과 비슷한 의미를 가진 헌신과 관련 있다. 스트레스 상황에서도 평정을 유지하고 잘 기능하는 사람들은 분명 강인성을 가지고 있다(Kobasa 1979). 통제, 도전, 헌신, 이 세 가지 성향을 통해 강인한 사람들은 사건이나 활동에 수동적으로 방관하기보다 적극적으로 참여하고, 자신이 사건을 통제할 수 있다고 느끼며, 장애와 난관도 일상의 일부분이자 성장을 위한 기회라고 믿는다. 장애물을 극복하기 위한 헌신은 장애물을 극복할 수 있다는 효능감과 결부되어 강인한 개인이 스트레스 상황을 극복할 수 있도록 돕는다. 이 점은 목적을 가진 개인도 마찬가지이다.

회복탄력성의 관점에서 보면, 목적을 가진 사람들은 일반인과 동일하게 스트레스 상황을 보지만 그것을 다룰 준비는 더 잘 되어 있다. 그러나 이와 다른 관점을 가진 학자들도 있다.

목적과 스트레스의 관계를 설명하는 두 번째 이론에서는 목적을 가진 사람이 일반인들과는 다르게 스트레스 상황을 평가한다고 본다. 이 관점에서 보면 목적을 따르는 삶은 방향감을 제공하고, 이 방향감은 스트레스 상황을 특별한 렌즈를 통해 보도록 하기 때문에 스트레스를 관리하는 데에 도움이 된다. "더 큰 삶의 목적에 초점을 맞추게 되면 과거와 미래가 연결되고 현재의 자아를 넘어서는 더 큰 경험으로 이끌어가는 큰 맥락이 창출된다."(Hughes 2006, p. 623). 달리 말해 목적을 따르는 삶은 개인이 단기적 관점보다 장기적 관점을 지향하도록 하고, 장기적 관점을 통해 스트레스 요인을 볼 때 그것을 스트레스로 여기지 않게끔 도와준다. 나아가 목적을 추구하는 것은 그가 가진 세계관을 통합하며(Lazarus & De Longis 1983; Zika & Chamberlain 1992), 먼 지평에 집중하는 것은 스트레스 상황을 더 잘 다루도록 도와준다.

유사한 맥락의 연구로는 윌리엄 데이먼(William Damon 2008, 2011)의 연구가 있다. 그는 청소년들의 목적에 관한 연구를 선도하는 학자로, 청소년들이 목적을 추구하면서 공부할 때에는 그것이 어렵더라도 스트레스로 받아들이지 않는다고 주장한다. 목적을 가진 청소년들은 오히려 자신들이 무엇을 위해서 공부하는지 확실히 알게 되면서 열심히 공부하고 스스로를 독려한다. "오늘날 [학생들에게] 닥친 가장 큰 문제는 스트레스가 아니다. 그것은 의미없음이다."(Damon 2011). 즉 청소년들은 공부가 힘들어서가 아니라 힘든 공부에 의미가 없기 때문에 스트레스를 받는다. 데이먼은, 자신이 신념을 가지고 있거나 선택하지 않은 무엇을 위해 공부하는 것은 역효과를 낼 뿐만 아니라 공부를 지속할 수 없다고 본다. 반면에 자신이 믿는 무엇인가를 위해 열심히 공부하는 것은 타인이 보기에는 스트레스 같아도 전혀 스트레스가 아니다. 오히려 이런 경험은 엄청난 에너지, 창의력, 흥분, 그리고 노력과 성취에 따른 깊은 만족감을 이끌어 낼 수 있다. 이 관점에서 보면 목적에 깊이 헌신하는 사람들은 스트레스 상황을 스트레스 상황으로 인식하는 대신에 더 큰 지향점을 향해 가는 과정에서 극복해야 할 의미 있는 도전으로 인식한다.

목적과 스트레스의 관계에 대한 세 번째 이론에서는 사회적 네트워크를 중요시한다. 몇몇 경험적 연구에 의하면 삶의 목적을 가진 개인은 그 목적으로 인해 다른 사람과 연결되고, 이는 스트레스를 효과적으로 대처하는 데에 큰 도움이 된다. 목적을 추구하면 "사회적 통합과 사회적 관계의 질을 향상시키는 활동에 참여하고자 하는 동기를 갖게 되어 삶의 질이 향상된다."(Hughes 2006, p. 611). 목적을 따르는 삶을 살게 되면 긍정적인 네트워크를 형성할 가능성이 크다. 이 네트워크는 다른 스트레스 요인에도 효과적으로 대처하게 돕는다. 목적을 분명히 가지고 있는 청소년 표본을 대상으로 한 종단연구가 이 사실을 뒷받침한다(Bronk 2008). 이 청소년들은 목적을 추구하는 과정에서 건전한 발달과 전반적인 안녕감에 도움이 되는 또래친구 및 멘토를 얻었다. 유사한 연구 결과에 따르면 목적 점수가 높은 사람들은 사회성(Pearson & Sheffield 1974)과 사회적 참여(Doerries 1970; Yarnell 1971) 또한 높게 나타났다. 강인성에 관한 연구 결과도 목적과 사회적 지지의 관계를 뒷받침한다. 가넬른과 블래니(Ganellen & Blaney 1984)에 따르면 강인성을 나타내는 프로파일에는 도전과 헌신의 요소가 있는데, 이 중 목적과 중요한 특성을 공유하고 있는 헌신은 사회적 지원과도 강한 상관을 보여준다. 강인성을 가진 개인은 특히 스트레스가 많은 상황에서 사회적 지원을 찾는 데에 더 적극적인 경향이 있다. 다른 연구들에서는 또한 목적부재가 개인을 보호해 줄 가능성이 있는 관계들을 단절시키고 고립시키는 심리사회적 문제를 예측한다고 보았다. 예를 들어 의미부재는 사회적 상황 회피(예: 소외)나 수치에 대한 심한 두려움(예: 사회적 부적응)(Ho et al. 2010)과 관련 있다. 또 다른 연구에서도 마찬가지로 의미부재가 관계적 연결성에 부정적인 영향을 미쳐 사회적 장애, 더 나아가 사회적 거부를 초래할 수 있다고 하였다(Cacioppo et al. 2005).

요약하면, 삶의 목적을 추구하게 되면 새로운 스트레스원에 노출되기도 하지만, 목적을 가진 개인은 강인하고 탄력적이어서 스트레스를 주는 도전과 좌절로부터 회복될 준비를 잘 갖추고 있다. 자신이 무엇을 위해서 일하는지 확신을 주는 목적을 가진 사람은 도전적인 상황을 스트레스로 여기지 않는다. 그들은 장기적인 관점에 집중하기 때문에 도전을 개인적으로 의미 있고 큰 지향점을 추구하는 과정에서 나타나는, 불가피하지만 가치 있는 것으로 평가한다. 그렇기 때문에 이들은 도전을 스트레스로 받아들이지 않는다. 또한 목적 추구의 과정에서 개인은 다른 사람들과 관심사를 공유하고 함께 헌신하며, 그 결과 긍정적인 발달 맥락을 지원하는 사회적 네트워크를 구축하게 된다. 이러한 네트워크는 직접적으로는 정보와 자원을 제공함으로써 목적의 발달을 촉진하고, 간접적으로는 목적을 따르는 삶에 나타나는 스트레스원을 효과적으로 처리하도록 돕는다. 목적과 스트레스의 관계에 관한 이와 같은 이론들은 상호배타적이지 않다. 각 이론들은 각기 다른 상황에서 목적과 결부된 다양한 스트레스원을 접한 개인들이 스트레스에 굴복하지 않는 이유를 설명해주고 있다. 그러나 이러한 이론들의 관계나 어떤 상황에 어떤 이론이 복잡한 관계를 더 잘 설명하는지는 아직 확실하지 않다.

대처방식과 약물 중독

목적을 가진 개인이 스트레스를 더 효율적으로 다루고 있음을 보여주는 또 다른 이론에서는 개인이 활용하는 대처방식(coping)에 주목한다. 낮은 수준의 의미를 가진 사람보다 높은 수준의 의미를 가지고 있는 사람은 스트레스에 대해서 덜 회피적(예: 문제를 무시하고 그것이 사라지기를 바람)으로 대처하고, 더 정서중심적(예: 스트레스원에 대한 정서적 반응을 바꿈)으로 대처한다 (Edwards & Holden 2001). 다른 연구에서도 목적 점수가 높을수록 성숙한 방어 기제와 대처 전략을 사용한다고 하였다(Whitty 2003).

약물 및 알코올 사용은 대표적인 부정적 대처기제이다. 경험적 연구에서 목적과 약물 남용은 역관계를 보이는 것으로 일관되게 나타난다(Coleman et al. 1986; Padelford 1974; Sayles 1994; Schlesinger et al. 1990). 또한 청소년 집단에서 의미부재는 스트레스 통제 불능과 약물 사용 사이를 매개한다는 결과가 있다(Newcomb & Harlow 1986). 마찬가지로 목적은 다른 잠재적 위험 및 중독 행동과도 부적 관련을 맺고 있다. 일본 대학생을 대상으로 한 연구에서는 니코틴 중독과 폭식 수준이 높으면 목적 실재가 낮게 나타난다고 하였다(Okasaka et al. 2008).

목적부재가 의존행동과 관련이 있다는 것은 분명하다. 이와 관련하여 목적을 발견하는 것이 중독을 치료하는 것과 관련 있다는 연구 결과도 새롭게 나타나고 있다. 음주 및 약물 치료 프로그램을 위해 입원한 환자들은 처치 전에는 평균보다 유의하게 낮은 목적 수준을, 처치 후에는 정상 범위의 목적 수준을 보고하였다(Waisberg & Porter 1994). 또한 처치 후반부의 목적 점수는 추수 검사에서 관계 개선, 건강 증진, 알코올 및 약물 사용 감소를 예측했다(Waisberg & Porter 1994). 유사한 연구에서도 약물 중독을 극복할수록 목적 점수가 더 높아지고(Noblejas de la Flor 1997), AA(익명의 알코올 중독 극복연합) 참여자를 대상으로 한 연구에서 목적은 절주 기간과 상관이 있었다(Carroll 1993). 또한 약물 중독자는 비중독자보다 삶의 의미가 불확실하다(Coleman et al. 1986).

뉴컴과 할로우(Newcomb & Harlow 1986)는 청소년 집단에서 목적부재와 약물 남용간의 관련을 확인했을 뿐만 아니라 이 관련성에 대해 다음과 같이 설명하였다. 즉 "스트레스를 많이 주는 사건들은 통제감을 잃게 만들어 의미부재를 이끌며, 이것이 약물 남용에 이르게 한다."(p. 565). 이 모델에서 스트레스와 약물 남용 사이의 관계는 의미와 목적에 의해 매개된다. 청소년들의 음주와 약물 남용을 결정하는 여러 가지 요인이 있지만, 위에서 말한 연쇄적 관계를 뒷받침하는 자료들이 많이 존재한다. 그러나 이 결과에는 성차가 있었는데, 목적 결여에 직면하면 여학생들은 약물 남용으로, 남학생들은 자살로 이어지기 쉬운 것으로 나타났다(Newcomb & Harlow 1986).

목적이 회복탄력성(Benard 1991), 강인성(Kobasa 1979), 효과적인 대처기제(Edwards & Holden 2001; Whitty 2003)와 관련 있다는 것은 확실하다. 또한 목적이 권태(Bargdill 2000; Drob & Benard 1987), 불안(Bigler et al. 2001), 우울증(Bigler et al. 2001)과 같은 부정적 상태를 완화시켜 준다는 것도 분명하다. 그러나 목적을 지향하는 삶에는 위험, 결핍, 난관이 있으며, 목적과 같은 보호 요인으로부터 얻는 회복탄력성을 통해서 이것들을 극복해야 한다. 최근 많은 연구들이 보여주듯이 목적을 추구하는 삶은 단지 부정적 상태를 피하고 관리하는 차원을 넘어서서 신체적, 심리적 안녕감을 포함한 긍정적 상태를 촉진한다.

심리적, 신체적 안녕감

1장(개요와 정의)에서 자세히 다루었듯이, 삶의 목적 추구는 최적의 인간 발달에 관한 선도적 이론들에서도 핵심을 차지한다. 자기실현의 목표를 강조하는 리프(Ryff)의 에우다이모니아 개념에서도 삶의 목적은 중요하다(Ryff

& Singer 2008). 또한 셀리그만(Seligman 2011)의 번성 개념에서도 목적은 안녕감으로 가는 중요한 과정의 하나이다. 피터슨과 셀리그만(Peterson & Seligman 2004)의 성격 강점 모델에서도 목적은 초월성 미덕(transcendent virtue)과 관련이 있다. 삶의 목적은 건강한 성인으로 성장하기 위해서 중요할 뿐만 아니라(Boyle et al. 2009; Seligman 2011; Ryff & Singer 1998b), 목적을 가지고 있는 것 자체가 긍정적인 청소년 발달에 중요하다(Benson 2006; Damon 2004, 2008; Lerner et al. 2005; Shek 1992). 벤슨(Benson 2006)은 목적을 [청소년] 발달의 중요한 내적 자산이라고 하였으며, 레너 등(Lerner et al. 2005)은 목적과 밀접한 관련이 있는 기여(contribution)가 건강한 성장의 바람직한 결과라고 주장하고 있다. 또한 안녕감과 관련하여 목적은 번영을 측정하는 지표가 되기도 하고(Benson 2006; Bundick et al. 2010; Gillham et al. 2011), 안녕감의 결과이기도 하며(Lerner et al., 2005), 안녕감을 정의하는 특징이기도 하다(Ryff & Singer 1998a; Seligman 2011). 이 중 어떤 역할로 보든 목적은 그 자체로 최적의 발달과 높은 관련이 있다.

심리적 안녕감은 다양한 긍정적 심리상태를 포함하는데, 목적은 그 중에서도 주관적 안녕감(Gillham et al. 2011; Seligman 2002; Zika & Chamberlain 1987), 자존감(Bigler et al. 2001; Paloutzian & Ellison 1982; Scannell et al. 2002; Schlesinger et al. 1990), 존재의 질(Hughes 2006)과 관련이 깊다. 또한 목적은 심리적 안녕감의 두 차원인 행복(French & Joseph 1999; Lewis et al. 1997)과 긍정적 정서(King et al. 2006; Noblejas de la Flor 1997)를 예측하는 것으로 밝혀졌다. 그러나 여기서의 관계는 직접적인 것이 아니다. 이미 논의한 바와 같이, 목적과 긍정적 정서가 항상 정적 관련이 있는 것은 아니다. 부모 역할(Umberson & Gove 1989), [노부모, 친구, 친척의] 간병(Marks et al. 2002), 자원봉사, 교육, 상담 등과 같은 목적 추구는 힘들고 지치고 애써야 하는 일이지만, 장기적인 관점에서 매우 의미 있는 일이다. 행복을 기분이나 일시적인 감정으로 본다면, 특히 어떤 목적을 추구할 때에는 분명 행복한 경험만을 가지지 못한다. 부모는 자녀들에게 '안 돼'라고 말해야 하며 자신에게 상처를 주는 상대라 할지라도 위로해 주어야 한다. 따라서 셀리그만(2011)이 말했듯이 행복과 번성을 구별하는 것은 중요하다. 어떤 목적은 행복이나 긍정적 정서와 관련 있을 수도 있지만, 대부분의 목적은 최적의 안녕감을 구성하는 요소로 나타난다.

이러한 주장은 목적과 심리적 안녕감이 정적 관련이 있음을 보여주는 다수의 연구 결과들로 뒷받침된다. 지카와 챔벌레인(Zika & Chamberlain 1992)은 「삶의 목적 검사」(Purpose in Life Test, 이하 PIL, Crumbaugh 1968; Crumbaugh & Maholick 1964), 「일관성 의식 설문」(Sense of Coherence Survey, 이하 SOC, Antonovksy 1983, 1987), 「삶의 관심 지표」(Life Regard Index, 이하 LRI, Battista & Almond 1973; Debats et al. 1995)와 같은 다양한 검사를 사용한 연구에서 목적과 심리적 안녕감 사이에 유의한 정적 상관이 있다는 것을 보고하였다. 흥미롭게도 이 연구들에는 중년과 노년의 연구 대상자가 모두 포함되었으나 참가자의 나이에 관계없이 결과는 같았다. 연구자들은 목적과 심리적 안녕감은 밀접한 관계가 있으며, 시간이 지남에 따라 목적의 원천은 바뀔 수 있어도 목적과 심리적 안녕감 사이의 관계는 변함없다고 주장한다.

비록 목적 실재 혹은 목적 탐색에 따라서 관련이 달라지기는 해도, 목적 추구는 삶의 만족이 증가하는 것과 관련이 있다(Gillham et al. 2005; Peterson et al. 2005). 경험적 연구에 따르면 삶의 목적을 갖는 것은 청소년기(Bronk et al. 2009), 청년기(Bronk et al. 2009; Steger et al. 2006), 중년기(Bronk et al. 2009)의 높은 삶의 만족을 예측한다. 그러나 목적 탐색의 경우 청소년기와 청년기에는 높은 삶의 만족을 예측하지만(Bronk et al. 2009) 중년기에는 그렇지 않다. 이러한 결과는 사회적 기대에 비추어 설명할 수 있다. 즉 대부분의 서구문화권에서 청소년기와 청년기에는 목적을 탐색하는 활동에 적극적으로 참여하는 것이 일반적이다. 따라서 이 단계에서의 목적 탐색은 삶의 만족과 동시에 나타날 수 있다. 반면 성인이 되면 이미 삶의 목적을 찾았을 것으로 기대되기 때문에, 여전히 목적을 찾고 있다고 응답한 사람들은 자신의 삶에 만족하지 않는다고 보고할 수 있다. 그러나 이 연구 결과는 서구 사회에서 수행된 것이라는 제한점을 가지고 있다. 추후 연구를 통해 목적 실재와 목적 탐색이 서로 다른 문화권의 서로 다른 연령 집단에서 같은 결과로 나타나는지 조사할 필요가 있다.

목적 실재는 삶의 만족과도 유의한 관련을 맺을 뿐만 아니라 '좋은' 삶을 구성하는 중요한 요소이기도 하다. 대학생 및 사회인을 대상으로 한 연구에서 좋은 삶에 대한 지각에는 자신의 삶이 의미 있다는 느낌이 포함되어 있었다(King & Napa 1998). 흥미롭게도 이 연구에서 도덕적 선함은 부유함보다 좋은 삶을 나타내는 더 중요한 지표였다.

또한 목적은 자아 강점(ego strength, Markstrom et al. 1997; Shek 1992) 또는 성격 강점과 덕목(character strength and virtue, Peterson & Seligman 2004)이라고도 불린다. 자아 강점으로서 목적은, 개인적으로 의미 있는 지향점을 머릿속에 그리면서 그것을 추구하는 용기로 정의된다(Erikson 1964). 청소년들은 삶의 목적을 유지함으로써 자신이 되고 싶어 하는 사람의 모습과 자신의 삶에서 성취하고자 하는 것들을 상상할 수 있다(Bronk 2011; Markstrom et al. 1997). 성격 강점으로서의 목적은 영성, 종교, 신앙과 같은 범주에 있으며 "삶의 초월적(비물리적) 차원"에 초점을 둔다(Peterson & Seligman 2004, p. 600). 이러한 목적 개념들은 모두 건강한 인간 발달에서 목적 구인의 긍정적 역할에 초점을 맞추고 있다. 흥미로운 점은 목적의 긍정적 역할이, [객관적으로] 생활의 목표들을 가지는 것보다 주관적으로 삶의 의미를 느끼는 것과 관련이 더 높다는 것이다(Shek 1992). 다시 말해 목적이 주는 이익은 목적에 따라 **행동하는** 것만큼이나 목적이 있다고 **느끼는** 것과 관련된다. 이렇게 볼 때 의미의 정서적, 인지적 측면 모두 긍정적인 정신 건강의 중요한 지표라고 볼 수 있다(Shek 1992).

이제 목적을 따르는 삶이 긍정적인 정신 건강에 결정적으로 중요하다는 것은 분명해졌다. 비교적 많은 경험적 연구들이 이 주장을 뒷받침하고 있다. 그러나 목적이 심리적 건강뿐 아니라 신체적 건강의 증진에도 중요한 역할을 한다는 연구들도 점차 늘고 있다. 리프와 싱어(Ryff & Singer 1998b)는 심리적 건강과 신체적 건강이 밀접하게 연관되어 있으며, 목적이 심리적 안녕감과 일관된 관련을 가진다면 신체적 안녕감과도 관련이 있는 것이 당연하다고 주장하였다.

발열, 오한, 두통은 질병을 알아내는 유용한 증상이다. 그렇다면 건강의 징후는 무엇인가? 우리는 질병이 없는 상태(예: 발열, 오한, 두통이 없음)가 건강한 상태라고 생각하지만, 리프와 그녀의 동료들이 보기에 건강은 그저 '병이 없는 것' 이상의 의미를 지닌다(Ryff & Singer 1998a). 건강은 자신의 모든 가능성을 충만히 드러내기 위해서 노력하는 것이며, 그렇게 하기 위해서는 2장(목적의 측정)에서 다루었듯이 리프의 「심리적 안녕감 척도」(Scale of Psychological Well-being, Ryff & Keyes 1995)에서 측정되는 여섯 가지 특성을 가져야 한다. 여섯 가지 특성은, 자기 수용, 타인과의 긍정적 관계, 자율성, 환경적 숙달, 개인의 성장, 삶의 목적(Ryff 1989)이다. 이와 같은 건강의 개념에서 목적은 안녕감의 지표일 뿐만 아니라 안녕감을 정의하는 특징이기도 하다(Ryff & Singer 1998a). 목적의식이 강한 개인은 "생활 속에서 목표와 방향감을 가지고 있다. 그는 현재와 과거의 삶이 의미가 있다고 느낀다. 그는 삶의 목적을 제공하는 신념이 확고하며, (그리하여) 인생의 지향점과 기준들을 가지고 있다."(Ryff & Singer 2008, p. 25).

목적과 건강 사이의 관련을 탐색하는 많은 연구들은 「심리적 안녕감 척도」를 사용하고 있다. 한 연구에서는 목적 점수가 높은 사람일수록 건강 증진과 관련된 다양한 지표를 가지고 있었다(Ryff et al. 2004). 예를 들어 노년기 여성을 대상을 한 연구에서 높은 수준의 목적을 가진 사람들은 그렇지 않은 사람보다 타액 코티솔(salivary cortisol)[2]의 일중변동 기울기가 더 평탄한 경향을 보였다. 이는 목적을 가지고 모종의 활동에 참여하는 사람은 그렇지 않은 사람들과 비교해 볼 때, 하루를 낮은 코티솔 수준으로 시작해서 종일 계속 낮은 수준을 유지한다는 것이다. 이 사실은 유목적적 참여가 낮은 스트레스 호르몬 수치와 유의한 관련이 있으며, 높은 스트레스 호르몬 수치는 건강에 부정적인 영향을 미친다는 점에서 매우 중요한 사실이다.

같은 연구에서는 또한 목적이 염증성 사이토카인(pro-inflammatory

---

2) [역주] 또는 코르티솔. 급작스런 스트레스에 처해 있을 때 외부의 자극에 맞서기 위해서 콩팥에서 분비되어 최대의 에너지를 끌어내고자 생성하는 스트레스 호르몬이다.

cytokine), 특히 인터루킨6(IL-6)[3]와 관련이 있다는 결론을 얻었다. 노년기 여성들 중 목적을 가진 활동에 참여할수록 염증 반응이 낮았으며 높은 목적 점수는 심혈관계통 및 각종 대사 관련 지표의 개선과 관련이 있었다(Ryff et al. 2004). 높은 목적 점수를 보인 노년기 여성들일수록 목적 점수가 낮은 여성들보다 당혈화색소(glycosylated hemoglobin) 수치[4], 허리-엉덩이 둘레 비율, 총콜레스테롤/HDL(고밀도지단백) 콜레스테롤 비중, 그리고 체중 등에서 모두 낮은 수치를 보였다. 또한 목적의식이 높으면 좋은 콜레스테롤인 HDL 콜레스테롤 수치도 높았다. 목적과 이러한 건강 지표의 상관계수 크기 자체는 보통 수준이었으나, 전반적인 경향으로 보면 목적이 심리적 건강뿐만 아니라 신체적 건강의 중요한 지표와도 관련이 있음은 분명해 보인다. 이 결과에서 특히 주목할 만한 사실이 있다. 목적을 특징으로 하는 에우다이모니아적 안녕감과는 구분이 되는 쾌락적 안녕감에서의 높은 점수는 건강 증진의 지표와 유의한 관련이 없었다. 다른 말로 하면 신체적 건강에 기여하는 것은 쾌락이나 행복[감]이 아니라 목적이라고 할 수 있다.

같은 목적 측정 도구를 사용한 종단연구에서는 높은 목적 점수를 가진 사람들에게서 알츠하이머병(Alzheimer's Disease) 및 경도인지장애(mild cognitive impairment)의 비율이 낮게 나타난다는 결론을 얻었다(Boyle et al. 2010). 리프의 「심리적 안녕감 척도」에서 90퍼센타일에 위치한 사람은 10퍼센타일에 위치한 사람보다 알츠하이머병에 걸리지 않을 확률이 2.4배 더 높았다. 흥미롭게도 이러한 관계는 인구통계학적 차이를 통제해도 여전히 바뀌지 않았으며, 우울증, 신경증, 사회적 네트워크의 크기, 만성 질환의 수 등이 같다고 가정해도 여전히 같은 결과를 보였다.

목적이 건강의 긍정적 결과들과 다양한 관련을 보이는 것에 비추어보면, 리프와 동료들이 만든 측정 도구를 사용한 또 다른 연구(Ryff & Keyes 1995)

---

3) [역주] 사이토카인은 면역세포로부터 분비되어 신체의 방어체계를 활성화하는 물질로, 그 중 하나인 인터루킨6는 염증과 항염에 모두 작용한다.

4) [역주] 장기간 혈중 포도당 농도를 알아보기 위한 수치로서 당뇨병 환자 같은 경우 혈당조절이 잘 되지 않아 이 수치가 정상수치인 4~5.9%보다 높게 나타난다.

에서 삶의 목적 점수가 높으면 노인들의 사망을 유발하는 위험요소들이 낮다는 결론(Boyle et al. 2009; Krause 2009)을 내린 것은 놀라운 것이 아니다.

다른 도구를 사용한 연구에서도 목적을 따르는 삶과 건강의 관련성에 대해서 유사한 결론들이 나온다. 예를 들어, 「삶의 태도 프로파일」(Life Attitude Profile, 이하 LAP, Reker & Peacock 1981; Reker et al. 1987)을 사용한 연구에서 목적부재는 심리적, 신체적으로 불편하다고 지각하는 것과 관련이 있었으며(Reker et al. 1987), 「긍정심리 태도 목록」(Inventory of Positive Psychological Attitude, 이하 IPPA, Kass et al. 1991)을 사용한 연구에서는 높은 수준의 목적, 삶의 만족, 자기확신을 가진 사람이 만성 통증이 덜한 것을 발견하였다(Kass et al. 1991). 마찬가지로 안토노브스키의 「SOC」 도구를 사용하여 통증 관리에 대해 연구한 결과, 유의미성이 높은 사람은 처치 6개월 후의 추적 검사에서 통증이 감소하였다고 보고하였다(Petrie & Azariah 1990). 마지막으로 멜네처크(Melnechuk 1988)는 긍정적 감정, 종교적 신념, 목표, 희망과 같은 목적과 중첩되는 특성들이 암이나 자가면역 질환의 감소와 관련이 있다는 여러 가지 문헌들을 요약하여 제시하였다.

이와 같은 연구 결과들을 종합하면, 목적부재는 병리적 결과와 관련이 있으며, 목적은 신체적, 심리적 결과와 관련이 있다. 흥미롭게도, 목적부재가 병리적 결과와 맺는 상관보다 목적이 긍정적 결과와 맺는 관계가 더 일관되고 강력하다.

대부분의 연구에서 목적과 신체적 건강은 상관관계를 보이지만, 목적을 추구하는 것이 건강을 증진하는 것인지, 건강이 목적을 발견하게 하는 것인지, 아니면 사회적 관계성과 같이 제3의 요인이 목적과 신체적 건강을 모두 증진시키는 것인지에 대해서는 결론이 내려지지는 않았다. 이러한 각각의 관계는 잘 설명되었지만 관계의 방향과 특성을 확실히 규명하기 위한 후속 연구가 필요하다.

목적과 건강 행동

목적은 신체적 건강을 예측할 뿐만 아니라 다른 건전한 행동과도 유의미하게 관련되어 있다. 예를 들어 목적을 가진 사람들은 목적이 없는 사람들보다 친사회적 활동에 참여할 가능성이 더 높으며(Damon et al. 2003), 「PIL」점수가 높은 사람들은(Crumbaugh 1968; Crumbaugh & Maholick 1967) 이타성 점수도 높게 나타난다(Shek et al. 1994; Noblejas de la Flor 1997). 마찬가지로 자아를 넘어선 문제에 기여하고자 헌신한다는 점에서 목적과 의미상 겹치는 구인인 생산성(generativity) 점수가 높은 사람들은 사회 활동이나 정치 활동에 더 많이 참여한다(McAdams 2001).

또한 저소득층 아프리카계 미국인 청소년들을 대상으로 한 연구에서는, 목적이 부정적 환경의 영향, 즉 폭력이나 피해의 노출로부터 청소년들을 보호하는 완충제 역할을 하는 것으로 밝혀졌다. 듀란트(DuRant)와 동료들은 「PIL」(Crumbaugh 1968; Crumbaugh & Maholick 1964) 점수가 높은 청소년들은 최근 3개월간 성인을 상대로 성매매(DuRant et al. 1995)와 폭력 사용을 덜 하는 것으로 보고하였다(DuRant et al. 1994). 저자들은 삶의 목적을 가지는 것은 청소년들이 좋지 않은 환경에서 자라날 때 받는 부정적 영향을 보호하는 요인으로 작용한다고 결론 내렸다.

요약하면, 목적이 안녕감과 정신 건강의 매우 중요한 요소임을 밝히는 연구들이 점차 증가하고 있지만 목적이 심리적, 신체적 안녕을 어떻게 촉진하는지에 관해서는 비교적 알려진 바가 없다. 리프와 싱어(1998a)는 목적이 안녕감을 촉진하는 세 가지 가능한 경로를 제안하고 있다. 첫 번째 이론에서는 목적을 긍정적 정신 건강의 '특징'으로 본다. 즉 건강하다는 것은 목적을 가지고 있다는 의미이다. 두 번째 이론에서는 긍정적 정신 건강의 중심 요소들이 신체적 건강에 인과론적인(consequential) 영향을 미친다고 본다. 즉 목적이 있는 삶을 경험하는 동안 신체 내부에서 건강에 유익한 변화가 일어난다는 것이다. 예를 들어 목적을 따르는 활동에 참여하는 동안에는 신체 건강을 관장하는 뇌의 특정 영역이 활성화된다. 세 번째 이론에서는 "정신/육체, 몸/신체의 상호영향이 인간의 긍정적 건강을 이해하는 핵심"이라고 본다(Ryff & Singer 1998a). 다시 말해, 정신과 신체는 서로 영향을 주고받기 때문에 정신적으로 건강한 개인은 신체적으로도 건강하다는 것이다. 이 세 가지 이론 중 심리적 건강과 신체적 건강 사이의 관계를 가장 잘 설명하는 것이 무엇인지는 아직 밝혀지지 않았다.

관계의 성격을 정확하게 알기는 어렵지만, 건강과 목적의 관계가 강력하고 일관되다는 점은 주목할 만하다. 목적의 인지적 차원(개인적으로 의미 있는 신념과 목표)(Ho et al. 2010)과 정서적 차원(자신의 삶이 의미 있다고 느끼는 주관인 느낌)(Scannell et al. 2002)은 안녕감의 지표들과 유의미한 관련이 있다(Moomal 1999). 목적과 심리적 건강의 관련은 목적과 유사한 구인을 측정하는 다양한 도구를 활용한 연구들(예: 「PIL」 - DuRant et al. 1995, 1994; Crumbaugh & Maholick 1969; Zika & Chamberlain 1992; Moomal 1999; 「SOC」 - Zika & Chamberlain 1992; Antonovsky 1987; 「LRL」 - Zika & Chaimberlain 1992; Scannell et al. 2002; 「삶의 의미 설문」 [Meaning in Life Questionnaire, 이하 MLQ] - Steger & Frazier 2005; 「IPPA」 - Kass et al. 1991; 「심리적 안녕감 척도」 - Ryff & Singer 1998a)에서도 명확하게 드러난다. 또한 연구들은 목적부재가 부정적 결과와 관련이 있음도 밝혀 왔다(Bargdill 2000; Bigler et al. 2001; Drob & Benard 1987; Ishida & Okada 2006; Stevens et al. 1987). 아울러 아동(Benson 2006), 청소년(Lerner et al. 2005; Damon 2008; Newcomb & Harlow 1986; Markstrom et al. 1997; Ho et al. 2010; Shek et al. 1994; Shek 1992; Gillham et al. 2011), 대학생(King & Napa 1998; Steger & Frazier 2005; Hong 2008; Debats et al. 1993; Moomal 1999), 청년(DuRant et al. 1995, 1994), 중년(Bronk et al. 2002), 장년(Ryff & Singer 2008) 등 각종 연령대에 걸쳐서 목적 실재는 긍정적 결과들과 관련이 있다. 이러한 연구 결과는 목적을 추구하는 것이 전생애에 걸친 건강한 활동이라는 사실을 확실하게 보여주고 있다.

목적의 긍정적인 효과는 다양한 배경을 가진 집단에서도 유사하게 나타난다. 일본(예: Okasaka et al. 2008), 중국(예: Hong 2008; Ho et al. 2010;

Shek et al. 1994; Shek 1992), 남아프리카 공화국(예: Morojele & Brook 2004; Moomal 1999), 호주(Scannell et al. 2002), 미국(Steger & Frazier 2005; Damon 2008)의 연구들이 그렇고, 환자집단(예: Dixon et al. 1991; Heisel & Flett 2004), 지역사회 구성원(King & Napa 1998; Scannell et al. 2002; Debats et al. 1993), 대학생(Steger & Frazier 2005; Bronk et al. 2009; Moomal 1999) 모두에게서 삶의 목적과 의미를 가지는 것은 안녕감과 최소한 중간 이상의 상관이 있는 것으로 나타났다(Zika & Chamberlain 1992). 이러한 결과들로부터 인과관계를 확인할 수는 없지만, 삶의 목적이나 의미가 부족한 개인은 대부분 심리적으로 잘 기능하지 못할 가능성이 있는 반면 삶의 목적이나 의미를 가진 개인은 번영할 가능성이 있다는 결론은 내릴 수 있다.

목적과 긍정적 결과 사이의 강력하고도 일관된 관계를 설명하기 위해서 더 살펴보아야 할 문제가 있다. 대체로 상관관계에서는 구인들 사이의 혼재변수(confoundings)가 존재할 가능성이 있다는 것이다. 이렇게 되면 목적과 심리적 안녕의 척도들 사이에 충분한 판별타당도가 확보되지 못할 가능성이 있다(Zika & Chamberlain 1992). 물론 이 두 구인들 간에 어느 정도 중복이 있을 수 있지만, 목적과 안녕감은 결과물에 독립적으로 기여하는 것으로 나타난다. 위에서 언급한 연구 중 어떤 것도 목적과 안녕감 사이의 일대일 관계를 보지는 않았기 때문에 이 점은 확실하다. 또한 목적과 의미가 긍정적 정서와 같은 뜻이 아니라는 것도 분명하다. 어떤 목적은 긍정적 정서와 관련이 있지만(King et al. 2006; Noblejas de la Flor 1997), 그렇지 않은 목적도 있다. 휴즈(Hughes 2006)는 두 변수가 서로 독립성을 가진다고 보고한 일련의 연구를 인용하면서 적어도 목적과 정서는 부분적인 차이가 있다고 강조한다. 목적과 안녕감이 동의어가 아닐 수도 있지만, 이 둘이 보여주는 강력한 상관관계는 적어도 일정 수준의 중첩이 있음을 보여준다. 이는 리프와 싱어(1998a)가 목적이 안녕감을 정의하는 한 가지 특징일 수 있다고 제안한 것과 맥을 같이 한다.

목적과 관련된 긍정적 요인들

목적이 심리적 건강 및 신체적 건강과 관련이 있다는 연구 외에 최근에는 안녕감의 다른 측면과 어떤 관련이 있는지 살펴보는 연구들이 나타나고 있다. 예를 들어 삶의 목적을 갖는 것은 학업 성취나 직업 만족도에 기여하는 것으로 나타난다.

앞서 2장(목적의 측정)에서 자세히 다룬 치커링과 라이서(Chickering & Reisser 1993)는 건강한 대학생의 발달을 일곱 가지 벡터로 설명한 모델을 고안하였다. 각 벡터는 대학생들이 성취해야 하는 일련의 발달 과업을 나타낸다. 목적의 개발은 이 모형에서 중요한 발달 과업 중 하나이다. 목적의 개발은 대학에 다니는 이유, 교육을 통해 성취하고자 하는 소망, 직업적으로 그리고 개인적으로 성취하고자 하는 소망이 무엇인지를 말한다. 치커링과 라이서는 목적의 개발이 성공적인 대학 경험의 중요한 부분이라고 보았다.

목적이 성공적인 교육 경험과 관련이 있는 한 가지 이유는, 공부하는 이유에 대해 명확한 비전을 가진 학생들은 공부의 동기가 높고 공부에서 오는 도전을 즐길 수 있기 때문이다. 이 점을 확인하기 위한 최근의 연구에서는 청소년의 공부 목표와 주관적 안녕감 사이의 관계를 조사했다(Yeager & Bundick 2009). 공부 목표는 자기보고식으로 측정되었으며 두 가지 차원에 따라 다양하게 나타났다. 이 연구에서 학생들은 누구를 위하여 공부하는가, 그리고 장차 직업을 얻어 성취하고자 희망하는 것은 무엇인가라는 질문에 답하였다. 먼저 누구를 위하여 공부하는가라는 질문에 대한 학생들의 대답은 자신을 위해서 또는 다른 사람들을 위해서라는 범주로 나뉘었고, 직업을 얻어 성취하고자 희망하는 것은 무엇인가라는 질문에 대한 학생들의 대답은 그 직업이 가지는 내재적 성격 혹은 외재적 성격의 범주로 나뉘었다. **유목적적 직업 목표**(purposeful work goals)는 내재적 성격을 통해서 다른 사람을 돕고자 하는 직업의 지향점을 의미한다. 예컨대 환자를 돕고 싶어서 간호사가 되려고 하는 경우가 바로 유목적적 직업 목표에 해당한다. 청소년 중 30%만이 이러한 종류의 목표를 가진다고 응답했지만, 이렇게 대답한 학생들은 다른 [외재적] 목표를 가진다고 대답한 청소년들보다 대체로 목적 점수가 더 높았고 공부나 숙제가 더 의미 있다고 대답했다.

목적과 학업 성취와의 관련은 목적과 그릿(grit)과의 관련을 통해서도 설명될 수 있다. 그릿, 즉 어떤 일에 숙달할 때까지 끈기를 보여주는 성향이 높은 학생은 학업 수행 정도가 높다(Duckworth et al. 2007). 그릿은 목적과 관련이 있으며(Hill, Burrow & Bronk 2016⁵⁾), 목적을 가진 개인은 목적이 없는 개인보다 시간이 지남에 따라 그릿이 높아질 가능성이 크다(Hill et al. 2016, 아래 역주 5) 참조). 목적이 없는 그릿은 방향성을 가지지 못하지만, 목적이 있는 그릿은 개인적으로 의미 있고 장기적인 지향점에 도달하기 위해 필요한 학업 목표에 더 많이 헌신하도록 도와준다.

또한 목적을 가진 개인은 그릿을 통해 학업에서 오는 도전에 잘 대처할 준비가 되어 있다. 경험적 연구에 의하면 목적은 자기효능감과도 유의한 관련이 있는 것으로 나타났다(DeWitz et al. 2009). 「대학생 자기효능감 목록」(College Self-Efficacy Inventory, Solberg et al. 1993), 「지각된 사회적 자기효능감 척도」(Scale of Perceived Social Self-Efficacy, Smith & Betz 2000), 「자기효능감 척도 중 일반적 자기효능감 하위척도」(General Self-Efficacy Subscale of the Self-Efficacy Scale, Sherer et al. 1982)를 사용한 연구에서 이런 결과가 나타난다. 이러한 상관 연구들에서는 목적과 자기효능감 중 어느 것이 선행하는 것인지 확인할 수는 없기 때문에 인과관계를 검증하기 위한 경험적 연구가 필요하다. 그러나 만약 자기효능감이 목적을 이끌어낸다는 결론을 얻는다면, 학생의 자기효능감을 높이기 위한 개입 프로그램을 통해 목적의식을 높이고 따라서 학업 지속에 기여할 수 있다.

목적은 또한 성취동기, 학업적 자기효능감과 관련되어 있기 때문에, 새로운 연구들에서는 목적을 촉진함으로써 학업 성취가 높아진다는 결과가 나

---

5) [역주] 원서의 참고문헌에는 「Grit during a college semester: The role of purpose」라는 도서명으로 나와 있다. 이는 Hill, P. L., Burrow, A. L., & Bronk, K. C. (2016). Persevering with positivity and purpose: An examination of purpose commitment and positive affect as predictors of grit. *Journal of Happiness Studies*, *17*(1), pp. 257－269로 출간된 논문이다.

타난다. 또한 저소득층을 대상으로 한 최근 연구에서는 목적 수준과 내적 통제 소재(internal locus of control)가 증가함에 따라 성적도 상승하였다(Pizzolato et al. 2011). 인과관계를 설명할 수는 없지만 목적과 공통점을 지닌 "스파크(불꽃, spark)"에 대한 연구에서도 유사하게, 자신을 고무시키는 활동을 찾은 청소년, 자신의 관심사를 추구할 지원 체제를 가진 청소년들의 학업 성취가 더 높았다(Benson 2008). 종합적으로 볼 때 이러한 연구들은 다양한 연구 대상들에게서 목적과 학업 성취 간의 관계를 직접적으로 평가할 수 있는 사례로서, 그 결과들이 상당히 주목할 만하다.

삶의 목적을 갖는 것은 학교 경험뿐만 아니라 직업 경험에도 영향을 미친다. 목적이 있는 대학생들은 그렇지 않은 학생들보다 미래의 직업 계획에 대해 더 명확하게 이야기한다(Tryon & Radzin 1972). 이는 목적의 주요 기능 중 하나가, 개인을 특정 방향으로 인도하거나 특정한 지향점을 추구하도록 만드는 것이라는 점에서 이해된다. 물론 목적이 언제나 직업의 형태로 나타날 필요는 없다. 그러나 목적이 직업의 형태로 나타나는 것과 별도로, 목적은 최소한 직업 선택에 간접적으로 영향을 미칠 수 있다. 예를 들어 가족을 돌보려는 목적을 가진 사람은 자녀와 함께 집에서 많은 시간을 보낼 수 있는 직업을 가지려 할 것이다. 신을 위해 봉사하려는 목적을 가진 사람은 자신의 종교적 신념에 부합하는 직업을 찾으려 할 것이다. 어떤 경우에는 목적이 직업 선택에 직접적으로 영향을 미칠 수 있다. 예를 들어 동물을 보살피려는 목적을 가진 사람은 수의사가 될 것이며 어린이를 돌보려는 목적을 가진 사람은 사회복지사가 될 것이다. 목적을 위한 일에 종사하는 사람들은 그렇지 않은 사람들보다 자신의 직업에 의미를 더 가질 뿐만 아니라 직업을 더 즐기는 것으로 나타났으며, 그들은 또한 일중독 증후군도 거의 보이지 않았다(Bonebright et al. 2000).

"소명(callings)" 또는 "천직(vocations)"으로 종종 지칭되는, 의미를 가진 직업(Damon 2008; Weiler & Schoonover 2001)은 쉽게 파악하기 어려울 수 있다. 따라서 처음에는 학생(예: Dik et al. 2011; Kosine et al. 2008)과 성인(예: Leider 1997)으로 하여금 자신이 가진 목적을 발전시키는 직업을 갖도록 돕는 프로그램이 고안되었다. 이러한 "목적중심적 접근법(purpose-centered approach)"은 학생들에게 성격 강점에 기반을 둔 훈련을 통해 직업 탐색에서 목적의식을 발달시키는 진로 개발 모형이다(Kosine et al. 2008). 저자는 목적을 키우는 데 필요한 다섯 가지 요소로 정체성, 자기효능감, 메타인지, 문화, 봉사를 제시하고 있다. 각 영역은 학생들이 의미 있는 직업 계획을 세울 때 자신의 강점을 인식하고 그것에 근거하여 진로를 찾도록 도와준다. 예를 들어 정체성과 관련해서 학생들은 자신이 누구인지를 탐색하고, 자신의 이미지와 자신이 되기를 소망하는 인물 또는 자신의 직업적 소망이 어떤 공통점이 있는지 탐색한다. 자기효능감과 관련해서 학생들은 자신의 강점을 활용하면서도 자신의 흥미를 반영하는 직업이 무엇인가를 찾는다. 이러한 원리에 기초한 진로상담 프로그램이 한 중학교에서 실시되었는데, 프로그램에 참여한 학생들은 참여하지 않은 학생과 비교해 볼 때 자신의 직업 선택에 있어 강한 방향성, 자신의 관심사 및 장단점에 대한 명확한 인식, 그리고 높은 미래준비 수준을 갖추었다(Dik et al. 2011). 또 다른 프로그램에서는 진로발견과정의 5단계를 제시하였는데(Weiler & Schoonover 2001), 이 단계는 1) 일에 관한 오래된 사고방식 바꾸기, 2) 새로운 생각 받아들이기, 3) 소명 찾기, 4) 소명 실현하기, 5) 과정 유지하기로 이루어져 있다.

방금 말한 두 가지 프로그램을 포함한 진로상담의 개입 중 상당수는 개인이 어떤 직업을 가지기 전에 이미 목적을 가지고 있다고 가정하고 있다. 이 점은 흥미로운 사실이지만 모든 사람들이 그런 것은 아니다. 오히려 어떤 사람들은 시간을 두고 직업에 종사하면서 그 일 안에서 개인적 의미를 발견할 수도 있다. 목적을 가진 모범사례 청소년들을 대상으로 한 연구를 보면, 의미 있는 활동을 찾아서 발견한 경우보다 자신이 참여한 활동에서 의미를 찾게 된 경우가 더 많았다(Bronk 2012).

목적에 대한 선행 연구들 중 진로상담에 관한 논의의 일부는 경험적 근거를 제공하지만, 일부는 개인적인 견해나 경험만을 바탕으로 하고 있다. 이와 관련된 내용을 모두 검토하는 것은 이 책의 범위를 벗어난다. 그러나 목적이 진로 계획에 있어서도 중요한 개념임을 보여주는 것만으로도 의의는 충분하다.

최적의 발달을 이끄는 목적의 또 다른 측면에 대해서는 이 책의 뒷부분에서 다룰 예정이다. 예를 들어 목적은 건강한 정체성 발달의 핵심 요소이며, 건강한 정체성의 형성은 심리적 건강과 안녕감에 필수적이라고 주장한 연구가 있다(Erikson 1963). 목적과 정체성 발달 사이의 밀접한 관련은 4장(전생애적 관점에서 본 목적)에서 더 자세히 논의한다. 목적은 정체성 외에 종교를 통해서도 안녕감에 기여하는 것으로 나타났다. 목적, 종교성, 그리고 안녕감의 관계에 대한 전체적인 논의는 6장(목적의 여러 유형)에서 다루기로 한다. 마지막으로 목적은 희망(Bronk et al. 2009), 겸손(Bronk 2008), 반물질주의(anti-materialism, Crandall & Rasmussen 1975; Maddi 1967), 낙관주의(Ho et al. 2010)를 포함한 다양한 가치 및 덕목과 관련이 있는데, 이러한 연구 결과들은 7장(다양한 집단에서 목적의 경험)에서 자세히 다룰 예정이다.

요약하면 목적은 최적의 안녕감을 위해 중요한 역할을 한다. 인생의 특정 단계에서 목적을 추구하는 것은 유익한 것이며 의미 있는 포부들을 찾아내고 추구하는 방식은 일생을 거쳐 변화하기도 한다. 다음 장에서는 목적이 어떻게 발달하는가에 대한 연구를 종합적으로 논의할 것이다.

04

전생애적 관점에서 본 목적
Purpose across the Lifespan

04

전생애적 관점에서 본 목적

Purpose across the Lifespan

목적을 확인하고 목적에 헌신하고 목적을 추구하는 것은 평생에 걸친 과정이다. 목적에 관한 이론적 혹은 경험적 연구는 아동기(Erikson 1968, 1980), 청소년기(Damon 2008; Francis & Evans 1996; Martinez & Dukes 1997; Yeagar & Bundick 2009), 청년기(Bronk et al. 2009; McLean & Pratt 2006), 중년기 (Crumbaugh & Maholick 1967; Ryff et al. 2003; Ryff & Singer 2008), 노년기 (Laufer et al. 1981; Greenfield & Marks 2004; Pinquart 2002), 그리고 전생애 (Baum & Stewart 1990; Fegg et al. 2007)를 두고 이루어져 왔다. 그동안 목적 은 주로 성인기의 특성으로 간주되었다(Frankl 1959; Ryff 1989). 그러나 최근 에는 나이가 어려도 의미 있는 목적들에 헌신할 수 있다는 증거가 점점 발 견되고 있으며(Bronk et al. 2009, 2010; Damon 2008; Moran 2009), 목적의 발 달과 정체성 형성이 밀접한 관계를 맺고 있다(Bronk 2011; Burrow & Hill 2011; Damon 2008; Hill & Burrow 2012)는 가정을 고려하면 목적은 청소년기 와 청년기에 더 관련이 있다고 본다.

후기 아동기가 지나면 언제든지 목적이 발달할 수 있지만, 연구에 따르면 목적을 가진 활동은 주로 아동기에 시작하여 청소년기와 청년기에 의도와 의미를 가지게 되며 중년기와 노년기에 걸쳐 진화한다. 이 장에서는 전생애적 관점에서 목적과 관련된 연구를 종합하여 제시한다.

아동기

아동기의 목적에 초점을 맞춘 경험적 연구는 거의 없는데, 이는 아마도 아동의 인지적 한계 때문인 것으로 보인다(VanDyke & Elias 2007). 목적을 확인하고 헌신하기 위해서는 계획적 사고와 가설-연역적 추론이 필요한데, 아동은 이를 수행하는 데 한계가 있으므로 개인적으로 의미 있고 장기적인 포부를 진지하게 고려할 수 없다. 그러나 어린 시절의 경험은 이후 목적이 발달하기 위한 중요한 발판이 될 수 있다. 예를 들어 아동기에 긍정적 경험을 했던 사람들일수록 이후의 삶(Ishida & Okada 2006), 특히 청년기(Mariano & Vaillant 2012)에 목적을 가지게 될 가능성이 높다.

같은 맥락에서, 여러 가지 유형의 목적에 강한 헌신을 보인 소수의 청소년을 대상으로 한 종단연구를 보면 그들은 아동기를 거치면서 목적이 될 가능성이 있는 활동에 참여한 적이 있었다(Bronk 2012). 이것은 12명의 청소년들을 대상으로 청소년기 후기에서 청년기에 걸친 5년 동안 그들이 가진 포부에 대해 세 차례 심층인터뷰를 실시한 연구 결과에서 나타난다(Bronk 2011, 2012; Damon 2008). 인터뷰 참여자들은 초등학교 저학년 즈음 목적으로 발전한 활동에 처음 참여했었다고 응답했다. 예를 들어 한 20대 청년은 재즈음악의 확산에 헌신하려는 목적을 가지고 있었는데, 거슬러 올라가면 초등학교 때 피아노를 처음 시작한 것이 그 뿌리라고 기억했다. 깨끗한 식수를 제공하기 위한 기부금을 모으는 일에 헌신하고 있는 청년은 초등학교 1학년 때 수업을 들은 것이 계기가 되었다고 하였다. 그는 수업에서 개발도상국에서 안전한 수자원의 확보가 얼마나 중요한 문제인지 배웠고, 그 이후에 관련 활동에 참여했다고 말했다. 일생을 신에게 바치기로 결심한 한 청소년은 초등학교 2학년 때 부모님과 교회에 다니면서 신앙을 배우기 시작했다. 이처럼 연구 대상자들은 어린 시절부터 시작된 활동에 자신이 추구하는 목적의 뿌리가 있다고 하였으며, 이 사실은 목적이 되는 관심사가 비교적 어린 시절부터 시작될 수 있음을 시사한다.

이 종단연구의 결과는 또한 아동기에 과외 활동에 참여하는 것이 목적의 발달을 촉진할 수 있음을 보여준다(Bronk 2012). 앞서 재즈음악을 하는 청년이 음악 수업을 받을 수 없는 지역에 살았거나 종교적 목적에 헌신한 청소년이 교회에 갈 기회가 없었다면 목적을 개발하지 못했을 것이다. 즉 어린 시절의 참여는 이후 목적의 개발에 도움이 될 수 있다.

특정한 환경에서 얻는 기회 외에도, 청소년들이 자라나는 지역의 특성도 그들이 바라는 목적의 유형에 영향을 미칠 수 있다(Bronk 2012). 예를 들어 목적에 관한 모범사례 연구에서 어떤 여학생은 환경보전에 대해 포부를 갖게 된 이유를 이렇게 회고했다.

> [이런 목적을 가지게 된 것은] 나는 정말 여기서 죽을 때까지 살 것이기 때문이에요. 여기 있는 모든 것이 우리가 사용하는 것입니다. 우리는 땅 아래 있는 물을 먹고 살아가잖아요. ... 내가 이 땅에서 살아간다는 사실이 환경보전 사업을 중요하게 만드는 가장 큰 이유라고 생각해요. 나는 환경 안에서 살아가는 존재거든요.

총기문제 해결에 헌신하고 있는 또 다른 모범사례 청년은 어린 시절 자신이 살던 동네의 은행에서 총기살인사건이 일어난 것을 목격한 뒤로 총기규제를 위해 노력하게 되었다고 말한다. 다른 사례들도 이와 마찬가지로 그들이 자라난 지역의 인물, 장소, 기회에 접하고 난 이후 다양한 삶의 목적들에 헌신하게 되었다고 말했다.

이러한 연구 결과는 목적에 강하게 헌신하고 있는 청소년들의 초기 경험을 회상한 것에 근거하므로, 이러한 한계를 감안해야 한다. 그러나 아동기는 이후 목적의 발달에서 중요한 역할을 할 수 있다는 결론을 얻을 수 있으며, 이 점은 청소년의 안녕감에 관심을 둔 부모, 교사, 어른이 목적을 촉진하는 것을 돕는 방법에 대해 알려줄 수 있다. 성인들이 청소년들의 목적을 좌지우지하려고 해서는 안 되지만(Damon 2008), 어릴 때부터 청소년들에게 여러 가지 잠재적인 유목적적 활동들을 소개하는 것은 중요하다. 그렇게 함으로써 개인적으로 의미 있고 자신에게 적합한 포부들을 발견할 수 있게 도울 수 있다(Bronk 2012). 목적을 계획적으로 육성하는 방법에 대해서는 5장(목적의 기원과 지원)에서 더 자세히 다룬다.

청소년기와 청년기

아동기에 잠재적으로 유목적적인 활동에 참여할 수는 있지만, 개인이 목적을 진지하게 고려하고 헌신하는 시기는 청소년기와 청년기이다. 목적에 헌신하는 것은 긍정적인 청소년 발달을 지원한다. 앞 장에서 자세하게 논의한 것과 같이 목적에 헌신하는 것은 행복(French & Joseph 1999; Lewis et al. 1997), 희망(Bronk et al. 2009), 삶의 만족(Bronk et al. 2009; Gillham et al. 2011; Peterson et al. 2005), 번성(Seligman 2011) 등을 예측한다. 따라서 삶의 목적은 청소년을 위한 중요한 발달 자산이며(Benson 2006; Damon 2008), 심리적 안녕감의 주요 요소이다(Zika & Chamberlain 1992). 또한 목적을 추구하는 것은 더 의미 있는 학습 경험에 기여하며(Yeagar & Bundick 2009), 같은 생각을 가진 또래나 멘토와의 관계 형성에 도움이 된다(Bronk 2012). 목적을 따르는 삶이 청소년에게 주는 이익 중에는 건전한 정체성 발달도 있다(Bronk 2012; Burrow et al. 2010; Damon 2008; Erikson 1968, 1980; Fry 1998).

정체성
정체성의 형성은 일생에 걸쳐 건강한 성장을 위해 중요한 것이지만, 청소년기와 청년기에 특히 그 중요성이 두드러진다(Arnett 2000; Erikson 1968). 에릭슨(Erikson)은 발달 단계상 정체성 탐색은 주로 청소년기에 이루어진다고 보았지만 최근에는 그보다 이후에 이루어지는 것으로 보고 있다(Schwartz et al. 2005; Schwartz & Montgomery 2002). 근대 이후 사회에서는 아동과 청소년들의 현실과 경험이 어른들의 그것과 더 벌어지고 있으며(Côté 2000; Côté & Allahar 1996; Côté & Levine 2002; Schwartz 2007), 두 시기[아동기와 성인기] 사이의 간격이 넓어짐에 따라 청년기(성인 초기, early adulthood)라는 새로운 생애 단계가 나타난다고 보게 되었다(Arnett 2000). 에릭슨은 청소년기가 정체성과 관련 있다고 보았던 반면 최근 연구자들은 청년기가 정체성과 더 밀접한 관련이 있다고 본다(Arnett 2000; Schwartz 2007). 정체성의 발달과 목적의 탐색은 청소년기와 청년기에 두루 걸쳐 있기 때문에 여기서는 두 시기를 묶어서 논의하기로 한다.

정체성 발달 과정에서 청소년들은 자신의 성격과 다양한 역할을 고찰하여 자신이 누구이며 더 넓은 세계 가운데 자신의 위치가 어디인지 결정한다(Erikson 1968, 1980). 청소년과 청년들은 여러 문제들 중에서도 특히 진로, 종교적·정치적 신념, 배우자의 유형에 대해서 생각하고, 자신에게 이 문제들이 얼마나 중요하고 의미 있는지 성찰한다.

정체성 탐색은 중요한 발달 과업이다. 정체성 문제를 해결하지 못한 청소년들은 부정적인 정체성을 형성하거나 정체성 혼미(Erikson 1968, 1980)를 겪게 되는 반면, 이 과업에 성공한 청소년들은 자신이 어떤 사람인가에 대한 일관되고 안정적이며 유연한 의식을 갖게 되고 안녕감을 증진할 수 있는 능력 또한 발달시킬 수 있다. 에릭슨(1980)에 따르면 성공적인 정체성 발달은 충실성(fidelity), 즉 특정 가치와 신념에 대한 헌신을 가져온다. 먼 지평을 향하는 이러한 헌신은 삶의 목적에 대한 윤곽을 형성한다. 그리하여 청소년들은 자신이 누군가에 대한 지속적인 의식을 발달시킴으로써 자신이 희망하는 역할과 자신이 성취하고자 하는 의미 있는 목표들을 자연스럽게 숙고하게 된다. 충실성은 청소년들이 개인적으로 의미 있는 역할과 장기적인 지향점을 향해 나아가기 시작할 때 명백하게 나타난다. 혹자는 충실성이 통과 의례의 현대적 의미를 보여주는 중요한 대안적 관점이라고 주장한다(Markstrom et al. 1998). 이 견해에 비추어 보면, 자신이 누구이며 무엇을 성취하고자 하는지 이해하는 것은 청소년기에서 성인기로 가는 중요한 이정표가 된다.

목적과 정체성은 거의 동시에 발달할 뿐만 아니라 개인적으로 의미 있는 신념과 지향점을 공유한다. 그러나 목적과 정체성이 거의 동시에 나타나고 중요한 특징들을 공유한다고 해서 동일한 개념은 아니다. 정체성은 자신이 되고자 하는 **사람**을 의미하고, 목적은 자신이 이루고자 하는 **어떤 것을**

의미한다(Bronk 2011).

또한 모든 청소년들이 자신의 정체성을 탐색하거나 헌신하는 반면, 목적을 발견하는 청소년들은 상대적으로 많지 않다. 다양한 측정 도구와 연구 대상들을 사용한 경험적 연구들은 청소년 중 약 25% 정도만이 명확한 삶의 목적에 헌신하고 있다는 공통된 결론을 내렸다(Bronk et al. 2010; Damon 2008; Francis 2000; Moran 2009). 목적이 있는 비율은 청소년(20%)이 청년(30%)보다 약간 더 낮았다(Bronk et al. 2010; Damon 2008; Moran 2009). 그러나 목적의식이 명확한 청소년보다는 목적의 징후를 나타내는 청소년이 더 많다는 사실에 주목해야 한다. 약 55%의 청소년들은 목적의 징후를 보이고 있으며, 이들은 자기지향적(self-oriented)인 삶의 목표를 가지고 있는 집단과 몽상가(dreamer) 집단으로 나눌 수 있었다(Damon 2008). 먼저 자기지향적 삶의 목표를 가지고 있는 개인은 의미 있는 지향점을 향해 적극적으로 나아가지만 그 목표는 장기적인 관점에서 순전히 자신에게만 이익이 되는 것이다. 예를 들어 이들은 자신의 부, 쾌락, 권력 또는 개인의 안전을 극대화하는 것을 목표로 삼는다. 그러나 그들의 포부에는 자아를 넘어선 초점이 빠져 있기 때문에 목적이라고 할 수 없다. 두 번째로 몽상가들은 개인적으로 의미 있고 장기적이며 자아를 넘어선 지향점도 가지고 있지만 그것에 대해 아무 것도 하지 않는다. 그들은 자신의 목표를 달성하기 위한 일에 착수하지도 않고 명확한 계획도 없기 때문에 목적의 정의에 들어맞는 경우가 아니다. 마지막으로 남은 20%의 청소년들은 목적의 징후조차 보이지 않으며, 이들은 개인적으로 의미 있고 장기적인 지향점이 없는 사람들이라고 할 수 있다.[1]

에릭슨(1968)은 이상적인 상황에서는 목적과 정체성이 함께 발달한다고 믿었다. 최근 연구자들은 이 두 구인 사이의 상호 관련을 조사하기 시작했다. 일련의 경험적 연구에 따르면 개인은 거의 동일한 시기에 목적과 정체

---

1) [역주] 이 대목을 보면 목적 실재, 목적 징후(자기지향적/몽상적), 목적부재, 이렇게 네 가지 범주가 언급된다. 목적의식의 유무와 자아를 넘어선 초점의 유무, 실제 참여 행동의 여부가 이 범주를 나누는 중요한 기준이 된다.

성에 헌신하는 것으로 보인다. 한 연구에서는 목적 발달에서 헌신의 수준이 증가하면 정체성 발달에서도 헌신의 수준이 증가한다고 하였고(Hill & Burrow 2012), 생애사 연구에서는 19세까지 정체성 탐색이 시작된 청소년들은 23세 무렵 의미 있는 경험들을 보고한다고 하였다(McLean & Pratt 2006). 또한 청소년의 목적 점수는 정체성 형성의 점수를 정적으로 예측했다(Schwartz 2007).

같은 맥락에서 마샤(Marcia 1966)는 "개인 대처 양식" 이론(individual styles of coping, p. 558)에 따라 정체성 발달을 검토하였다. 마샤는 이 양식을 "정체성 상태"라고 부르며, 정체성 헌신(높음 또는 낮음) 및 정체성 탐색(높음 또는 낮음) 수준에 따라 개인을 분류했다. 그러므로 성취(achievement, 높은 헌신, 높은 탐색), 유예(moratorium, 낮은 헌신, 높은 탐색), 유실(foreclosure, 높은 헌신, 낮은 탐색), 혼미(diffusion, 낮은 헌신, 낮은 탐색)의 네 가지 상태가 존재한다. 버로우 등(Burrow et al. 2010)은 청소년들의 목적 발달도 이와 같은 정체성 발달의 공식을 따른다고 하였으며, 위계적 군집 분석을 통해서 마샤(1966)의 정체성 상태와 거의 흡사한 성취(achieved), 유실(foreclosed), 무헌신(uncommitted), 혼미(diffused)의 네 가지 목적 프로파일을 확인하였다. 예를 들어, 정체성 성취로 분류된 청소년은 목적 성취(목적에 대한 높은 헌신과 높은 탐색)로 분류되었고, 정체성 유실로 분류된 청소년은 목적 유실(목적에 대한 높은 헌신과 낮은 탐색)로 분류되었다. 요컨대 목적의 성장은 정체감 형성 과정과 밀접한 관련이 있다.

유사한 다른 연구에서도 정체성과 목적 발달이 상응하는 관계가 있다고 하였다. 한 연구에서는 정체성 성취 상태의 사람들이 정체성 유예 상태에 있는 사람들보다 미래의 목적을 더 확실히 의식하고 있었으며(Côté & Levine 1982) 정체성 혼미 및 유실 상태와 목적의식 간에는 유의한 관계가 없었다. 12,000명의 청소년을 대상으로 한 다른 연구에서는 인종적 정체성 발달이 목적의 발달과 거의 동시에 이루어졌으며, 인종적 정체성 수준이 높아짐에 따라 목적의 수준이 높아졌다고 하였다(Martinez & Dukes 1997). 또한 정체성, 목적, 안녕감 사이의 관계를 탐구한 연구에서는 정체성의 혼미나 회피 상태가 높을수록 전반적 안녕감과 목적 점수가 낮음을 보여주었다 (Vleioras & Bosma 2005). 종합적으로 이러한 연구들은 정체성과 목적이 함께 발달할 수 있다는 에릭슨(1968, 1980)의 주장을 강력하게 뒷받침한다. 자신이 되고자 희망하는 사람이 어떤 사람인가에 대한 명확한 의식을 가질수록 성취하고자 희망하는 것이 무엇인지에 대한 의식도 더 확실해진다.

아마도 이 두 구인이 거의 동시에 발달하는 이유 중 한 가지는 목적의 성장이 정체성의 성장을 촉진하고 그 반대도 마찬가지이기 때문일 것이다. 달리 말하자면, 두 구인은 서로를 강화한다고 볼 수 있다(Hill & Burrow 2012). 이 이론은 청소년들이 목적을 발견하는 과정에서 정체성도 발달할 수 있었음을 보여준 종단연구의 결과로 뒷받침된다(Bronk 2011). 자원봉사, 예술 활동 참여, 종교나 공동체 봉사 등 폭넓은 세계에 적극적으로 참여한 청소년들은 특정한 기술을 개발하거나 연마할 수 있는 기회를 얻었으며, 또한 이러한 기술을 활용하여 주변 세계에 도움이 되는 일을 할 수 있었다. 이러한 기회는 청소년들에게 개인적인 의미를 주었고, 청소년들로 하여금 사회 문제를 해결하고자 자신의 기술을 적용할 방법을 찾도록 도움으로써 목적의 기원이 되었다(Damon 2008). 이러한 경험을 토대로 청소년들은 목적이라는 렌즈를 통해 스스로를 보기 시작했고, 이런 식으로 목적의 발달은 정체성의 성장을 자극했다.

그러나 이 관계는 다른 방향으로도 작용할 수 있다. 두 번째 이론에서는 정체성 형성이 목적의 발달을 어떻게 지원하는지를 설명한다(Bronk 2011). 최근 연구에서는 에릭슨(1968)이 예측한대로 정체성의 성장은 유목적적인 추구와 깊은 연관을 가진 활동에 지속적으로 참여하게 함으로써 목적의 발달을 촉진한다는 점을 발견했다(Bronk 2011). 청소년들이 자신의 정체성을 확인하면 유목적적 활동에 더 많이 관여하게 된다. 예컨대, 환경주의자는 자신을 '나무사랑이(tree-hugger)'라고 부르고, 종교에 헌신하는 여학생은 자신을 '기독교인'으로 규정한다. 다시 말해, 청소년들이 가지고 있는 먼 지평의 지향점은 자신들의 새로운 정체성을 어떤 내용으로 채울지에 대해서 중요한 정보를 제공한다. 종합해 보면 목적의 발달과 정체성의 발달은 서로 강화를 주고받는다.

정체성 자본 모델(Identity Capital Model, Côté 1996, 1997)에서는 목적과 정체성의 발달이 서로를 강화한다는 점에는 견해가 같지만, 이 관계가 어떻게 기능하는지에 대해서 약간 다른 설명을 하고 있다. 정체성 자본 모델은, 그 이름에서 알 수 있듯이 정체성이라는 자본이 유목적적 참여의 결과로 얻어지며 이 자본이 뒤이어 건강한 정체성의 발달을 지지한다고 본다. 정체성 자본 모델은 근대후기 탈공업주의 사회에서 정체성 형성 과정을 설명하기 위한 것으로(Côté 2002), 자신이 누구인지, 그리고 자신이 삶에서 성취하고자 하는 것이 무엇인지 분명히 알고 있는 사람들은 자신을 둘러싼 주변 세계를 더 잘 이해하고 합리적으로 만들 수 있다고 보는 관점이다. 이 모델에서는 정체성 공고화(identity consolidation)를 예측하는 변수나 지표를 설명하고자 한다. 이 모델은 또한 일관적인 정체성은 주도적 지향성(agentic orientation)에 의해서 가장 잘 촉진된다는 에릭슨의 신념에 바탕을 두고 있다. 주도적 지향성이란 개인이 목적을 가지고 사회적 환경과 상호작용하며 참여하는 상태를 일컫는다. 목적의 발견은, 개인의 시간과 에너지, 노력에 방향을 제공하는 의미 있는 지향점을 만들어냄으로써 정체성 "위기"를 해결하는 데 도움을 준다(Burrow & Hill 2011). 더 넓은 세상에 의미 있는 방식으로 참여한 결과 개인은 더 많은 성장을 촉진하는 자본 또는 자원을 개발한다. 정체성 자본은 목적과 정체성 모두를 모두 성장시키는 주도성과 효능감 등의 자산 또는 역량을 포함한다. 사실, 유목적적 참여는 특별히 가치있는 형태의 정체성 자본을 생성할 수 있다. 이러한 참여는 개인의 경험을 자신의 정체성 중에 의미 있는 측면과 연결하는 한편 목표 성취와 관련 있는 효능감을 생성하도록 도와주기 때문이다(Burrow & Hill 2011; Burrow et al. 2010; Côté & Levine 2002). 따라서 청소년기에 목적을 확인하는 것은 성인기로의 전환을 촉진하는 긍정적이고 유능한 정체성을 형성할 수 있다(Burrow et al. 2010).

목적발달을 위한 외부 지원

지금까지의 논의에서 분명해졌듯이 목적의 발달은 건강한 정체성 형성과 관련있다. 그러나 오늘날 개인적으로 의미 있는 포부를 발견하고 헌신하는 청소년들은 비교적 많지 않다(Bronk et al. 2010; Damon 2008; Francis 2000; Moran 2009). 따라서 어떤 요인들이 목적의 발달에 영향을 미치는지 확인하는 경험적 연구들이 점차 늘고 있다. 연구자들은 특히 청소년의 사회적 관계(예: 가족, 또래 및 멘토)와 발달적 맥락(예: 과외 활동, 학교생활, 종교 활동)이 어떻게 목적을 증진시킬 수 있는지에 관심을 두었다.

사회적 지원

강력한 사회관계망의 존재는 목적을 예측하는 가장 중요한 변수 중 하나이다. 한 종단연구에서는 17~23세 청소년 표본을 대상으로 생산성(generativity)의 선행 요인을 밝히고자 하였다(Lawford et al. 2005). 여기서 생산성의 개념은 자아를 넘어선 문제에 대한 개인적으로 의미 있는 헌신이라는 점에서 목적 구인과 공유되는 면이 있다. 연구 결과 생산적인 청소년은 권위를 갖춘 부모 밑에서 친사회적인 활동들에 참여할 가능성이 높았다. 부모의 역할을 강조하는 또 다른 연구에서도 유의미한 목적을 지속적으로 개발하는 청소년들은 권위를 갖춘 부모 밑에서 양육될 가능성이 크다는 결론을 얻었다(Padleford 1974).

다른 연구에서는 가족 외 성인과의 긍정적 관계가 목적의 발달을 뒷받침 할 수 있다고 제안한다. 예를 들어 최근의 한 연구에서 목적을 가진 청소년들은 목적의 발견과 추구에 도움을 주는 멘토와 긴밀하고 장기적인 관계를 가지고 있다고 보고하였다(Bronk 2012). 한국의 장애청소년을 대상으로 한 연구에서는 친구와 가족이 삶에서 의미를 찾게끔 도와주는 핵심 역할을 한다고 보고하였다(Kim & Kang 2003). 프랭클(Frankl 1959)은 사람들이 극도로 어려운 상황에서도 목적을 발견할 수 있다고 믿었다. 이와 같은 신념을 설명하듯이 이 연구에 참여한 장애인들은, 장애인들을 폄하하는 문화 속에서 삶의 의미를 발견하기가 쉽지 않았음에도 불구하고 그것이 불가능한 것은 아니었다고 언급했다(Kim & Kang 2003). 또한 시골 청소년에 대한 연구에 따르면 목적을 가진 청소년들은 그렇지 않은 청소년들보다 학부모, 멘토, 학교 및 지역사회에서 높은 수준의 사회적 지지를 받고 있다(Bronk et al. 심사 중[2]). 종합해 보면 이러한 연구들은 사회적 지원이 목적의 성장에 중요한 역할을 한다는 증거를 제공한다.

교육

대부분의 청소년 및 청년들은 가족과 시간을 보내는 것 외에도 상당한 시간을 학교에서 보낸다. 따라서 연구자들은 학교 환경이 목적 발달에 어떠한 도움을 주는지 조사하였다. 그 중 한 연구에서는 학교에 다니는 청소년과 청년들이 학교에 다니지 않는 또래보다 의미 있는 활동에 참여할 기회가 많다고 하였다(Maton 1990). 이 결과는 학교가 학생들에게 의미 있는 활동을 제공함으로써 목적의 발달에 기여할 수 있음을 보여준다.

그러나 교육적 배경과 목적 간의 관계를 조사한 연구를 검토해보면 교육과 목적 간의 관계가 아주 간단한 것이 아니다. 예를 들어 「삶의 목적 검사」(Purpose in Life Test, 이하 PIL, Crumbaugh & Maholick 1964)를 사용한 초기 연구에서 대학교 1학년 학생들은 4학년 학생들보다 목적 점수가 더 높게 나왔으며, 이 점은 교육이 더 높은 목적으로 이어지는 것이 아님을 의미한다(Crumbaugh & Maholick 1967). 동일한 척도를 사용한 다른 연구자들(Laufer et al. 1981)도 같은 결론을 얻었다. 또한 노년층을 대상으로 한 소규모 집단에서 「PIL」점수는 학력에 따라서 다르지 않았다. 그러나 리프(Ryff)의 「심리적 안녕감 척도」(Scale of Psychological Well-being, Ryff & Keyes 1995) 중 목적 하위척도 검사(Ryff 1989; Ryff & Keyes 1995)를 사용한 최근의 연구에서는 학력이 증가함에 따라 목적 점수도 증가한다는 것을 발견했다. 즉 목적 점수는 대학교 졸업, 대학교 수료, 고등학교 졸업, 고등학교 수료

---

2) [역주] 원서의 참고문헌에는 under review라고 표기되어 있다. 이는 Bronk, K. C., Finch, H. W., Kollman, J., & Youngs, A. *Ecological and social support for rural youth support*로 미출간된 논문이다.

및 고등학교 학력인정(GED)의 순으로 높게 나타났다(Ryff & Singer 2008).

이같은 연구 결과들의 불일치는 연구 대상의 성격과 연구가 이루어진 시점을 가지고 설명할 수 있을 것이다. 크럼보와 매홀릭(Crumbaugh & Maholick 1967)은 대학교 1학년과 4학년을 비교하였지만, 두 집단에서 교육적 성취의 차이는 비교적 크지 않기 때문에 결과를 왜곡시켰을 가능성이 있다. 또한 「PIL」을 활용한 이 연구들이 실시된 1960-1970년대의 대학교 졸업장은 오늘날과는 다른 의미를 가졌다. 이 시기에 학사 학위를 소지한 대부분의 사람들은 자신이 장기적인 지향점과 목적을 추구할 수 있다고 확신했을 것이다. 그러나 오늘날은 사정이 다를 수 있다. 노동시장에서 생산직이 감소하고 파견직이 늘어남에 따라 이제는 생계유지를 위해서뿐만 아니라 목적 추구를 위해서는 전문적인 교육이 요구된다. 즉 60년 전에 비해 현재에는 봉사지향적, 직업지향적, 가족지향적 목적을 가지기 위해서 더 높은 학력이 요구된다. 만약 이러한 연구 결과들이 21세기 현재의 문화를 더 잘 반영하고 있다고 가정하면 이 점은 더욱 중요하다. 목적의 추구가 누구에게나 동등하게 가능한 상황이 아니라는 것이다. 즉 자아실현의 기회가 사회 전반에 균등하게 분배되는 것이 아니라 교육적 기회가 할당된 일부에게만 주어지는 것이다(Dowd 1990; Ryff & Singer 2008). 몇 가지 예외가 분명히 존재하지만 적어도 어떤 유형의 목적 추구를 위해서는 학력이 문지기 역할을 할 수 있다.

이러한 관점에서 보면 학력의 증가에 따라 목적도 증가할 수 있다. 이를 지지하는 몇 가지 증거가 있지만 그 증거들은 인과관계라기보다는 상관관계이므로, 관계가 다른 방향으로 작동할 **가능성이 있고** 따라서 목적의 증가가 학력의 증가로 이어질 **가능성도 있다**. 달리 말해서 자신이 성취하고자 원하는 것을 인지하는 학생은 학교에서 더 열심히 공부하고자 하는 동기를 가지게 된다. 청소년을 대상으로 한 최근 연구는 이러한 가능성을 뒷받침하고 있다. 3장(최적의 인간 기능에서 목적의 역할)에서 자세히 논의하였듯이, 목적과 내적 통제 소재가 높아지면 저소득층 학생들의 성적 또한 높아지는 것으로 나타났다(Pizzolato et al. 2011). 또한 목적의 잠재적 지표라고 할 수 있는 고무적 관심사 즉 "스파크"를 분명하게 가지고 있거나 이를 찾고자 노력하는 학생도 학업 성취 수준이 높게 나타난다(Benson 2008). 청소년기 목적과 학업 성취의 관계의 방향성을 명확하게 확인하기 위해서는 후속 연구가 필요하지만, 이 둘이 관련을 가진다는 강력한 증거는 분명 존재한다.

목적과 학업 성취 사이의 관계에는 다양한 이유가 있을 수 있다. 한 가지 이유는 미래지향성에서 찾을 수 있다. 자신들이 열망하는 분명한 목표를 가지고 있고, 그 목표를 자신의 학업과 연결시킬 수 있는 청소년은 높은 동기를 가지고 있다(Damon 2008). 소수의 경험적 연구들이 이 주장을 뒷받침한다. 첫째, 정체성이 분명하게 형성되었거나 형성되는 과정에 있는 청소년들은 학업에 대한 목적을 잘 설명할 수 있었고 목표 달성을 위한 명확한 계획을 가지고 있었다(Berzonsky & Kuk 2000). 학업 목적과 관련된 잘 정의되고 현실적인 진로 목표는 진로 탐색 및 계획, 효과적인 공부 습관 및 자기확신(self-assuredness)과 관련이 있다. 둘째, 타인지향적 또는 자아를 넘어선 차원에서 전문적인 목표를 추구하는 학생들은 자신들의 학업이 개인적으로 의미가 있다고 보고할 가능성이 더 크다(Yeagar & Bundick 2009). 따라서 목적이 있는 청소년은 목적이 없는 청소년보다 더 높은 동기와 헌신을 보인다는 결론을 얻을 수 있다.

목적이 있는 청소년이 교실에서 더 높은 동기를 가지고 있다는 것이 이들의 지능이 높다는 것을 의미하지는 않는다. 초기 및 후기 청소년에 대한 연구를 보면 지능이 높은 청소년들과 일반적인 청소년들은 비슷한 시기에 거의 비슷한 속도로 삶의 목적에 헌신한다고 보고하였다(Bronk et al. 2010).

과외 활동 및 신앙 활동

연구자들은 교실 밖에서의 과외나 신앙 활동이 목적의 발달에 미치는 영향을 조사하였다. 지역사회 봉사 활동, 예술 활동, 종교 활동에 참여하는 것은 목적의 발달과 유지에 유의미한 정적 관련이 있는 것으로 나타났다(Bronk 2012; Maton 1990). 규칙적으로 기도하는 청소년들은 그렇지 않은 청소년보다 교회출석 여부와 관계없이 자신의 삶에 목적이 있다고 보고한다

(Francis & Evans 1996). 이러한 연구 결과는 직관적으로 이해되는데, 봉사, 예술 및 종교 활동이 이루어지는 맥락은 이 분야에 목적을 둔 사람들을 불러 모을 뿐만 아니라 목적 발달을 위한 방법을 제공하기 때문이다.

지금까지의 연구로는 과외나 신앙 활동에 참여하는 것이 목적의 발달을 이끄는 것인지, 아니면 목적에 관심을 가진 청소년들이 이런 활동에 끌리는 것인지 확인하기 어렵다. 우정이나 멘토링 관계와 같은 제3의 요인 또한 목적의 성장과 활동의 참여 둘 다를 이끌 수 있기 때문이다. 그러나 이렇듯 나중에 목적이 될 가능성이 있는 활동에 참여하는 것은 청소년들이 관심을 가지고 고민할 만한 문제들을 배우는 기회를 제공함으로써 목적의 발달에 기여한다. 이러한 활동에 참여하게 되면 그들은 자신이 가진 재능을 유의미한 역량으로 활용할 수 있는 방법을 찾을 수 있다(Bronk 2012; Damon 2008).

약물 남용

청소년기 및 청년기에 목적을 가지는 것과 특정 활동에 참여하는 것은 정적 관련이 있지만, 목적을 가지는 것과 부적 관련이 있는 활동들도 있다. 예를 들어 약물이나 알코올을 사용하는 청소년은 자신의 삶에 목적이 있다고 보고할 가능성이 적다(Coleman et al. 1986; Minehan et al. 2000; Padleford 1974). 마찬가지로 청소년 집단에서 의미부재는 스트레스 통제 불능과 약물 남용 간의 관계(Newcomb & Harlow 1986), 그리고 우울증과 자기비하 간의 관계(Harlow et al. 1986)를 매개하는 것으로 나타났다. 약물 남용은 청소년이 의미 있는 삶의 목적을 발달시키지 못하고 있다는 분명한 증거이다.

정서

연구자들은 청소년기와 청년기의 목적 발달에 기여하는 요인과 함께 그들이 경험하는 목적의 특성을 이해하고 설명하려 하였다. 예를 들어 청소년기와 청년기에 나타나는 특정한 정서는 목적 실재와 관련이 있다. 특히 목적이 있는 청소년은 목적이 없는 청소년보다 높은 수준의 희망과 삶의 만족을 보고한다(Bronk et al. 2009; Burrow & Hill 2011). 같은 맥락에서 목적이 없는 청소년들은 우울증(Bigler et al. 2001), 불안(Ho et al. 2010), 권태(Fahlman et al. 2009; Drob & Benard 1988; Bargdill 2000)를 경험할 가능성이 더 크다. 목적과 각종 안녕감 지표 간의 관계에 대한 자세한 논의는 3장(최적의 인간 기능에서 목적의 역할)에서 다루었다.

목적의 개념

목적은 건강한 발달의 결과와 관련이 깊으므로 청소년들과 청년들이 목적 구인을 어떻게 이해하고 있는지 살펴볼 필요가 있다. 목적의 정의에 대한 질문에서 미국의 대학생들은 목적이 성장을 위한 강력한 토대와 명확한 방향이 된다고 말했다(Hill et al. 2010). 대부분의 응답자들이 목적이 행복을 이끈다고 말한 것도 주목할 만한 부분이다. 이로써 젊은이들이 '목적' 하면 떠올리는 개념이 연구자들의 개념과 상당히 일치한다는 결론을 얻을 수 있다. 흥미롭게도, 젊은이들이 연구자들이 말한 자아를 넘어선 지향점을 강조하지 않았던 반면 노인들을 포함한 성인대상 연구에서는 나이가 많을수록 자아를 넘어선 지향점을 포함한 목적이나 의미의 개념을 이야기한다(Wong & Fry 1998). 따라서 개인적으로 의미 있는 포부는 정해진 것이 아닌 변화하는 개념으로 볼 수 있다.

청소년들은 성인들과 다르게 목적을 생각하고 성인과는 다른 용어를 사용하기도 한다. 예를 들어 인헬더와 피아제(Inhelder & Piaget 1958)는 일기 분석을 통해서 청소년들이 타인지향적(other-oriented)인 삶의 목표를 이야기할 때에는 매우 거창하고 고상한 단어를 쓴다는 것을 발견했다. 그들은 위대한 사상가, 지도자, 그리고 인류가 직면한 심오한 철학적, 사회적 문제들의 해결자가 될 수 있는 방식으로 [그 목표들을] 말했다. 그럼에도 불구하고 - 또는 아마도 그렇기 때문에 - 인헬더와 피아제(1958)는 이렇게 주장한다. 청소년기의 인생 프로젝트는 "이후의 성장에 실제적인 영향을 미칠 수 있다. 청소년기에 끄적거린 메모에서도 점차 완성되어가는 생각들의 윤곽을 발견할 수 있다."(pp. 334-335). 달리 말해서 청소년기와 청년기에 어떤 일에 헌신하게 되면 미래의 포부와 목표가 의미 있는 방식으로 형성될 수 있다.

청소년기와 청년기의 목적에 대한 이론적 혹은 경험적 연구는 목적을 효과적으로 촉진하는 방법에 중요한 시사점을 제공한다. 일반적으로 청소년의 긍정적 발달을 지지하는 관계, 기회 및 경험은 상당부분 목적의 발달 또한 지지하는 것으로 나타난다. 따라서 가족, 멘토, 또래 등 발달을 강력하게 지지하는 공동체 안에서 자란 청소년이나 교육 활동, 과외 활동, 신앙 활동 등 발달을 지원하는 맥락 안에서 자란 청소년들은 번영할 가능성이 높으며 (Benson 2006) 목적을 발견할 가능성이 높다(Bronk et al. 심사 중[3]); Bronk 2012).

중년기

청소년과 청년들은 개인적으로 의미 있는 포부에 헌신하고, 이 포부는 중년기로 이어진다. 목적은 청소년과 성인 모두에게 방향성을 제공하는 중요한 원천이다. 그러나 목적이 나타나는 비율은 청년기에 정점에 다다른 후 약간 하락하는 경향을 보인다(Ryff & Singer 2008; Ryff et al. 2004). 이렇듯 하락하는 이유를 명확하게 알 수는 없지만, 목적에 관한 70가지 연구를 메타 분석한 결과 중년의 성인은 나이가 들어감에 따라 목적을 상실하는 것을 알수 있다(Pinquart 2002). 일부 중년은 지금까지 자신의 삶에 의미를 부여했던 목표를 성취하였고 그 이후의 목표가 없음을 깨닫게 된다. 일부 중년은 의미 있는 지향점 중에 어떤 것은 더 이상 현실적으로 달성할 수 없다는 것을 알게 된다. 또 다른 중년은 자신이 의미를 부여했던 역할이 바뀌었다는 것을 알게 된다. 예를 들어 자녀 양육, 간병, 직업, 자원봉사 등의 역할은 목적의 중요한 원천이지만, 이 역할이 사라지면서 목적도 사라질 수 있다.

중년기에 목적을 가진 사람들의 비율이 낮아지는 것은 목적의 추구가 성인들의 생산성에 있어서 중요한 역할을 하기 때문에 문제가 될 수 있다. '생산성 대 침체'(generativity versus stagnation)는 에릭슨(1968)의 심리사회적 발달 단계의 일곱 번째 단계이며, 생산을 위한 방법을 찾는 것은 중년기의 주요 발달 과업을 대표한다. 이 단계에서는 사회에 기여하고 미래 세대에게

---

3) p.117 [역주] 2) 참조.

도움이 되는 일을 하는 것이 안녕감을 획득하는 데 점점 더 중요해진다. 생산적인 성인들은 긍정적인 유산을 남길 수 있는 의미 있는 방법을 찾아낸다. 자녀 양육, [노부모, 친구, 친척의] 간병, 또는 자원봉사가 그 방법이 될 수 있다. 이러한 활동 자체가 반드시 생산적이라고 말할 수는 없지만, 이 활동에 참여하는 성인들이 미래 세대를 도우려는 의도를 가지게 되면 그들은 생산성을 갖추게 된다. 긍정적 유산을 남기는 방법을 찾지 못한 성인은 침체될 가능성이 있으며, 침체된 개인은 공동체 및 사회와의 단절을 경험하게 된다.

양육은 부모나 조부모 역할을 담당하는 성인들에게 공통적으로 나타나는 중년기 목적의 원천이다(Hughes 2006). 대체로 양육은 행복, 안녕감과 관련되지만, 앞 장에서 자세히 살펴보았던 연구를 보면 실제로 부모들은 자녀가 없는 사람들보다 더 행복하지는 않지만 더 의미 있다고 말한다(Umberson & Gove 1989). 중년기의 성인들에게 양육과 관련된 일상의 어려움들은 익숙한 것이고 그 일이 항상 즐거운 것은 아니지만, 이들은 그 역할이 주는 목적을 높이 평가한다(Hughes 2006).

그러나 양육도 목적의 다른 잠재적 원천과 마찬가지로 반드시 의미 있는 것은 아니다. 양육을 유목적적 활동으로 경험하는지의 여부는 부모가 자신의 역할을 잘 수행했다고 느끼는 지의 여부에 달려 있다. 자녀를 잘 키워서 자녀들이 학업과 직업에 필요한 능력을 "잘 갖추게 되었다"고 부모가 느끼는 경우, 그렇지 못하다고 느끼는 부모보다 목적을 가지고 살아왔다고 말할 가능성이 유의미하게 높다(Ryff et al. 1994, p. 195).

양육은 목적의 잠재적 원천이기 때문에 여성들은 출산능력이 떨어지면 목적이 낮아질 수 있다. 대부분의 여성들은 적어도 얼마간은 어머니로서의 역할에서 자신의 정체성을 찾지만, 중년이 되면 갱년기 직전, 갱년기, 갱년기 이후를 거치면서 목적 점수는 차츰 낮아진다(Deek & McCabe 2004). 이러한 경향성은 여성의 사회적 역할에 대한 인식과 관련하여 설명할 수 있다. 이 가설에 맞게, 갱년기 직전 여성들은 자신의 사회적 역할에 대해서 가장 긍정적인 느낌을 가지는 반면 갱년기 이후 여성들은 갱년기 여성이나 직전 여성들에 비해서 자신이 중요한 사회적 역할을 하지 못하고 있다고 말했다. 이와 같은 결과는 사회적 역할이 중년기 목적의 잠재적인 원천으로서 매우 중요함을 시사한다.

중년의 성인들이 상정하는 또 다른 역할은 간병인(caregiver)으로서 노부모, 친구, 친척을 돌보는 것이다. 연구에서는 양육과 마찬가지로 간병일을 할 때에는 그렇지 않을 때보다 스트레스도 높고 부담감도 크게 느끼는 것으로 나타났지만 목적을 가질 확률은 높았다(Marks et al. 2002). 위에서 살펴본 양육에 관한 연구 결과(Umberson & Gove 1989)와 더불어 이 연구는 목적을 가지고 있는 중년의 경험이 항상 유쾌한 것만은 아님을 보여준다.

중년 성인들은 양육이나 간병 뿐만 아니라 여러 가지 사회적 역할들에서 목적을 발견한다고 말한다. 연구자들은 성인들에게 자신의 삶에서 가장 중요한 세 가지 의미 원천을 쓰고, 순위를 매기고, 예시를 들어 보라고 요청하였다. 대부분의 성인들이 자녀나 자신이 돌보는 대상을 포함한 인간관계에서 의미를 찾았다고 응답했지만, 또한 그들은 직업인이나 자원봉사자로서의 역할에서도 의미를 찾는다고 말했다(DeVogler & Ebersole 1981).

이와 같은 검토를 통해서 우리는 사회적 역할이 중년기의 목적을 위한 중요한 통로가 된다는 결론을 얻을 수 있다. 중년기의 목적이 인생의 다른 단계에서는 두드러지지 않는 생산성에 중요하다는 것도 분명하다. 마지막으로, 목적이 중년기 이전에는 행복과 관련이 있었지만 중년에 이르러서는 항상 그런 것은 아니라는 점도 분명하다.

노년기

노년기의 목적에 관한 연구는 주로 이 구인이 긍정적 건강에 어떤 역할을 하는가에 초점을 맞추고 있다. 캐롤 리프와 버튼 싱어(Carol Ryff & Burton Singer)는 "질병을 가지지 않았다는 것 이상"의 긍정적 건강이라는 개념(World Health Organization, Ryff & Singer 2008)에 입각하여 신체적, 심리적 안녕감을 증진시키는 목적의 역할을 연구하였다. 리프와 싱어(2008)는 긍정적 정신 건강에 세 가지 원리가 있음을 발견하였다. 첫째, 긍정적인 건강은 의학적인 것만이 아니라 철학적으로 좋은 삶의 의미에 대한 깊은 논의를 필요로 한다. 둘째, 인간의 안녕감은 마음/몸, 그리고 양자의 상호연결에 모두 관련되어 있다. 셋째, 긍정적 건강은 궁극적으로 삶의 과정에 온전히 참여하는 것을 의미한다.

리프와 싱어가 주장하는 노년기의 안녕감은 아리스토텔레스의 최고선(善) 개념인 에우다이모니아, 즉 개인의 가능태를 완전히 실현하는 것이다(Ryff & Singer 2008; Ryff et al. 2004). 아리스토텔레스의 에우다이모니아가 무엇인지는 앞에서 논의했지만, 리프의 안녕감 이론에 따르면, 에우다이모니아에서는 환경적 숙달, 긍정적 인간관계, 개인의 성장, 자율성, 자기수용과 함께 삶의 목적을 갖는 것이 매우 중요하다. 이 여섯 가지 요인들은 각각 안녕감에 기여하지만, 여러 가지 경험적 연구에 따르면 삶의 목적을 갖는 것이 에우다이모니아에서 특히 중요한 측면이다(Ryff & Singer 2008).

목적은 노년기의 심리적 안녕감을 구성하는 핵심일뿐 아니라 신체적 건강에도 중요한 역할을 한다. 3장(최적의 인간 기능에서 목적의 역할)에서 자세히 설명했던 것처럼, 다양한 목적 측정 도구를 사용한 연구들에서 목적 및 유목적적 참여는 신체적 건강의 증진을 나타내는 지표(Kass et al. 1991; Petrie & Azariah 1990; Reker et al. 1987; Ryff et al. 2004)로 나타나고, 노년층의 장수(Boyle et al. 2009)와 크지는 않지만 일관된 상관을 보인다.

목적의 긍정적 역할에도 불구하고, 노년기에는 이전 생애 단계보다 목적이 나타나는 비율(편재성)이 적다. 청년기에서 중년기에 이르는 동안 목적의 비율은 점차 감소하다가, 중년기에서 노년기에는 더욱 유의하게 감소한다 (Pinquart 2002; Ryff 1995; Ryff & Singer 2008; Ryff et al. 2004). 85세 이상에서 목적을 가진 사람의 비율은 극히 드물다(Hedberg et al. 2010). 이 결과는 목적이 건강에 중요한 역할을 한다는 점을 감안할 때 주목할 필요가 있다 (Ryff & Singer 2008). 이와 같은 목적의 감소는 노년기에 유목적적 활동에 참여하는 비율이 낮아지기 때문으로 보인다. 고령자 역시 개인적으로 의미 있는 프로젝트를 자율적으로 선택하고 추구할 필요가 있지만, 노년기에 접어들수록 이러한 기회들을 얻기 어렵기 때문이다.

중년기에 개인들은 부모, [노부모, 친구, 친척의] 간병인, 직업인, 자원봉사자 등 사회적 역할을 통해 목적을 찾는다. 그러나 이 역할들 중 일부는 중년기를 거치면서 점차 사라지고 노년기에는 완전히 사라지기 시작한다. 자녀가 어른이 되어 독립하고, 직장에서 은퇴하며, 건강상 더 이상 간병과 자원봉사를 할 수 없게 된다. 현대사회에서는 고령자가 목적을 가지고 할 수 있는 역할들이 매우 부족하다. 사회학자들이 "구조적 지체 문제(structural lag problem, Riley et al. 1994)"라고 부르는 이 현상은 수명이 연장되면서 많은 사람들이 현 사회제도를 따라가지 못하는 것을 말한다(Ryff & Singer 2008).

중년기에서 노년기에 이르러 목적을 가진 사람의 비율이 줄어드는 것은 문제가 되지만, 그 비율은 비교적 크지 않으며, 일부 고령자들은 노년이 되어서도 목적을 유지하고 있다. 목적 연구에 대한 메타분석에 따르면, 목적 점수가 높은 고령자는 그렇지 않은 사람보다 사회와 잘 연결되어 있으며 긍정적인 인간관계를 가지고 있다(Pinquart 2002). 개인주택이나 아파트에 사는 고령자는 요양원이나 보호시설에 살고 있는 사람들보다 목적 수준이 높게 나타난다(Laufer et al. 1981). 목적을 가진 고령자는 또한 직업이 있거나 더 건강하고, 교육적 수준이 높고 결혼생활을 유지하고 있었다(Pinquart 2002). 흥미로운 점은 고령자들의 경우 가족과의 지속적 접촉은 친구와의 지속적 접촉보다 더 강하게 목적 점수를 예측했다는 것이다.

노인들은 가정 생활에서뿐만 아니라 또한 자원봉사 활동에서도 목적을 발견할 수 있다. 과거에는 고령자들이 자원봉사에 참여할 기회가 극히 드물었지만, 오늘날에는 노년층을 개발해야 할 자원의 하나로 인식하고 자원봉사의 기회를 보편적으로 제공하고 있다. 예를 들어 시니어코어(SeniorCorps)는 아메리코어(AmeriCorps)와 유사한 노인 사회봉사단체이다. 미국 전역에서 수십만 명의 노인들이 이 조직을 통해 자원봉사에 참여하고 있다. 공식적으로 자원봉사 활동에 참여하는 노인들이 그렇지 않은 사람들보다 더 높은 수준의 삶의 목적을 보고하는 것을 보면 이러한 활동은 앞으로도 유망할 것으로 보인다(Greenfield & Marks 2004).

노인들이 삶의 목적을 추구하도록 돕는 것은 중요하다. 그러나 특히 보건의료 분야에서는 이 일의 가치가 제대로 평가받지 못하고 있다. 노인 대상의 보건의료 종사자들은 일상생활의 활동만 중요시하고 유의미한 활동은 중요시하지 않기 때문에 노년기의 건강에 결정적으로 중요한 목적을 간과할 수 있다(Ryff & Singer 1998). 목적을 가진 개인은 자신을 더 잘 돌볼 수 있으며, "간단히 말해 일상의 건강과 관련하여 자신을 잘 돌보는 일은 돌볼 가치가 있는 삶을 전제로 한다."(Ryff & Singer 1998, p. 22).

요약하면, 노년기에 목적은 드물게 나타나지만, 목적은 심리적, 신체적 건강과 장수에 여전히 매우 중요하다. 그러나 노년에도 목적이 있는 사회적 역할에 참여하고 그 역할을 잘 수행할 수 있는 능력은 목적 추구를 위한 선결 요건이다.

전생애에 걸친 목적

발달적 개념으로서의 목적은 전생애에 걸쳐 인간이 건강하게 기능할 수 있도록 돕는다. 목적은 사람들이 청소년기, 청년기, 중년기, 그리고 노년기에 시간, 에너지 및 기타 심리적 자원을 어디에 어떻게 사용할지에 대한 지침과 방향을 결정하는 중요한 원천이다. 흥미롭게도 목적의 원천들은 일생동안 대체로 안정적으로 나타난다(Prager 1996). 목적의 기원이나 원천에 대한 더 자세한 설명은 5장(목적의 기원과 지원)에서 다룬다.

목적의 일반적인 기능은 전생애에 걸쳐 일관되게 나타나지만, 개인이 삶의 목적을 추구하는 방식과 이 개념이 논의되는 방식은 발달 단계에 따라 변화가 있다(Bronk 2012). 아동기의 목적은 유목적적인 헌신보다는 유목적적인 참여에 더 가깝다. 다양한 활동에 참여하는 것은 목적으로 전환될 가능성을 가지고 있다. 어떤 아동이 마음에 목적을 품게 되면 이는 확실히 구체적이고 집중적인 동시에 현재지향적으로 나타나게 될 가능성이 높다(VanDyke & Elias 2007). 청소년기와 청년기에는 의도를 가지고 유목적적 헌신을 하게 된다. 이 시기의 젊은이들은 자신이 되고 싶어하는 사람과 자신이 성취하고 싶어하는 것을 숙고하기 시작한다. 청년기가 끝날 무렵, 대부분의 젊은이들은 정체성 문제를 해결하게 되고, 이 시기에는 목적이 나타나는 비율이 가장 높다(Bronk et al. 2010; Damon 2008; Meier & Edwards 1974; Ryff 1995; Ryff et al. 2003).

목적이 나타나는 비율은 청년기에 정점을 이루지만, 유목적적 참여가 감소함에 따라 중년기에 점차 감소하면서 노년기에는 유의하게 낮아진다(Ryff 1995; Ryff et al. 2003). 그러나 목적을 유지하는 중년들은 생산적 활동을 하는 의미 있는 방법을 찾을 수 있다. 중년기에 목적을 추구하는 것은 생산적이고 창조적이 되는 방법, 긍정적인 유산을 남겨주는 방법을 찾도록 도와준다. 중년의 성인들은 부모, 직업인, [노부모, 친구, 친척의] 간병인, 자원봉사자와 같은 사회적 역할 속에서 목적을 찾는다. 노년기의 경우 목적을 가지고 있는 것은 심리적, 신체적 건강 문제를 완충시키는 보호 요인이 될 수 있다(Ryff & Singer 2008).

전생애를 거치면서 목적이 나타나는 비율이 변할 뿐만 아니라 목적을 추구하는 경험도 변화하게 된다. 앞 장에서 논의된 것처럼, 목적의 탐색은 청소년기와 청년기의 삶의 만족과 관련이 있고, 목적의 탐색이 완결된 중년기에는 삶의 만족과의 관련이 적게 나타난다(Bronk et al. 2009).

개인이 목적을 발견한 시기와는 관계없이, 목적 경험은 목적과 관련 있는 사건 또는 삶의 중대 사건에서 나타난다(Baum & Stewart 1990; Bronk 2012). 청소년기와 청년기에 목적을 유발하는 사건에는 다른 사람에 대한 봉사, 목적 발달에 의미 있는 순간이 된 생활 환경의 변화가 있다(Bronk 2012). 중년기에 목적 발달을 촉진시키는 사건에는 결혼, 양육, 사고나 질병, 사별, 이혼, 재취업 등과 같은 삶의 중요한 변화가 있다(Baum & Stewart 1990). 흥미로운 것은 프랭클(1959)의 예측대로, 부정적인 사건조차도 긍정적인 목적을 불러일으킬 수 있었다는 것이다.

삶의 전환은 목적을 발견하게 되는 사건과 마찬가지로 목적이 성장하고 진화하는 데 기여한다. 청소년을 대상으로 한 종단연구에 따르면 목적은 인생의 전환기에 따라 확장되고 변화한다(Bronk 2012). 예를 들어 청년들은 대학에 진학하거나 직업을 가지게 되는 전환기에 개인적으로 의미 있는 지향점을 향해 방향을 새롭게 조정하게 해주는 새로운 자원과 멘토들을 만나게 되었다. 또 다른 예를 보면 청소년들은 새로운 환경에서 새로운 사람들을 만나게 되면서 자신의 목적에 관해 도전적으로 생각할 수 있게 되었다. 그러나 5년간의 종단연구 결과, 대부분의 청소년들이 목적을 추구하는 방식은 바뀔지라도 목적의 성격은 바뀌지 않았다.

상태 그리고 기질로서의 목적

전생애에 걸친 목적을 다룬 논의에서는 목적이 자신이 누구인가에 대한 측면을 지속적으로 나타낸다고 가정한다. 목적에 관한 많은 연구들이 이 구인의 안정성을 보여주고 있다. 예를 들어 여러 가지 목적 측정 도구를 사용한 일련의 연구에서 삶의 의미는 2주(「삶의 의미 설문」 [Meaning in Life Questionnaire, 이하 MLQ], Steger et al. 2006), 2개월(「MLQ」, Steger et al. 2008), 1년(「MLQ」, Steger & Kashdan 2007), 2년(「일관성 의식 검사」 [Sense of Coherence Scale, 이하 SOC], Antonovsky 1987)에 걸쳐 안정적으로 나타났다. 이러한 연구에서는 목적이 안정적인 양상을 보인다고 하였고(Bronk 2011; Damon 2008) 따라서 목적이 기질적 특성을 가지고 있음을 시사한다. 그러나 소수의 연구에서는 유목적적 헌신의 수준이 맥락이나 생활 사건에 대한 반응에 따라서 변한다고 하였다. 예를 들어 종교 목적에 대한 헌신의 깊이는 종교를 가진 직후에는 정점에 이르렀다가 시간이 지나면 감소하였다(Paroutzian 1981). 마찬가지로 목적이 나타나는 비율은 사회적으로 배제되는 경험이 있으면 감소했고(Stillman et al. 2009), 삶의 전환기 이후에는 증가하는 것으로 나타났다(Ryff & Singer 1998). 이와 같은 연구 결과들은 목적이 가진 상태적 특성을 보여주고 있다.

목적의 안정성을 지지하는 많은 연구들이 있지만, 목적이 사건과 상황에 따라 변화하는 것도 사실이다. 대체로 [목적] 헌신이 깊어지고, 목적이 개인의 내적인 중심에 가까울수록 더 안정적인 특성을 보인다. 그러나 이러한 설명을 뒷받침하는 경험적 연구들이 더 수행될 필요가 있다.

일생을 거쳐 목적이 성장하고 변화하는 것은 분명하지만, 그것이 어떤 맥락이나 환경의 영향을 받아 발달하는지는 명확하지 않다. 다음 장에서는 목적의 발달을 돕는 기회와 경험, 사회적, 생태학적 지원에 대한 기존의 이론적 혹은 경험적 연구들을 종합하고자 한다.

05

목적의 기원과 지원
Origins of and Supports for Purpose

05
목적의 기원과 지원
Origins of and Supports for Purpose

　심리학 분야에서 목적에 대한 연구를 하기 시작한 것은 그리 오래되지
않았다. 그러나 최근 목적의 구성요소, 목적과 정체성의 관계, 목적을 이끌
어내는 긍정적 요인 등에 관한 이론적 혹은 경험적 연구들이 점차 늘고 있
다. 반면 목적의 발견이나 목적 추구의 과정, 변화에 대한 연구는 거의 없
다. 따라서 우리는 목적을 효과적으로 키우는 방법에 관해서는 거의 알지
못한다. 종교 활동, 과외 활동, 진로 활동, 학과 활동을 통해 삶의 목적을
찾도록 돕는 프로그램은 많지 않다(Koshy & Mariano 2011). 그러나 소수의
개입연구나 종단연구를 통해 목적을 개발하기 위한 효과적인 프로그램이 어
떻게 이루어져야 하는지 알 수 있다. 이러한 연구 결과들을 보면 목적의 개
발에는 생태학적이고 사회적인 지원이 매우 중요하다는 것을 알 수 있다
(Bronk et al. 심사 중[1]); Dik et al. 2011; Pizzolato et al. 2011). 이 주제와 관련
된 연구들은 청소년들의 안녕감에 관심을 가지고 있는 부모, 교사 및 성인
들이, 어떻게 하면 삶의 목적을 찾는 것을 도울 수 있는지 중요한 시사점을
제공한다.

---

1) [역주] 원서의 참고문헌에는 under review라고 표기되어 있다. 이는 Bronk, K. C., Finch,
　H. W., Kollman, J., & Youngs, A. *Ecological and social support for rural youth*
　*support*로 미출간된 논문이다.

목적의 진화론적 근거

이 장에서 다루는 대부분의 내용은 목적의 발달을 지원하는 방법에 관한 것이지만, 그에 앞서 개인들이 목적에 관심을 가지게 되는 이유가 무엇인지 알아보아야 한다. 목적의 개발은 얼핏 보면 진화론이나 생물학적 관점과 모순되는 것처럼 보인다. 그러나 여러 학자들은 목적을 탐색하고 추구하는 것이 진화론적 적응에 해당한다고 주장한다. 진화론적 입장에서는 목적의 여러 측면들을 강조하고 그 측면들을 진화론적 과거사와 연결해서 설명하기 때문이다. 진화론적 근거를 찾을 수 있는 목적의 측면으로는 문제해결, 목표지향, 자아를 넘어선 세계에 대한 봉사가 있다.

한 이론에서는 목적의 주된 역할을 진화론적 문제해결(solving evolutionary problems)에서 찾고 있다(Boyd 2009). 이 관점에 따르면, "진화는 목적을 창조한다."(p. 24). 달리 말해 삶의 과정에서 진화는 해결해야 할 문제를 만들어 내고, 이 문제들을 해결하면서 개인은 자신의 삶에 의미 있는 목적을 찾게 된다는 것이다. 보이드(Boyd)는 실제로 이 과정이 어떻게 이루어지는지 두 가지 예를 제시한다.

첫 번째 예는 지적 능력과 목적 특성 간의 관계에 있다. 진화론적 과거사를 보면 인류는 오랜 시간 차츰차츰 지능을 갖춘 존재가 되면서 상황에 유연하게 대처할 수 있었고, 이전에 성공했던 방식뿐만 아니라 새로운 방식을 통해서 문제를 해결할 수 있게 되었다. 우리가 발달시킨 중요한 지능 중 하나는 사회적 지능 혹은 사회적 인지능력이다. 인간은 사회적 인지능력으로 말미암아 자신을 인식하고 다른 사람의 입장에서 자신을 이해할 수 있게 되었다. 사회적 인지능력은 다른 사람들의 행동을 더 잘 예측하도록 도와주며, 자신의 죽음 및 자신이 사라지고 없는 세계에 대해서 상상할 수 있도록 도와준다. 죽음에서 오는 불안과 스트레스에 대처하기 위해서 사람들은 사후에도 그들이 모종의 형태로 계속 존재한다고 믿는다. 거의 모든 문화권에서는 이 믿음에 근거하여 사후에 벌어지는 일에 관한 이야기가 만들어졌고,

이 이야기들은 종교 또는 그와 유사한 종교적 목적을 위한 토대가 된다. 따라서 종교적 목적을 발달시키는 것은 죽음이라는 문제에 대처하기 위한 진화론적 적응이라고 볼 수 있다.

보이드가 제시하는 두 번째 예는 창조적인 목적(creative purpose)과 관련이 있다. 인간은 고도로 진화된 두뇌를 가지고 있으며 이는 우리가 최상위 포식자가 되어 환경을 지배할 수 있도록 도와주었다. 식량을 구하는 시간보다 다른 활동에 할애할 수 있는 시간이 많아지면서, 사람들은 여가와 안전이 보장된 시간동안 예술의 형태를 취하는 지적인 유희에 참여한다. 인간은 패턴을 가진 의미 있는 정보에 대한 욕구를 가지고 있다. 그리하여 예술을 통해서 그 욕구를 불러일으키고 그 자체에서 보상을 얻는 방식으로 예술에 참여한다. 나아가 예술을 통해 고차원적인 정신 과정이 발달한다. 예술은 우리의 지적 선호에 호소하는 일이므로 내적인 보상을 제공한다. 인간은 예술을 창출하기 위한 내적인 보상 체계를 이미 가지고 있으며, 예술은 그 자체로 유쾌함과 의미를 준다. 따라서 예술적인 활동이나 창조적인 활동은 권태에 대처하기 위한 진화론적 적응이라고 할 수 있다. 보이드(2009)의 견해에 따르면 목적은 지능과 창의성의 자연스런 파생물로 발전해 왔으며, 인간의 고유한 문제를 해결하는 중요한 수단이라는 점에서 진화론적인 적응의 결과이다.

보이드(2009)의 이론에서 목적은 진화론적 적응을 위한 문제해결의 결과이다. 이에 비해서 다른 이론가들은 목적에 내재해 있는 목표지향성이 원인이 되어 진화론적 적응을 가져온 것이라고 주장한다. 다른 말로 하면 목표를 지향하는 것은 살아있는 유기체의 생물학적 지상 명령이며, 이 점에서 의미와 목적의 탐색은 생물학적 근거를 갖고 있다(Klinger 1998). 이 이론에 따르면 생물학적 추동은 인지능력 및 상상력을 통해서 목적이라는 초월적 경험으로 승화된다. 마찬가지로 목표지향성의 결과로 감정적 반응이 쌓이게 되면 목적에 대한 정서가 풍부해진다. 이런 식으로 목표와 관련된 인지와 정서는 유목적적인 삶의 경험에 기여한다.

방금 말한 두 가지 관점은 모두 개인을 분석 단위로 하고 있다. 그러나 목적의 진화론적인 토대를 이해하기 위해서는 개인이 아닌 집단을 분석 단위로 해야 한다고 주장하는 학자들도 있다(Nanay 2010). 후자의 연구자들이 특별히 관심을 가진 목적은 더 넓은 세계에 봉사하기 위한 행위 욕구, 자아를 넘어선 이유를 위한 행위 욕구이다. 개별 유기체들은 자연 선택이 되면 이익을 얻는다. 따라서 개인의 관점에서 보면 자신에게 유익한 행위들은 적응에 도움이 되지만, 이타적인 행동이나 자아를 넘어선 행위들은, 호혜적이지 않는 한 적응에 도움이 되지 않는다. 반면 집단의 관점에서 보면 이타적인 행위, 자아를 넘어선 목적을 가진 행위는 적응에 도움이 된다. 다시 말해 자아를 넘어선 유목적적 행위는 개인이 아닌 집단에 유익을 주며, 이러한 행위는 집단의 결속을 강화하고, 결속력이 강한 집단의 개인 구성원들은 오래 생존할 확률이 높아진다. 이와 같이 집단의 관점에서 자아를 넘어선 목적, 즉 가족, 지역사회, 그 밖의 사회 집단의 진보를 지향하는 목적을 추구하는 것은 진화론적 적응을 위한 것이다.

위의 이론들에서 목적 또는 적어도 목적 구인의 핵심적인 요소들은 진화론적 기초를 가지고 있다. 목적이 가진 문제해결 능력, 목표지향성, 그리고 자아외적 특성은 모두 진화에 중요한 기능을 한다.

목적의 발달적 기원

목적에 대한 진화론적 관점은 개인이 **어떤 이유로**(why) 포부를 발달시키는지에 대해서는 많은 설명을 제공하지만, 그들이 **어떤 방법으로**(how) 포부를 발달시키는지에 대해서는 거의 설명하지 않는다. 다행히 개인적으로 의미 있는 장기적 지향점을 발견하고 그에 헌신하게 되는 과정을 연구한 이론적이고 경험적인 결과들이 점차 늘어나고 있다. 이 연구들은 목적을 발달시키는 경험, 기회, 그리고 사회적, 생태학적 지원들에 주목하고 있다.

아동기에 가지게 되는 기회와 경험은 장차 목적이 성장하기 위한 씨앗이 될 수 있다. 4장(전생애적 관점에서 본 목적)에서 자세히 다루었듯이, 아동들은 목적을 탐색하고 헌신하는 데 필요한 인지 구조가 부족하다(VanDyke

& Elias 2007). 그러나 목적에 대한 종단연구들을 보면, 목적 추구의 삶을 영위하는 청소년들은 아동기의 중후반기 즈음에 처음으로 관련 분야에서 적극적으로 활동하기 시작한다(Bronk 2012). 또한 목적에 대한 회고적 연구에서는 어린 시절에 긍정적 경험을 가졌던 사람들이 이후에 삶의 목적을 발견할 가능성이 더 높다고 하였다(Ishida & Okada 2006; Mariano & Vaillant 2012). 이 연구 결과들은 아동기의 맥락 요인들이 이후에 삶의 목적을 발달시키는 데에 영향을 줄 수 있음을 시사한다.

최근 늘고 있는 경험적 연구들의 결론에서 알 수 있듯이, 청소년기와 청년기의 맥락적 변인들은 청소년들이 삶의 목적을 발견하는 기회를 증가시킬수 있다. 이 점은 중요한 사실이며, 목적이 가진 긍정적 역할에도 불구하고 개인적으로 의미 있는 지향점에 헌신하고 있는 청소년들이 실제로는 많지 않다는 점을 감안하면 희망적이라고도 볼 수 있다(Bronk et al. 2010; Bronk et al. 2009; Damon 2008; Francis 2000; Moran 2009). 연구를 통해 삶의 목적을 발달시키기 위한 경험, 기회, 생태학적, 사회적 지원이 무엇인지 알게 된 것은 상당히 고무적이다.

그러나 목적의 성장을 돕는 외적 영향들을 다루기 전에, 목적이 궁극적으로는 내적 영향을 더 받는다는 점을 다시 한 번 강조할 필요가 있다. 누구도 다른 사람에게 목적을 떠맡길 수 없으며, 다른 사람의 목적을 확실히 발달시키는 방법 같은 것도 존재하지 않는다. 목적은 스스로 자신에게 의미 있는 지향점을 발견하고 헌신할 때 출현하는 것이다. 그럼에도 불구하고 경험적 연구들은, 청소년들이 특정 활동에 참여하게끔 도와주고 적절한 안내를 제공하고 성찰을 하도록 독려하면 목적을 발견할 가능성을 높일 수 있다는 사실을 보여주고 있다.

목적을 발달시키는 기회와 경험

목적의 발달을 지원하는 핵심 단계 중 하나는 청소년들이 아동기와 청소년기 동안 목적이 될 가능성을 가진 활동에 참여하도록 하는 것이다. 목적이 될 가능성을 가진 활동에는 집안일 돕기, 자원봉사하기, 종교나 예술 관련 활동에 참여하기 등이 포함될 수 있다. 경험적 연구들에서는 대체로 이러한 종류의 활동에 참여하는 것이 목적을 발달시킬 수 있다고 한다 (Bronk 2012; Shamah 2011). 이러한 활동에 참여한다고 해서 모든 청소년들이 목적을 개발할 수 있는 것은 아니지만, 일찍부터 이런 활동에 참여한 청소년들은 대부분 목적을 개발하기 쉽다. 청소년들이 어떤 것에 흥미를 발전시키고 그것을 계속 이어나가면서 사는 것은 충분히 가능하지만, 그것이 목적에 이르는 통상적인 길은 아니다(Bronk 2012; Damon 2008). 목적을 발견한 청소년들은 목적이 될 가능성을 가진 활동에 참여한 후, 시간을 두고 이 활동들을 점차 의미 있는 것으로 만들어 나간다. 이 활동들이 의미가 있었던 것은, 청소년들이 그 활동에 참여하면서 자신이 그 일에 필요한 특수한 기술, 재능, 역량을 갖추었음을 발견했기 때문이다. 특히 목적의 발달을 지원하는 활동에는 책임감을 가지고 의사결정에 참여하도록 돕는 직업 활동이나 사회봉사 활동이 있다. 이러한 활동은 청소년들이 스스로 사회에 기여할 수 있다는 인식을 갖게끔 도와준다(Benson 2008; Shamah 2011).

목적을 발견하기 위해서 아이들에게 굳이 비용이 많이 드는 활동을 하게 할 필요는 없다. 값비싼 음악 수업이나 개인 과외보다는 오히려 집안일을 돕거나 자원봉사를 하게 하는 것이 목적을 발달시키는 데에 중요하다.

목적이 될 가능성이 있는 활동에 일찍부터 참여한다고 해서 청소년들이 모두 목적을 개발하는 것은 아니다. 어떤 청소년들은 이런 활동에서 개인적인 의미를 발견하지 못할 수도 있으며, 어떤 청소년들은 자신이 그 분야에 필요한 재능이나 기술이 없다는 것을 알게 될 수도 있다. 또 어떤 청소년들은 자신이 관여하고 있는 활동들이 어떤 영향력이 있는지 생각해보지 않았기 때문에 목적을 발견하지 못할 수도 있다. 성찰은 목적의 개발에 있어 또 하나의 중요한 요소이다. 청소년들에게 자신이 참여한 활동이 얼마나 유익한 것인지, 그들이 이 활동에 얼마나 기여하고 있는지 인식하도록 도와야 한다. 이를 위해서는 그들의 참여가 다른 사람들에게 얼마나 영향력을 미치는지 성찰해보도록 격려해야 한다. 마찬가지로 수많은 활동에 단지 참여하는 것만으로 중요한 경험이 만들어지지는 않는다. 끊임없이 활동에 참여하는 것보다 적은 활동이라도 의미가 무엇인지 더 깊이 생각해보면서 참여하도록 권해야 한다(Fry 1998).

같은 맥락에서 토론은 목적을 발달시키는 또 하나의 중요한 활동이다. 어른들은 청소년들에게 자신이 가장 중요하게 생각하는 것이 무엇인지 물어볼 필요가 있다. 부모, 교사, 코치, 청소년 지도자 등은 청소년들에게 인생에서 무엇을 성취하기 원하는지 거의 묻지 않는다. 데이먼(Damon 2008)에 따르면, 아동과 청소년들은 자신이 목적을 개발하고 있다는 사실을 온전히 이해하지 못하기 때문에, 목적이 처음 나타나더라도 그것을 무시하거나 지나칠 수 있다. 부모를 포함한 어른들은 이제 막 싹이 튼 관심사에 대해 이야기하고 그것을 위해서 행동할 방법을 찾도록 도와줌으로써 목적의 개발을 지원할 수 있다. 데이먼은 이런 대화가 저절로 시작될 때까지 기다리기보다 먼저 시작할 필요가 있다고 제안한다. 예를 들어서 추수감사절은 청소년들이 무엇에 대해 감사해야 하는지 이야기 해볼 수 있는 자연스러운 기회다. "감사로부터, 자신의 축복을 더 크게 느끼는 마음만이 아니라 그 축복을 다른 사람에게 전달하려는 바람 - 이것이 목적의 핵심이자 정수이다 - 도 나온다."(p. 141). 추수감사절 휴가와 같이 감사를 강조할 수 있는 기회를 잘 활용하면 청소년들이 개인적 가치와 잠재적 목적에 대해서 더 가치있는 통찰을 얻게 할 수 있다. 이런 유형의 대화를 통해서 부모 그리고 청소년은 청소년의 희망, 꿈, 포부를 명확하게 인식할 수 있다. 어른들이 청소년들에게 그들의 포부에 대해 이야기해 보라고 권한다면, 청소년들은 자신의 인생에서 이루고 싶은 희망이 무엇인지 진지하게 생각해 볼 수 있고, 이 정보를 바탕으로 우선 순위를 결정하고 계획들을 세울 수 있다.

이러한 종류의 대화를 통해 부모는 청소년이 가진 "스파크"에 대해 알아차릴 수 있다(Benson 2006). 벤슨(Benson)에 따르면 모든 청소년들이 "스파크", 즉 영감을 불러일으키는 관심사를 가지고 있지만, 어른들은 그런 것이 있다는 것을 자주 잊어버리게 되고, 시간이 지나면서 스파크는 꺼지거나 묻혀버리게 된다. 부모와 자녀 2,000쌍을 대상으로 한 서치 인스티튜트(Search

Institute)의 최근 연구에 따르면 부모들 중 26%만이 아동의 스파크를 확인하고 있었다(Benson 2006). 어른들은 청소년들의 말을 더 주의 깊게 경청하고, 그들에게 영감을 주는 관심사를 이끌어내기 위해서 진심으로 노력해야 한다. "스파크"는 올바르게 지원해주면 목적을 위한 토대가 될 수 있다. 청소년들이 자신의 "스파크"나 흥미를 목적으로 변형시킬 수 있도록 어른들은 청소년들이 자신의 관심사를 확장할 수 있는 계획과 목표에 대해서 더 자세히 알아볼 기회를 주어야 한다. 어른들은 청소년들이 말하는 것을 잘 수용해야 하며, 어른의 희망이나 포부를 주입하려고 해서는 안 된다(Benson 2006; Damon 2008).

최근 실시된 일련의 개입 연구들에서도, 청소년들이 개인적으로 의미 있는 목표, 먼 지평의 목표에 대해 토론하는 것이 중요하다고 보고한다. 연구 결과에 따르면 토론은 청소년들로 하여금 자신의 목적을 발견하고 목적을 지속적으로 추구하도록 도와준다. 예를 들어 번디크(Bundick 2011)는 약 9개월 간격으로 두 시점에 걸쳐 학생들에게 목적, 목표지향성, 삶의 만족에 대한 설문 조사를 실시하였다. 그 사이에 참여자 중 일부에게는 스스로 어떤 목적을 발달시키고 있는지 1시간 동안의 인터뷰를 실시하였다. 인터뷰에서 청소년들은 그들의 포부를 명확히 표현하고 어떤 방법으로 그 목표를 추구할 계획인지 그리고 그 포부들이 개인적으로 어떤 의미를 갖는지 성찰해 보도록 요구받았다. 자신의 목적을 성찰하고 토론할 수 있었던 청소년들은 그렇지 않았던 청소년들보다 목표지향성과 삶의 만족 점수가 더 높았다. 번디크(2011)는, 목표지향성은 목적의 핵심요소이며 삶의 만족은 목적과 관련이 높기 때문에, 이 두 요인에서 높은 점수를 얻었다는 것은 목적이 성장했음을 간접적으로 보여준다고 주장한다. 번디크는 또한 목적을 분명히 말하고 토론하는 기회가 목적을 지속적으로 개발하는 데 중요하다는 사실을 지적하였다.

두 번째 개입 연구에서도 비슷한 결과를 얻었다. 이 연구에서는 18주 간격으로 두 시점에 걸쳐 학생들의 통제 소재(locus of control), 목적 헌신 및 학업 성취를 평가했다(Pizzolato et al. 2011). 학생들은 실험집단과 통제집단으로 구분되었는데, 실험집단은 격월로 개최되는 소집단 모임에 참석하여 진행자와 함께 대학에 다니는 목적과 주변 환경에 대해 얼마만큼의 통제감을 느끼는지에 관해서 토론하였다. 반면 통제집단은 이와 같은 특정 주제와 관련된 직접적인 대화가 없었다. 사후검사에서 실험집단은 목적 및 내적 통제 점수가 통계적으로 유의하게 높았다. 이 연구는 청소년이 자신의 목적에 대해 토론하고 목적에서 중요한 자기효능감을 성찰할 수 있는 기회가 목적의 지속적인 성장에 필요함을 다시 한 번 보여주었다.

마지막으로 세 번째 개입 연구에서도 목적에 대해 숙고할 기회를 통해 목적 헌신이 높아질 수 있다는 것을 보여준다. 이 연구에서는 학교 기반의 직업교육 프로그램(「Make Your Work Matter」, Dik et al. 2011)을 실시하여 중학생들 사이에서 목적의 성장 수준을 알아보고자 하였다. 이 프로그램은 흥미와 역량에 대한 자기평가, 직업정보 탐색, 목표설정 활동과 같이 목적의 발달을 위해 설계된 목적 중심의 개입 프로그램이다. 이 프로그램에 참여한 학생들은 참여하지 않은 학생들보다 진로 선택에 있어 강한 방향감을 보였으며, 자신의 흥미, 강점과 약점 등을 명확하게 인식하였고, 미래에 대한 준비 수준도 더 높았다. 이 세 가지 연구 결과를 종합해 볼 때, 청소년들에게 가장 중요한 것이 무엇인지 명확히 표현하고 토론하고 성찰할 수 있는 기회를 주는 것은 목적을 발달시키고 목적에 헌신하는 것을 도울 수 있다.

목적을 위한 사회적 지원

학부모, 동료, 멘토 등은 청소년들과 함께 목적에 대해 토론하고 성찰할 수 있다. 이들이 청소년들의 목적 발달에 도움을 주는 방법은 이것 말고도 다양하다. 그 중 한 가지 방법은 청소년들이 장기적인 시각을 가지고 계획을 세우고 결정하도록 격려하는 것이다. 청소년들, 그리고 청년들조차 그다지 중요하지 않은 문제에 너무 자주 지나치게 관심을 두는 편이다. 대체로 청소년들과 가장 많이 접촉하게 되는 부모들이 먼저 개인적으로 의미 있고 장기적인 목표에 부합하는 단기적인 목표를 세우도록 자녀들을 격려할 필요가 있다. 성인들조차도 장기적인 시각에 초점을 맞추는 것이 쉽지 않기 때문이다. 이와 같은 경향은 특히 청소년을 겨냥한 문화 매체의 메시지들이 지금 당장 혹은 가까운 미래에만 고정되어 있기 때문이기도 하다(Damon 2008). 청소년들이 단기적인 계획과 목표에만 집중하게 되는 것은 부모, 교사, 코치 등의 책임도 있지만, 대중 언론 자체가 가장 큰 문제이다. 매체가 쏟아내는 메시지의 홍수에 대처하기는 쉽지 않겠지만, 부모와 어른들이 지속적인 목적의식을 제공하는 사건에 관해서 이야기를 나누도록 격려하는 것이 청소년들로 하여금 장기적인 목표에 집중하게 하는 좋은 방법이라고 데이먼은 말한다. 어른들은 양육, 직업, 자원봉사, 또는 종교 활동에서 목적을 도출할 수 있다. 청소년들에게 이러한 의미의 원천에 대하여 이야기해주면, 청소년들이 계획을 세우고 결정을 내릴 때에 장기적인 지향점에 근거한 목적은 어떤 말들로 시작해야 하는지 알 수 있게 된다.

이와 동시에 부모나 다른 어른들이 자녀와 청소년들에게 자신의 개인적 가치와 신념을 공유하는 것이 중요하다. 그렇게 함으로써 청소년들이 자신의 신념을 명확히 할 수 있다. 개인적으로 의미 있는 확신들은 목적의 토대가 되기 때문이다(Damon 2008; Fry 1998).

청소년들이 장기적인 안목으로 인생에서 일어나는 사건들을 바라보고 그들의 포부를 성찰하도록 권장하는 것은 목적을 개발하는 과정에서 매우 중요하지만 이것으로 충분하지는 않다. 목적에 관해 이야기 할 수 있다는 것이 목적을 추구하고 있다는 의미는 아니기 때문이다(Fry 1998). 청소년들에게 창업가 정신(entrepreneurial attitude)을 키워주는 것은 가치 있는 목표에 대해 이야기하는 것에만 그치는 것이 아니라 그 목표를 위해 행동하게 하는 데 도움이 된다(Damon 2008). 창업가 정신은 명확한 목표를 설정하고 달성할 수 있는 능력, 낙관적인 전망, 난관에 맞서는 끈기, 위험에 대한 인내력, 실패에도 일어서는 탄력성, 가시적인 결과를 얻기 위한 결단력과 전략을 포괄한다. 창업가 정신으로부터 얻게 되는 자신감은 청소년들이 목적을 향한 자신의 길을 시작하도록 도울 수 있으며, 시간을 두고 헌신하도록 도와준다. 목적은 현재 해결이 필요한 사회적 문제들을 해결하고자 하는 욕구를 나타낼 수 있으며, 이런 목적을 추구하려면 청소년들이 새로운 길을 찾고 새로운 것을 시도할 필요가 있다. 다양한 목적에 강한 헌신을 보인 청소년에 관한 연구를 보면 이들은 공통적으로 선구자적인 자세를 가지고 있었다(Bronk 2012). 연구에 참여한 대부분의 청소년들은 새로운 진로를 설계하였고, 절반 이상이 새로운 조직을 만들었으며, 몇몇은 자체적으로 전공을 계획했다. 이러한 노력에는 창업가 정신이 필수적이었다. 이 사례들은 모범사례 중에서도 자주 나타나지 못하는 것으로 보아 어려운 일이라고 볼 수도 있다. 그러나 일반 청소년에 대한 연구 결과에서도 목적을 가진 청소년은 창업가 정신의 핵심 요소 중 하나인 자기효능감이 더 높게 나타났다. 그러므로 이 일이 전혀 불가능한 일은 아니다(DeWitz et al. 2009; Sherer et al. 1982; Smith & Betz 2000; Solberg et al. 1993).

멘토의 지원

청소년들에게 '할 수 있다'는 태도를 키워줄 수 있는 사람은 부모만이 아니다. 멘토를 포함한 가족 외의 어른들도 이러한 태도를 키워줄 수 있다. 목회자, 교사, 코치, 청소년 지도자, 가족의 지인 등의 멘토들은 청소년들에게 영감을 주고 활동에 같이 참여할 수 있다. 그들은 청소년들과 함께 활동하기 때문에 청소년들의 재능을 인식하고 부모가 놓칠 수 있는 열정을 종종 발견할 수 있다(Bronk 2012). "스파크"에 대한 연구 결과에 의하면 청소년들에게는 최소한 세 명의 "스파크 챔피언", 즉 그들의 관심사를 추구하도록 돕는 어른들이 필요하다. 가정에서 한 명, 학교에서 한 명, 지역사회에서 한 명을 선택하는 것이 가장 이상적이다(Benson 2008). 이들은 청소년들이 가장 중요한 것을 인식하고 개인적으로 의미 있는 지향점을 추구할 수 있는 기회를 제공한다.

섀런 댈로즈 파크스(Sharon Daloz Parks 2011)에 따르면, 멘토는 청소년들이 진로를 결정하는 청소년기와 청년기에 특히 중요하다. 파크스에 따르면 멘토링은, 경험이 많은 사람이 경험이 없는 사람을 가르치거나 안내하는, 두 개인 간의 의도적이고 적절한 호혜적 인간관계로 정의된다. 멘토는 청소년들이 자신의 관심사와 지향점을 명확하게 볼 수 있도록 대화를 이끌어갈 수 있다. 청소년들이 일단 삶의 목적을 확인하면, 멘토는 목적에 대한 아이디어를 인정하고 지원하며 도전감을 줄 수 있다(Parks 2011). 부모로부터 인정받는 것도 중요하지만, 청소년과 청년들은 대개 가정 밖에서도 자신의 재능과 성취를 인정받기 위해 노력한다. 이러한 인정은 청소년들의 효능감, 자신감, 창업가 정신을 높여주는 데 중요하며, 청소년들의 목적 추구 과정에 가까이 자리할 수 있는 멘토는 그러한 인정을 해주기에 매우 적합한 인물이다. 목적을 가진 청소년들은 자신이 참여하고 있는 일에 대해 일찍부터 인정과 격려를 받았던 경험들이, 일에 대해 관심을 더 가지고 헌신할 수 있게 해주었다고 이야기한다(Bronk 2012). 초보자에게 새로운 영역에 뛰어드는 것은 자칫하면 좌절로 이어질 수 있는 힘든 일이므로, 이 시기에 적절한 격려와 인정과 같은 외적인 보상을 주면 기술을 어느 정도 습득하고 헌신할 수 있을 때까지 동기를 유지하는 데 도움이 될 수 있다. 이 시기가 지나 점차 목적에 내적인 동기를 가지게 되면 외적인 격려와 인정은 더 이상 중요하지 않다. 그러므로 초기에 존경하는 멘토로부터 인정을 받는 것은 청소년들이 목적으로 가는 발걸음을 시작하는 데 중요한 역할을 할 수 있다.

또한 멘토는 청소년들이 지속적으로 목적을 추구하는 것을 지원해 줄 수 있다. 멘토들은 청소년들과 같이 목적과 관련된 활동에 참여하기 때문에, 그들이 실패했을 때 격려하고 성공을 위한 좋은 지침을 줄 수 있다. 이러한 지원은 시간이 지남에 따라 목적 추구 과정에서 분리할 수 없게 된다.

또한 효과적인 멘토는 그들의 제자(프로테제, protegees)들에게 도전감을 제공한다(Parks 2011). 그들은 청소년들이 자신의 목적에 따라 행동하고 목적에 깊이 헌신하기 위한 새로운 방법을 찾도록 독려할 수 있으며, 좌절을 극복하는 긍정적인 태도를 유지하도록 북돋을 수 있다. 또한 효과적인 멘토는 청년들의 포부를 키우는 데 도움이 되는 주체 의식(sense of agency)과 책임 의식을 고취시킬 수 있다. 요약하면 멘토는 목적 발달에 지속적으로 지침과 정보를 주고 강화를 제공하는 원천이 된다.

청소년이 멘토를 만나는 방식은 다양하다. 앞서 논의한 바와 같이 청소년들은 목적을 추구하는 과정에서 자연스럽게 어른들을 만나게 되거나(Bronk 2012), 부모와 친구들의 소개를 통해 멘토를 만날 수 있다(Damon 2008).

또래의 지원

청소년들은 같은 또래끼리 서로 관심사를 공유하게 되므로, 또래는 가족 이외의 중요한 지원의 원천이 될 수 있다. 같은 마음을 가진 친구들과 함께 유목적적 활동에 참여하는 것은 즐거운 일이며, 청소년들이 이러한 관계에 헌신하면 공동의 관심사에도 더욱 헌신할 수 있다(Bronk 2012). 멘토는 지침을 주기 때문에 꼭 필요하다면, 또래는 우정을 주기 때문에 꼭 필요하다. 개인적으로 의미 있는 지향점을 향해 활동하다 보면 힘들고 때로는 좌절을 겪을 수도 있다. 그러나 비슷한 관심사를 가진 친구들에게 둘러싸여 있으면 더욱 즐겁게 참여할 수 있으므로 시간이 지나도 계속 그 일에 헌신할 가능성이 높아진다. 청소년들이 목적에 지속적으로 헌신함에 따라, 또래들은 정서적 지지와 정보적 지지를 제공하는 중요한 원천으로 작용한다.

학교의 지원

부모, 멘토, 또래로부터 얻는 사회적 지원 외에도 목적의 발달에는 다양한 생태학적 지원이 필요하다. 예를 들어 학교는 목적을 길러주는 중요한 맥락이 될 수 있다(Mariano 2011; Pizzolato et al. 2011). 목적 개발에 오랫동안 개입할수록 목적에 대한 헌신이 높아지지만, 경험적 연구에 따르면 비교적 짧은 개입만으로도 청소년들의 유목적적 헌신을 유의미하게 증가시킬 수 있다(예: Dik et al. 2011; Pizzolato et al. 2011).

한 연구에서는 학교의 지원이 어떤 학생에게 가장 도움이 되었는지 알아보려 하였다. 연구 결과에 따르면 목적이 어느 정도 개발되고 있는 학생들이 이미 목적에 헌신하고 있는 학생 또는 목적의 개발에 거의 관심이 없는 학생보다 학교의 지원을 통해 더 많은 혜택을 얻었다고 하였다(Mariano et al. 2011). 학교의 지원은 의미 있는 지향점을 추구하는 일에 거의 또는 전혀 관심이 없는 청소년에게 큰 역할을 하지 못한다. 또한 이미 목적에 헌신하고 있는 청소년에게는 학교의 지원이 꼭 필요한 것은 아니다. 이러한 청소년들은 다른 원천들로부터 필요한 지원을 이미 받고 있기 때문이다. 즉 학교의 지원은 자신에게 어떤 지향점이 가장 중요한지 고민하고 있고 지향점을 향해 나아가는 방법을 모색하고 있는 청소년에게 가장 중요하다.

학교 환경 중에서 교실은 목적이 발달하기 시작하는 장소라고 할 수 있다. 따라서 연구자들은 교사들이 목적을 가르칠 수 있는 다양한 방법을 제안해 왔다. 이러한 방법의 효과성은 거의 검증되지 않았기 때문에, 광범위한 프로그램 평가를 통해 효과성을 증명할 필요가 있다. 이런 프로그램들은 직관적으로 보아도 효과를 기대할 수 있는 것으로서, 청소년들의 목적을 높이는 것으로 확인된 몇 가지 개입연구의 결과를 활용하고 있다. 따라서 이러한 프로그램은 교실에서 목적을 효과적으로 길러낼 수 있는 방법을 이해하는 데 좋은 출발점이라고 할 수 있다.

유목적적 활동에 대해 토론하고 성찰할 수 있는 기회가 목적을 높인다는 결론을 얻은 연구(Bundick 2011; Pizzolato et al. 2011)에서는, 첫 번째 방법으로 교사가 목적 중심의 프로젝트와 토론으로 학습 경험을 구성하는 교육과정을 운영할 것을 제안하고 있다. 효과적인 교육과정 개선의 내용과 방법은 매우 다양하지만, 공통적으로는 목적 구인이 가진 여러 측면들을 기르고자 하려는 목표를 포함할 수 있다. 예를 들어 역사 수업에서 학생들은 자신이 역사에 등장하는 지도자라고 가정하고, 그 시대의 현실을 고려하면서 동일한 상황에서 자신이라면 어떻게 할지 상상해 본다. 이러한 종류의 활동은 목적 개발에 꼭 필요한, 자아를 넘어선 사고를 길러줄 수 있다. 마찬가지로 과학 수업에서 학생들은 과학 분야에서 나타난 업적들을 도덕적, 윤리적 차원에서 살펴보고 토론한다. 이러한 활동은 목적의 기초가 되는 신념과 가치관에 주목할 수 있다. 영어 수업에서 학생들은 목적 탐색에 대한 텍스트를 읽고 자신의 포부에 대해 성찰하는 글쓰기를 할 수 있다. 이 수업들은 모두 목적의 중요한 측면을 강조하고 있다.

교육과정을 바꾸는 것 외에도 교사들은 데이먼(2009)이 "이유" 질문(the "why" question)이라고 부른 종류의 질문을 할 수 있다. 수학과 영어는 왜 공부해야 할까? 물리학을 배우는 중요한 이유는 무엇일까? 학생들이 수업의 중요성에 초점을 맞추도록 격려하면 학습 동기를 높일 뿐 아니라 교육의 목적 이면에 있는 이유에 관심을 갖도록 도울 수 있다(Damon 2009). 사람들이 20년 가까이 학교에서 시간을 보내는 이유는 무엇일까? [학창시절의] 중요한 점은 무엇일까? 목적은 무엇일까? 이러한 질문을 제기하는 것은 학생들이 미래에 달성하고자 하는 목표와 현재 그들이 하고 있는 공부를 관련짓는데 도움이 될 것이며(Van Dyke & Elias 2007), 이는 공부를 더 적절하고 의미 있게 만들어 줄 것이다. 또한 교실에서 일어나는 도덕적인 문제 역시 토론의 주제가 될 수 있다. 부정행위는 왜 잘못인가? 누가 피해를 보는가? 다른 주제로 교사는 자신이 교사가 되고자 할 때 가졌던 동기를 학생들에게 이야기해줄 수 있다. 교사들은 대개 학생들의 성공을 돕기 위한 마음으로 교사가 되고자 하지만, 학생들은 교사의 이타적인 동기를 의식하지 못할 수 있다. 교실에서 이러한 종류의 질문을 다루는 것은 학생들이 교육의 목적을 더 잘 이해할 수 있게 도울 뿐만 아니라 존경받는 어른들이 어떻게 의미를 찾아가는지 알 수 있게 도와준다(Damon 2009).

교실 안에서 목적을 발전시키는 또 다른 방법은 구성주의적(constructivist) 교수 전략을 사용하는 것이다. 구성주의적 접근법을 통해 교실 안에서의 학습을 교실 밖에서의 경험이나 포부와 연결시킬 수 있다(Nash 2008). 구성주의적 교수법을 사용할 때, 교사는 학생들이 무엇에 대해 열정을 가지는지 자주 질문하고, 그들의 대답에 편견 없이 귀를 기울여야 한다. 교사는 학생들이 자신의 열정에 관해 나누는 대화에 자주 참여하여, 그들이 관심사를 추구하는 과정에서 부딪히게 되는 난관을 인식하게 도와줌으로써 이를 대비하게 도울 수 있다. 교사는 구성주의적 교육 실천의 취지에 맞추어, 학생들이 자신있게 스스로의 목소리를 낼 수 있도록 하고 포부를 추구하는 과정에서 예상되는 어려움을 감내할 수 있도록 격려해야 한다(Nash 2008).

교사가 봉사적 리더십(servant leadership)의 모델이 되는 것도 교실에서 목적을 길러줄 수 있는 또 다른 방법이다(Herman & Marlowe 2005). 로버트 그린리프(Robert Greenleaf 1998)에 따르면, 봉사적 리더들은 자신의 지위를 통해 다른 사람들에게 봉사하는 방법을 찾는다. 봉사적 리더십을 보이는 교사는 끌고 가기 보다는 안내를 해주는 공동체적 경험을 통해 교실의 학습경험을 바꾸어 놓는다(Herman & Marlowe 2005). 교사가 봉사적 리더십의 모델이 되고 공동체 의식을 고양시키는 교실 환경을 조성하게 되면 학생들이 봉사적 리더의 역할에 필요한 역량을 얻게 되며, 그렇게 할 때 학생들은 행위에 대한 자신감을 갖게 될 뿐 아니라 "진심으로 서로 염려하고 돕는" 분위기에 동참하게 된다(Herman & Marlowe 2005, p. 177). 자아를 넘어선 사고를 통해 얻은 교훈은 교실 밖에서도 청소년들이 개인적으로 의미 있는 사회적 필요를 충족하기 위해 자신의 능력을 활용하는 방법을 찾을 수 있도록 도와준다.

결론적으로 목적을 위한 효과적인 교수 방법은 다음과 같은 공통된 특징이 있다. 즉 학생들이 자신의 개인적 가치와 포부는 무엇인지, 학교에서 하는 공부가 자신이 중요하다고 생각하는 일과 어떤 관련이 있는지, 그리고 더 넓은 세상에 어떻게 기여할 수 있는지 생각해보도록 격려하고 북돋는다.

교실만이 아니라 교내의 진로상담센터도 목적의 개발을 돕는 장소가 될 수 있다. 청소년의 학업 및 진로선택을 돕는 강점 중심, 목적 중심적 접근법에서는, 개인적으로 의미를 둔 지향점을 반영하여 진로 계획을 세우고 유목적적 직업 경로를 탐색하는 방법을 소개한다(Kosine et al. 2008). 이러한 유형의 진로상담은 청소년이 소명(calling), 즉 개인적으로 의미 있는 방식으로 더 큰 선(善)에 봉사하는 진로를 추구하도록 돕는다.

넓게 보아 수업이나 진로상담 차원에서 목적을 발달시키는 것 외에도 학교에는 학생들의 목적 개발을 지원하기 위한 방법들이 있다. 학교에서는 적어도 두 가지 중요한 이유에서 자연스럽게 목적을 개발할 수 있다. 첫째, 학교 교육의 목표는 공동체의 생산적인 구성원이 되고자 하는 청소년들의 준비를 돕는 것이며(Colby et al. 2003), 목적은 선량한 시민정신의 핵심 구성요소이다. 직업형, 가족형, 종교형, 시민형 목적을 추구하는 것은 더 넓은 세계를 향상시키기 위한 노력을 의미한다. 따라서 학교는 시민 정신을 발전시키도록 목적을 길러주어야 하지만 실제로 이러한 교육 프로그램은 매우 드물다(Koshy & Mariano 2011). 둘째, 학교에서 목적을 키우는 것은 학생들의 동기를 높여주고(Damon 2009) 궁극적으로 학업 성취를 높일 수 있다. 저소득층 청소년들을 대상으로 한 연구에서는 목적의 확인, 내적 통제 소재, 학업 성취 간에 정적인 관계가 있었다(Pizzolato et al. 2011).

콜로라도에 있는 비영리 단체인 유스 디렉션(Youth Directions)에서는 학생들의 목적을 키우기 위해 학교전반 교육과정(campus-wide curriculum)을 설계했다. 이 단체에서는 교사와 학교 행정가들에게 교실 안팎에서 목적에 관한 토론을 활성화하는 방법을 훈련시킨다. 고등학교 종합 교육과정에서는 교실수업, 특강, 자율연구 등을 통해서 학생들이 특히 열정을 쏟는 활동이 무엇인가에 대해 돌아보고 이 활동이 마음을 끄는 이유가 무엇인지 생각해 보도록 격려한다. 이어서 청소년들은 이러한 활동의 특성을 여러 가지 직업 선택지에 맞춰 보고, 마지막에는 학생들이 추구하고자 하는 목적을 가진 일에 이미 종사하고 있는 전문가를 만나 관찰학습(shadow[ing] professionals)을 한다. 이 프로그램의 효과성에 대한 평가는 아직 진행 중이다. 유스 디렉션 프로그램은 목적 육성에 대해 이미 경험적으로 증명된 전략들을 통합해서 구성된 것이므로(예: Bundick 2011; Kosine et al. 2008; Pizzolato et al. 2011), 이와 같이 목적을 육성하기 위해 종합적으로 문화를 조성하는 방식은 분명 효과가 있을 것으로 예상된다.

지금까지 목적을 위한 교육이 중고등학교에서 어떻게 진행되어 왔는지 살펴보았지만, 대학교에서도 유사한 시도가 있었다. 한 대학의 교수들은 전공과목에서 학생들이 개인적으로 의미 있고 사회적으로 중요한 직업을 찾아내고 진로를 준비하도록 하였다(Cohen 1993; Cohen & Jordan 1996; Nicklin 1995). 이러한 목적 중심의 강의를 통해 학생들은 각종 프로젝트에 참여하면서 강의실에서의 학습을 강의실 밖에서의 사회적 기여 활동과 연결한다. 목적을 추구하는 데 필요한 역량을 개발하기 위해서 학생들은 문제해결능력, 인내력 및 유연성을 발달시키게 된다.

마찬가지로 한 대학에서는 정규교육과정 및 비교과활동, 지역사회봉사 등을 통해 목적 중심의 문화를 조성함으로써, 학생들이 개인적으로 의미 있고 사회적으로 유익한 지향점을 찾아갈 수 있도록 하였다(Braskamp et al. 2008). 목적 발달을 위한 문화(culture of purpose)를 구축하기 위해서 대학은 목적을 중심으로 한 교육적 가치들, 사명 및 정체성을 설정해야 한다. 목적의 발달을 돕는 대학에서는 학생들에게 도덕적인 지침과 강한 책임 의식을 심어주기 위한 교육과정을 설계한다. 예를 들어 한 대학에서는 세미나를 개최하여 자신이 추구하는 가치나 인생 철학에 대해 돌아보며 좋은 삶이란 무엇인가에 대해 깊이 생각해보도록 하였다. 캠퍼스 내외에서 봉사할 수 있는 많은 기회들은 대학 공동체에 목적을 부여할 수 있다. 어떤 대학들은 캠퍼스 전역에서 이루어지는 '봉사 활동의 날'을 정하고 정규 수업을 하지 않는 대신 학생, 교수진 및 교직원은 지역사회와의 유대를 강화하기 위한 다양한 봉사 활동에 참여한다. 이들 대학에서 운영되는 비교과과정은 학생들이 단순히 많은 활동에 참여하도록 하는 것이 아니라 소수의 활동에 깊이 참여하여 흥미를 탐색하고 수업 내 경험을 수업 외 활동과 연결시키는 데 중점을 둔다. 학생들이 강의실 안에서 배우는 것을 강의실 밖에서의 활동과 통합하면, 사회적 요구 중에서 개인적으로 의미 있다고 여기는 것을 충족하기 위해 학교에서 배운 것을 어떻게 활용할 것인가에 대해 터득하게 된다.

지역사회의 지원

가정과 학교는 목적 발달을 위해 중요한 환경이지만, 여기서 배운 것들은 더 넓은 공동체에서의 긍정적 경험에 의해 강화될 수 있다(Damon 2008). 공동체가 청소년들을 어떻게 바라보는가에 따라 목적 발달에 도움이 될 수도 있고 장애가 될 수도 있다. 어떤 공동체는 청소년을 문제의 대상으로 보는 반면, 어떤 공동체는 계발해야 할 자산으로 본다(Benson 2008). 청소년의 강점을 계발하고 이용할 수 있는 공동체는 청소년들의 목적 발달을 지원할 가능성이 높다.

지역사회의 성격에 따라서 청소년을 자산으로 인식하는 경향이 달라진다. 예를 들어 시골의 공동체는 도시 및 근교의 공동체보다 청소년을 자산으로 보는 관점이 더 많이 나타난다. 농가들은 농지를 중심으로 한 지역사회에 결속되는 경향이 있으며, 이러한 지역에서는 청소년들에게 사회적 지지를 더 많이 제공한다(Elder & Conger 2000). 이런 지역의 성인들은 스포츠, 4-H, 종교 활동 등과 같이 청소년 발달을 지지하는 활동을 적극적으로 돕는다(Damon 2008; Elder & Conger 2000). 최근의 연구 결과를 보면 도시와 근교 청소년들보다 시골 청소년들에게서 목적 비율이 더 높게 나타나는데, 그 이유는 사회적 지지에 기인한 것으로 보인다(Bronk et al. 심사 중[2]). 같은 연구에서 가장 높은 목적 점수를 보인 청소년들은 부모, 또래, 교사, 학교, 멘토, 지역사회 등에서의 지각된 지지 수준이 가장 높은 것으로 나타났다. 물론 사회적 지지는 시골에만 국한된 것이 아니며, 다른 유형의 지역사회에서도 청소년들이 성인들과 유대감을 가지고 그들에게 지지를 받는다고 느낄 때에는 목점 점수가 높게 나타난다(Mariano 2011).

종교적 지원

종교 공동체와 종교 활동도 개인적인 포부의 발달을 지원할 수 있다. 신앙은 목적이라는 근본적인 문제를 다루고 있으며(Francis et al. 2010; Starck 1999), 개인적으로 의미 있는, 자아를 넘어선 지향점을 추구함으로써 유목적적 행위들을 고취할 수 있다(Emmons 2005; Fletcher 2004). 신앙이 독실한 성인들은 목적 점수가 높았으며(예: 개신교 목회자-Crumbaugh 1968; 도미니카 수녀회-Crumbaugh et al. 1970), 신앙 고백(Francis 2000), 기도(Francis 2000; Francis & Evans 1996; Robbins & Francis 2005), 규칙적인 성경 읽기(Francis 2000) 등의 종교 활동에 참여하는 사람들은 그렇지 않은 사람들보다 목적 점수가 높았다. 또한 종교 공동체의 일원이 되는 것은 노년층의 목적을 예측하는 것으로 밝혀졌다(Fletcher 2004). 흥미롭게도 종교 공동체가 청소년들의 목적 발달을 어떻게 지원하는가에 대한 경험적 연구는 진행되지 않았다. 그러나 많은 청소년들이 종교 활동에 참여하고 있으며, 위에서 말한 종교와 목적의 관계를 감안해 보면 이 주제는 연구할 만한 가치가 있다.

---

2) 133페이지 역주 1번 참조.

상담 및 치료적 지원

대부분의 사람들은 일상에서 목적을 발견하지만, 일부는 목적을 찾으려 애쓰는 도중에 상담에 참여할 수도 있다. 빅터 프랭클(Viktor Frankl 1959)에 의해 도입된 로고테라피는 개인이 자신의 삶의 목적을 발견할 수 있도록 도와주는 치료법이다. 로고테라피는 실존 철학의 원리를 임상 실제에 적용한 것으로(Crumbaugh & Maholick 1964), 인간의 기본적인 동기가 "의미추구 의지(Will to Meaning)"에 있다는 것이 핵심이다. 로고테라피 상담자들은 권태, 우울, 불안과 같은 목적부재의 증상을 완화하기 위해 목적을 찾도록 도와준다. 프랭클(1984)에 따르면, 사람들은 창조적으로 일하고, 행위를 완수하며, 도전적인 경험을 하고, 폭넓은 세계에 기여하는 의미 있는 방식으로 다른 사람들과 교류할 때 목적을 발견할 수 있다. 프랭클은 아주 어려운 상황에 처한 사람들조차 그 상황을 딛고 일어섬으로써 목적을 발견할 수 있다고 믿었다. 사람들은 "비극을 승리로 승화시킬 수 있으며"(Frankl 1984, p. 170), 프랭클 자신도 강제 수용소 생활 가운데 그렇게 할 수 있었다.

로고애널리시스(의미분석기법, Logoanalysis)는 로고테라피와 동일한 원칙에 토대를 둔 다른 형식의 치료법이지만, 전통적인 임상적 방식과는 달리 소크라테스식 대화를 통해 이루어진다. 로고테라피와 마찬가지로, 로고애널리시스는 사람들이 자신의 삶에서 숨겨진 의미를 발견하도록 돕는다(Crumbaugh & Henrion 2001; Crumbaugh & Maholick 1964). 이를 위해 상담자는 삶의 부정적 측면보다 긍정적 측면에 집중하도록 한다(Crumbaugh & Henrion 2001). 또한 상담자는 내담자가 개인적으로 중요한 가치와 신념이 무엇인지 명확히 확인하도록 하는데, 이는 목적 발달을 위한 중요한 기초 작업이 된다.

상담자와의 일대일 상담 외에도 여러 가지 자조적 방법들(self-help options)이 목적의 개발을 돕는다. 예를 들어 로고테라피 인스티튜트(Logotherapy Institute)의 전임 이사이자, 빅터 프랭클의 절친한 친구이자 제자였던 조셉 파브리(Joseph Fabry 1980, 1988)는 프랭클의 치료법에 기초한 자기계발서를 만들었다. 이 책에는 자율적으로 삶의 목적을 발견할 수 있도록 도와주는 일련의 연습과 활동이 들어있다. 파브리는 사람들이 자신의 목적을 발견하기 위해 특정한 역량을 개발할 필요가 있다고 믿었다. 예를 들어 목적과 정체성은 밀접하게 얽혀 있기 때문에, 파브리의 워크북 중 목적 개발의 첫 단계에서는 자신에 대한 이해가 매우 중요하다. 또한 파브리는 목적을 추구하는 개인은 주변 세계에서 대안을 찾을 수 있어야 한다고 믿었다. 따라서 워크북에서는 주변 상황이 나아지는 데 자신이 어떤 기여를 할 수 있는지 초점을 맞추도록 돕는다. 여기서는 개인이 자신의 재능을 적용하여 사회적 요구를 충족시키는 책임감을 갖도록 돕는 활동이 제시된다. 마지막으로 파브리는 의미 있는 삶의 목적을 개발하기 위해서는 자기지향적이 아니라 타인지향적이 되어야 한다고 말한다. 목적 개발을 위한 다른 자기계발서 및 개인 코칭 프로그램이 있지만, 대부분 이론적 근거가 부족하기 때문에 여기서는 다루지 않겠다.

워크북 형태의 활동과 훈련, 상담, 소크라테스식 대화 등은 모두 목적 개발에 도움이 되는 상담 및 치료법이다. 대다수의 사람들은 목적을 발견하기 위해 전문적인 도움을 필요로 하지 않는다. 그러나 부모, 교사, 멘토 등은 여기에 간단히 소개된 예시들을 효과적으로 활용하여 청소년들이 목적을 발견하고 추구하도록 도울 수 있다.

지금까지의 논의를 통해 목적을 효과적으로 육성하는 방법들에는 중요한 특징이 있음을 알 수 있다. 예를 들어 목적이 될 가능성이 있는 활동에 참여할 기회와, 목적의 탐색과 헌신 단계에서의 지원이 중요하다. 또한 프로그램, 개입 및 접근법이 효과적이려면 장기적인 관점을 가져야 한다. 몇몇 연구들은 단기간의 개입으로도 목적이 나타나는 비율을 증가시킬 수 있다고 밝혔지만(Bundick 2011; Pizzolato et al. 2011), 다른 연구들은 장기적인 지원이 단기적인 개입보다 더 오랫동안 목적에 헌신할 수 있도록 돕는다고 하였다(Bronk 2012; Koshy & Mariano 2011). 또한 목적지향적인 토론은 이러한 개입에 특히 효과적인데, 토론에 참여함으로써 청소년들은 자신의 목표를 명확히 하고 자신에게 가장 중요한 것이 무엇인지 확인할 수 있다(Koshy & Mariano 2011). 즉 학부모, 교사, 멘토, 또래와의 대화를 통해 청소년들은 자신이 무엇을 성취하고자 하는지, 그렇게 하기 위해서 어떤 계획을 세워야 하는지 생각해보게 된다. 이러한 토론은 개인적인 포부를 발견하는 초기 단계에서 특히 목적의 기초가 되는 가치와 신념을 확인하는 데 중점을 두어야 한다(Damon 2008). 한편, 목적의 효과적인 육성을 위해서는 성찰이 꼭 필요하다(Bundick 2011). 즉 청소년들이 개인적으로 의미 있게 생각하는 자신의 목표들에 대해 생각해보고 그러한 지향점을 향해 나아가기 위해 자신의 어떤 성격 강점과 재능을 적용할 수 있는지 성찰해보도록 해야 한다. 마지막으로 참여가 필요하다. 청소년들은 목적을 개발하기 위해서 결정을 내리고 효능감을 키우며 목적을 고취하기 위해 사회봉사, 직업체험, 견습, 그 밖의 여러 가지 역할에 적극적으로 참여해야 한다.

이 장에서의 긴 논의에도 불구하고, 목적을 형성하는 경험으로부터 어떻게 안정적이고 지속적인 목적의식이 생겨나는가, 그리고 환경이 개인적 포부를 어떻게 육성할 수 있는가 등 아직도 연구해야 할 것이 많이 남아 있다. 이 장에서 제시된 많은 연구는 이론적인 것이므로 이에 대한 경험적 검증 또한 필요하다. 대부분은 가정과 학교 환경에서 목적을 발달시키는 방법에 중점을 두지만, 종교 및 과외 활동을 포함하여 다른 환경에서 목적의 발달을 지원하기 위해 할 수 있는 일은 무엇인지도 알아볼 필요가 있다. 우리는 사회적으로 지지받고 유대감을 느끼는 청소년이 그렇지 않은 청소년보다 목적 수준이 높다는 것을 알고 있다(Bronk et al. 심사 중[3]). 그러나 우리는 이러한 청소년들이 목적을 개발하고 추구하는 과정에서 무엇을 경험하고 있는지 아직 많이 알지 못한다. 또한 환경이 제공하는 긍정적 경험못지 않게 부정적 경험의 역할도 탐구해야 한다. 프랭클(1959)은, 강제 수용소에 수용된 엄청나게 힘든 경험 동안 삶의 목적이 그를 지탱해 주었고 그러한 어려운 환경으로 말미암아 목적은 더욱 명확해졌다고 믿었다. 그럼에도 불구하고 목적을 육성하는 데 있어서 부정적인 경험의 역할에 대한 연구는 그리 많지 않다.

---

3) 133페이지의 역주 1번 참조.

마지막으로 다양한 유형의 목적이 어떻게 지원되는지 알아볼 필요가 있다. 종교형, 가족형, 시민형 목적을 효과적으로 기르기 위해 동일한 전략이 사용될 수 있는지 혹은 목적의 유형이 다르면 그에 맞는 다른 종류의 전략이 필요한지 등이 이와 관련된 질문이다. 다음 장에서는 이러한 질문에 답하기 위해 다양한 유형의 목적에 따라 수행된 경험적 연구에 더 초점을 맞출 것이다.

06

—

목적의 여러 유형

Inspiring Types of Purpose

06

목적의 여러 유형
Inspiring Types of Purpose

목적은, 자아를 넘어선 세계에 의미 있는 방식으로 참여하려는 **일반적인** (generalized)[1] 헌신을 의미한다(저자 강조, Damon 2008; Damon et al. 2003). 따라서 목적은 직업, 취미, 가족 등 삶의 여러 측면에 산재(diffuse)해있다. 사실 목적은 정체성의 핵심 요소가 되는 만큼 그 범위가 상당히 넓다(Bronk 2011; Damon 2008; Erikson 1968). 4장(전생애적 관점에서 본 목적)에서 목적과 정체성의 관련에 대하여 자세하게 논의하였지만, 간단히 말해 목적을 가진 개인은 개인적으로 의미 있는 지향점과 매우 밀접히 얽혀 있는 정체성을 통해서 자신을 의식한다. 즉 인생에서 무엇을 성취하고자 하는가는, 자신이 누구이며 어떤 사람이 되고자 하는가에 영향을 준다(Bronk 2011). 그렇기 때문에 다른 사람들을 돕는 데서 자신의 목적을 찾은 사람은 의사가 되어 환자를 도우며, 가정 안에서 자녀가 잘 자라도록 돕고, 교회의 무료 급식소에서 봉사하며 사람들을 돕는다. 이 사람의 목적은 다른 사람들을 돕는 데 초점이 있지만, 그가 가치를 둔 지향점은 직업, 가족, 종교, 지역사회에 대

---

1) [역주] 이 책에서 'prevalence'(편재성)는 해당 집단에서 목적을 가진 사람의 비율이 높게 나타나는 정도를 말하며, 'generality'(일반성)는 특수한 분야나 활동에 국한하지 않고 다양한 행위들을 망라해서 적용되는 목적의 성격을 말한다. 'diffuse'(산재)는 일반성과 유사하기는 하지만, 여러 활동들에 두루 나타나는 현상 그 자체의 의미로 쓰인다.

한 헌신을 통해 드러난다. 이렇듯 산재해있는 목적을 분류하는 것은 쉽지 않은 일이다. 방금 말한 사례는 종교, 가족, 직업, 지역사회를 중심으로 한 목적을 동시에 가지고 있다. 그러나 목적을 분류하는 것이 어려운 일이긴 해도 목적을 효과적으로 개발하기 위해서는 어떤 지향점이 개인을 고무시키는지 아는 것이 중요하다. 목적은 다양하게 나타날 수 있기 때문에, 다양한 유형의 목적에 필요한 발달적 지원에 대해 더 많은 탐색이 필요하다. 따라서 목적의 분류는 난제이기는 해도 노력해볼 만한 유용한 과제이다.

목적을 분류할 때에는 우선 목적(purpose)과 유목적적 참여(purposeful engagement)[2]를 구분하는 것이 중요하다. 목적은 개인적으로 의미 있다고 생각하는 지향점을 나타내는 반면, 유목적적 참여는 이 목적을 향해 나아가는 한 가지 방식이다. 바꾸어 말하면, 목적은 개인이 열망하는 목적지(end)인 반면, 유목적적 참여는 목적지를 향해서 가는 수단이다. "목적지(end)"가 무엇인지 알아보기 위해서는 인터뷰가 도움이 된다. 인터뷰에서는 참여자들에게 왜 그 일을 하고자 하는지 반복적으로 물어보아야 한다. 그들이 대답하는 궁극적인 "이유(why)"가 그들의 목적을 전형적으로 드러내기 때문이다. 따라서 앞서 제시한 사례의 인물이 '다른 사람들을 돕는 것이 옳은 일이기 때문에' 돕는다고 말하면 그의 목적은 이타성에 초점을 둔 개인적 가치로 분류될 수 있을 것이다. 그러나 '다른 사람들을 도우라고 신께서 부르셨기 때문에' 돕는다고 말하면 그의 목적은 종교형으로 분류될 수 있다. '지역사회에 기여하는 가장 효율적인 방법이었기 때문에' 돕는다고 말하면 그의 목적은 시민형인 셈이다. 이러한 예에서 알 수 있듯이 목적을 분류하는 것은 복잡한 과정이며, 자신이 추구하는 목적이 개인적으로 왜 중요한지 설명

---

2) [역주] 이하 165페이지까지의 내용이 친절하게 진술되어 있지는 않지만, 논의의 흐름은 다음과 같다. 1) 목적과 그 목적 때문에 하는 활동은 구분해야 한다, 2) 목적에는 활동 이면에 숨겨진 이유가 더 중요하다, 3) 그리하여 철학 연구에서 활동의 이유가 되는 목적 구분을 소개한 후, 4) 경험적 연구에서도 의미의 범주를 통해서 활동의 이유를 제시할 수 있다고 보고, 5) 의미의 원천들을 확인한 경험적 연구를 개괄한다, 6) 그 연구들을 종합하면, 가족, 종교, 직업, 예술, 시민적 활동들을 목적의 원천으로 볼 수 있다.

할 수 있어야 가능한 일이다.

안타깝게도, 그간의 연구에서는 참여자들에게 그들이 가진 희망이나 계획을 넘어서 그 이면에 숨겨진 이유를 거의 알아보지 않았다. 게다가 기존 연구에서는 목적과 유목적적 참여를 거의 구분하지 않았다. 어떤 사례 연구에서는 연구자 자신조차 이 둘을 구분하지 못하고 있고, 어떤 연구에서는 목적의 원천이라기보다 유목적적 참여의 원천일 수 있는 가능성을 열어둔 채, 참여자가 목적의 원천들을 확인하도록 한 경우도 있다.

연구자든 일반인이든 목적과 유목적적 참여를 혼동하는 한 가지 이유는 하고 있는 일이 무엇인지 말하는 것이 그 일을 왜 하는지 말하는 것보다 훨씬 쉽기 때문이다. 나와 동료들이 청소년들과 청년들을 대상으로 수백 건의 인터뷰를 실시한 결과, 청소년들이 자신의 목표에 대해서는 구체적으로 대답한다는 것을 발견했다. 평소 청소년들과 청년들은 장래 목표에 대해 자주 질문을 받으므로 거기에 대해 토론할 준비도 되어 있었다. 그러나 그 목표를 왜 추구하는지, 그 목표를 통해 자신이 궁극적으로 희망하는 것이 무엇인지 물으면 최소한 그 순간에는 멍한 표정을 지어 보이곤 하였다. 물론 참여자들에게 충분한 시간을 주고 적절한 조언을 해주면 그들이 성취하고자 바라는 것뿐만 아니라 왜 성취하길 바라는지 그 이유 또한 말할 수 있었다.

목적을 말로 분명하게 표현하는 것은 어려운 일이다. 그렇기는 해도 대부분의 청소년들과 청년들은 이 작업에 즐겁게 참여하였다. 인터뷰 참여자들은 왜 그런 활동들을 하려고 하는지, 왜 그런 포부를 갖게 되었는지 생각할 수 있는 기회를 소중하게 받아들였다. 그들은 또한 정기적으로 인터뷰에 참여할 수 있는 기회가 있어서 고맙다는 말을 연구진에게 전했고, 자신들이 무엇을 가장 중요하게 여기는지 되돌아볼 수 있는 흔치 않은 기회에 감사를 표했다.

그렇다고 하면, 부모, 교사, 어른들로서 우리가 청소년들의 안녕감에 지대한 관심을 가지면서도 그들에게 이러한 기회를 더 자주, 더 규칙적으로 만들어 주지 않을 이유가 없다. 그런데도 청소년들이 궁극적인 지향점을 놓고 깊고 체계적으로 생각할 수 있는 기회는 거의 주어지지 않고 있다. 흥미롭게도 대학입학 지원 과정에서는 예외인데, 대부분의 입학지원서에서는 학생들에게 "목적의 진술(statement of purpose)"을 요구하고 있고, 대다수는 이 항목을 정확히 진술하는 데 어려워한다. 만약 청소년들에게 더 일찍감치, 그리고 더 자주 자신의 목적을 생각하고 토론해 보도록 권했다면, 이 일은 그렇게 힘든 것이 아닐 수도 있다.

목적이 대체로 산재해 있고 유목적적 참여와 구분이 쉽지 않기 때문에, 지금까지 목적을 범주화한 연구들의 신뢰성은 그다지 높지 않았다. 그러나 개인적으로 의미 있는 포부들을 범주화한 연구들이 있다. 예를 들어 철학자들은 목적과 의미의 원천을 자주 고찰해 왔다. 로버트 노직(Robert Nozick 1989)은 창조(creating), 양육(parenting), 사랑(loving)이 목적이 될 수 있는 활동을 대표한다고 제안한다. 흥미롭게도 이들 각각은 활동 혹은 적극적 참여의 형식을 취한다는 점에서 목적의 정의에 부합된다. 버트란드 러셀(Bertrand Russell)도 목적의 원천을 고찰한 바 있는데, 사람들은 가족, 직업, 그리고 개인적 관심사에 의미를 부여하며 자신의 열정을 쏟는다고 주장한다(Ryff & Singer 1998 참조). 이 예들은 목적이 가진, 자아를 넘어선 차원을 강조하고 있다.

삶의 의미를 만드는 여러 원천에 대한 연구들은 목적과 유목적적 참여의 유형을 구분하는 데에 유용하다. 의미의 범주에 관한 경험적 연구는 사람들이 열망하는 지향점을 이해하는 데에 도움이 된다.

그러나 이러한 연구들을 자세히 살펴보기에 앞서, 의미와 목적이 구분됨에 주목할 필요가 있다. 1장(개요과 정의)에서 목적은, 한편으로는 자아에게 의미를 가지면서도, 동시에 **자아를 넘어선 세계의 어떤 측면**에 생산적으로 참여하도록 이끄는 어떤 것을 성취하고자 하는 안정적이고 일반적인 **의도**이다(저자 강조 Damon 2008; Damon et al. 2003). 달리 말해 삶의 목적은 개인적으로 의미 있는 방식으로 더 넓은 세상에 영향을 미치는, 먼 지평의 지향점을 가져야 한다. 반면에 의미는 흥미나 목표 등의 광범위한 집합체이다. 사람들은 다른 사람들을 돕는 것과 같은 타인지향과 부자가 되는 것과 같은 자기지향 모두에서 동시에 의미를 발견할 수 있다. 나아가 인생에서 개인적으로 중요하게 여겨지는 것은 어떤 것이든 의미 있는 것이라고 말할 수 있기 때문에, 의미의 원천들이 목표지향성을 가질 필요는 없다. 가령 건강을 유지하는 것은 의미가 있지만 이것이 목표지향적인 것은 아니며, 자아를 넘어선 관심과도 연결되지 않는다. 따라서 이는 목적의 한 가지 유형이라고 볼 수 없다. 그러나 다른 사람들이 건강하도록 돕는 것은 목적이 될 수 있다.

의미는, 한정하는 말이 많이 붙지 않는 넓은 개념이기 때문에 목적보다 접근하기 쉽다. 따라서 의미의 원천들에 대해서는 목적의 원천보다 더 자주 연구되었다. 의미의 원천에 대한 경험적 연구들은 상당히 많으며, 이들 중 일부에서는 목적과 유목적적 참여에 대해 초점을 맞추고 있다.

개인적 의미의 원천들 중 가장 많이 언급되는 것을 확인하기 위해서 한 연구팀에서는 참여자들에게 의미를 주제로 한 에세이(Meaning Essay Document)를 작성해달라고 요청하였다. 여기서는 청소년(DeVogler & Ebersole 1983), 청년(DeVogler & Ebersole 1980), 성인(DeVogler & Ebersole 1981) 참여자들에게 "삶에서 가장 중요한 세 가지 의미를 쓰고, 중요한 순서를 매기고, 각각의 예를 들어 보도록" 하였다(DeVogler & Ebersole 1981, p. 88). 여기서 나타난 범주 중 어떤 것도 지향점(aims)을 가지고 있지 않기 때문에 목적의 원천을 알아낼 수는 없지만, 몇 가지 범주들은 헌신적인 활동을 강조하고 있으므로 유목적적 참여의 원천을 알아내는 데에는 도움이 된다. 이런 범주에는 관계 형성(가족, 친구, 연인 등 대인 관계의 지향), 신념 수호(종교적, 정치적, 사회적 신념에 따른 삶), 봉사 활동(다른 사람들을 돕거나 봉사하는 활동), 직업 생활(직업 또는 직업에서 파생된 일을 하는 것, DeVogler & Ebersole 1981, Ebersole 1998)이 속한다. 이 범주들은 유목적적 참여의 '실제' 원천이 아니라 '잠재적' 원천이다. 왜냐하면 이 범주들이 진정한 유목적적 참여가 되려면 각 범주들이 개인적으로 의미를 가지는 이유가 밝혀져야 하기 때문이다. 예를 들어 인간관계가 개인적으로 중요한 이유를 모른다면, 이 범주가 유목적적 참여가 되는지 알 수 없다. 만약 인간관계가 자신에게 이익이 되기 때문에 의미 있다고 한다면 그것이 목적의 원천이라고 보기 어렵지만, 인간관계가 타인을 위해 무엇을 하도록 한다면 그것은 유목적적 참여의 원천이 될 수 있다. 마찬가지로 자기중심적이거나 목표지향성이 없는 의미의 원천들(예: 건강, 소유, 쾌락, 외모, 성장 등)은 목적의 형식으로 볼 수 없다.

「의미의 원천 프로파일」(Sense of Meaning Profile, 이하 SOMP, Prager 1996)을 사용한 한 연구팀은 호주와 캐나다 성인을 대상으로 의미의 원천을 확인하고자 하였다. 이 연구 결과에서도 목적의 원천을 잠재적으로 나타내는 결과들만 논의되고 있다. 의미가 출현하는 범주들은, 개인적 관계 지지, 취미 생활 참여, 가치와 이상의 유지 등이 포함된다. 이러한 범주들은 자아를 넘어선 목표를 구현할 가능성이 있는 것들이므로 목적의 원천도 될 수 있다. 그러나 여기서도 우리는 각 범주가 개인적으로 의미 있는 이유를 더 확실히 알아야 한다.

삶의 의미의 원천들을 밝히기 위한 「개인적 의미 프로파일」(Personal Meaning Profile, 이하 PMP, Wong 1998, 2장 '목적의 측정'에서 자세히 논의함)을 사용해서 조사한 결과에서는 종교, 인간관계, 자기 초월, 공정한 대우가 성인(Wong & Fry 1998)과 청소년(Rathi & Rastogi 2007)에서 공통적으로 나타나는 의미의 원천들이었다. 「PMP」에서는 참여자들에게 이상적으로 의미 있는 삶을 생각해 보도록 요구하는데, 여기서 쾌락 추구가 중요한 구성요소로 등장하지 않는다는 점은 흥미롭다. 이 점은 자아외적 요소가 목적의 개념화뿐만 아니라 의미의 개념화에도 중요함을 시사한다(Wong & Fry 1998).

의미의 원천을 결정하기 위해서 설계된 또 다른 연구에서는 참여자들에게 「삶의 목적 검사」(Purpose in Life Test, 이하 PIL, Crumbaugh & Maholick 1964)에 응답하고 이어지는 인터뷰를 통해 인생에서 "의미 있는 사건"이 무엇인지 대답하도록 하였다(Baum & Stewart 1990). 연구자들은 결과를 바탕으로 참여자들의 응답을 직업 추구, 인간관계, 개인적 관심사의 추구로 범주화하였다.

의미의 원천을 평가하기 위해 서로 다른 도구들을 사용했음에도 불구하고 그 결과가 상당히 일관된다는 점은 흥미로운 사실이다. 인간관계, 직업, 취미, 개인의 가치와 신념은 의미의 원천들 중에서 가장 공통적으로 나타나는 것이며, 목적 및 유목적적 참여의 원천으로도 가장 흔하게 나타난다.

종합해 보면, 유목적적 참여에 관한 철학자들의 이론과 의미에 관한 연구들은, 가족, 종교, 직업, 예술, 시민 활동 등에 참여함으로써 목적이 유도될 수 있음을 시사한다. 경험적 연구 중에서 목적의 범주 자체를 알아보는 연구가 있기는 하지만, 대부분의 연구는 목적과 유목적적 참여를 위한 종교적, 영적 수단에 초점을 맞추고 있다. 이하에서는 종교형 목적과 함께 그 밖의 목적이나 유목적적 참여에 대해 논의하고, 이어서 서로 다른 유형의 목적을 예시로 보여주는 사례 연구를 간단히 설명할 것이다. 이 사례 연구들은 각 유형의 목적이 실제 삶에서 어떻게 구현되는지 드러내준다. 일부에서는 개인적으로 의미 있는 포부들이 한 가지 유형 이상에 해당함을 보여주고 있는데, 이는 목적을 범주화하는 것이 어렵다는 사실을 말해준다. 사례 연구들은 두 개의 서로 다른 종단연구에서 도출되었다. 하나는 다양한 목적에 매우 헌신적이었던 청소년들을 5년간 추적한 연구이고(Bronk 2005, 2011, 2012), 다른 하나는 시골 청소년들을 대상으로 좀 더 전형적인 목적 유형을 알아본 1년짜리 종단연구이다(Bronk 외, 심사 중[3]). 목적의 유형에 관한 대부분의 연구가 종교적인 지향점에 초점을 맞추고 있기 때문에 우선 이와 관련된 목적부터 검토한다.

종교형 목적

목적은 신앙의 본질을 이루는 핵심이며(Tillich 1952), 따라서 종교는 여러 가지 방식으로 목적의 중요한 원천이자 유목적적 참여를 위한 중요한 통로가 된다(Sommer et al. 2012). 이는 비교적 분명한 사실이나, 종교적 경험이 개인의 목적의식을 형성하고 기르는 방식은 한 가지가 아니다(Van Dyke & Elias 2007). 종교가 목적을 고취하는 첫 번째 방법은 삶의 더 큰 의미를

---

3) [역주] 원서의 참고문헌에는 under review라고 표기되어 있다. 이는 Bronk, K. C., Finch, H. W., Kollman, J., & Youngs, A. *Ecological and social support for rural youth support*로 미출간된 논문이다.

묻는 실존적 질문을 다루는 것이다. 대부분의 종교는 교리나 성례를 통해서 의미와 목적에 대한 근본적 문제를 명시적으로 다루고 있다(Francis et al. 2010; Starck 1999). 종교가 목적의 발달을 지원하는 두 번째 방법은 신과의 관계를 통해 개인이 자신에게 더 집중하도록 하는 것이다. 그 결과 개인은 "영적 자아(sacred selves)"에 대해 더 잘 이해할 수 있게 되며, 세속적인 삶을 초월할 수 있게 된다(George 2000, p. 26). 종교의 가르침은, 개인적으로 의미 있는 지향점을 발전시키는 데 있어 자아외적 차원을 강조함으로써 목적을 발전시킬 수 있다. 마지막으로 종교는 자신의 삶을 이해하기 위한 의미의 틀을 제공함으로써 목적을 고취한다. 영적 구원을 위한 삶, 신의 뜻에 따라 사는 삶은 인생에서 일어나는 사건들을 이해가능한 맥락 안으로 집어넣는다. 종교는 삶의 모든 측면에 관련된 목표 및 가치의 체계를 수립함으로써 인간의 존재에 의미를 부여하고, 그리하여 목적의 중요한 원천이 된다(Emmons 2005). 다른 말로 하면 종교는 무엇을 추구해야 하는지에 대한 비전을 사람들에게 제시한다(Pargament & Park 1995). 이러한 방법을 통해서 종교는 목적의 발견과 추구를 위한 중요한 원천으로 작용할 수 있다(Fletcher 2004).

이 중 마지막 견해는, 종교를 목표의 틀(goal-framework) 안에서 보는 것이다. 일반적으로 종교가 목표와 같다고 볼 수는 없다. 그러나 목표 추구는 신앙에서 매우 중요하며, 종교와 삶의 목적 간의 관련은 목표의 틀을 통해서 더 잘 이해할 수 있다(Emmons 2005). 신을 섬기고 신과 하나되고 신의 뜻에 따라 생활하는 것은 장기적인 지향점으로서 일상 생활을 안내하고 장기적인 계획을 세우는 데 중요한 동기적 원천이 된다. 목적 또한 개인적으로 의미 있고 장기적인 지향점이라는 점을 감안하면, 목표지향적 종교관은 목적과 [개념적으로] 중첩된다. 신앙은 하나의 지향점으로서, 삶의 일부이거나 분리된 차원이 아니라, 전체로서의 인간(whole person)을 이끌면서 중요한 목표와 노력에 방향성을 제시한다(Emmons 2005; Fowler 1981). 어떤 사람들의 종교적 신념은 그들의 정체성에서 핵심이라고 할만큼 포괄적이기 때문에 목적(Bronk 2011; Damon 2008; Erikson 1968, 1980)과 유사한 측면을 가진다(Dillon 1999). 종교적 신념과 유목적적 신념은 모두 정체성의 양상을 나타내며 개인적으로 의미 있는 목표를 추구하는 틀이 된다(Bronk 2011; Emmons 1999; Tirri & Quinn 2010).

장기적인 지향점들을 둘러싸고 있는 목적과 "영적 노력(spiritual strivings)"(Emmons 2005)은 중첩된다. 유목적적 지향점과 종교적 지향점은 모두 초월적 특성을 갖는다. 따라서 양자는 자아보다 더 큰 것을 지향하는 개인적으로 의미 있는 목표들로 나타난다. 종교형 목적에서 목표지향적 참여는 영생을 얻기 위한 방편으로서 순교, 빈민구제, 전도, 섭리에 따라 사는 삶, 다른 사람에 대한 봉사, 타인에 대한 적절한 대우 등으로 다양하게 나타난다(Emmons 2005).

분명히 종교와 목적은 서로 관련 있는 구인이지만, 실제로 이 둘 사이의 관계는 어떻게 나타나는가? 연구자들(Mariano & Damon 2008)은 이 관계를 설명하기 위해 명확한 목적을 가진 청소년들을 연구 대상으로 하여 소규모의 설문조사와 인터뷰를 실시했다. 그들이 제안하는 모형은 다음과 같다. 첫 번째 모형에 의하면 종교적 신념은 자신이 기여하고자 하는 바를 결정하는 데 도움이 되며, 이것은 결국 목적으로 연결된다. 이 관점에서 보면 자아를 넘어선 지향점을 위해 일하고자 하는 포부는 영적 확신에서 도출될 수 있다. 두 번째 모형에 의하면 종교적 신념은 개인적인 목표에 의미를 부여한다. 예를 들어 직업을 갖는 것은 신앙적으로 볼 때 더 중요한 의미를 가질 수 있다. 세 번째와 네 번째 모형에 의하면 종교적 신념과 종교 공동체는 개인이 목적을 발달시키는 중요한 지지원이 된다. 영적 공동체는 유목적적이고 종교적인 지향점을 권장하고 공유한다. 마지막으로 다섯 번째 모형에 의하면 종교적 신념과 목적은 통합되어 있고, 따라서 종교적인 신념과 목적은 **동의어이다**. 어떤 사람들에게는 그들의 목적이 곧 종교적인 지향점을 의미한다.

목적이 종교에 있어서 매우 중요하다는 점을 감안해 보면, 청소년 (Crandall & Rasmussen 1975; Francis & Burton 1994; Soderstrom & Wright 1977) 과 성인(Chamberlain & Zika 1988) 모두에서 목적과 신앙이 정적으로 관련되

어 있다는 것은 놀라운 사실이 아니다. 또한 독실한 종교인(예: 개신교 목회자, Crumbaugh 1968; 도미니카 수녀, Crumbaugh et al. 1970)이 가장 높은 수준의 목적을 가지고 있거나, 기도(Francis 2000; Francis & Evans 1996; Robbins & Francis 2005), 신앙고백(Francis 2000), 규칙적인 성경 읽기(Francis 2000)와 같은 활동에 참여하는 사람들이 그렇지 않은 사람들보다 목적 수준이 높은 것 또한 당연하다.

신앙에서 목적을 찾는 사람들은 여러 가지 긍정적인 결과를 얻는다. 예를 들어 신체적 측면에서는 면역 기능 개선, 우울 감소, 혈압 수치 저하, 사망 지연(delayed mortality)(Townsend et al. 2000) 등이 나타난다. 사회적 측면에서는 인간관계에 대한 만족도 증가(Mahoney et al. 1999)와 이혼율 감소(Booth et al. 1995; Clydesdale 1997)가 나타난다. 종교에서 목적을 발견한 사람들은 노화과정에 잘 대처할 수 있으며(Koenig et al. 1988), 심리적 안녕감의 수준도 높다(Robins & Francis 2000).

종교를 가진 사람들은 종교가 없는 사람들보다 안녕감의 수준이 더 높지만, 이 현상은 목적 수준이 높은 사람들에게서만 나타난다(French & Joseph 1999). 마찬가지로 목적은 종교성과 삶의 만족, 그리고 종교 활동과 안녕감의 관계를 매개하는 것으로 밝혀졌다(Steger & Frazier 2005). 따라서 종교적 목적을 추구하는 것은 건강상 중요한 심신의 이익을 가져다준다는 결론을 내릴 수 있다.

종교적 헌신의 특성과 특질

종교가 목적의 중요한 원천이 될 수 있지만, 연구 결과에 따르면 종교적 헌신의 특성과 특질에 따라 종교와 목적의 관계가 달라진다. 사람들이 신앙을 품는 방식과 수준은 천차만별이고, 신앙에 헌신하는 이유도 다양하다. 경험적 연구에 따르면 개인이 종교에 대해 가지고 있는 개념과 방향은 목적 헌신의 수준에 영향을 미치는 것으로 나타났다. 예를 들어 탐구적 지향(quest orientation)의 신앙인이 있을 수 있다. 탐구적 지향을 가진 신앙인(Batson & Ventis 1982)은, 종교적 진리는 온전히 알 수 없는 것이고 이후에도 결코 알 수 없음을 인정하는 태도를 가지고 접근한다. 그들은 종교적 질문이 중요하다고 생각하고 그에 대한 답을 찾으려 하지만, 신앙의 신비가 완전히 풀리는 것이 아니라는 사실도 인정한다. 또 종교에 대해 외재적 지향, 혹은 내재적 지향을 가진 신앙인들도 있다(Allport & Ross 1967). 외재적 지향을 가진 신앙인은 안전, 위안, 사회적 관계, 지위, 권력 등을 위해서 종교를 일종의 수단으로 사용하려 한다. 내재적 지향을 가진 신앙인은 신앙 자체가 "주된 동기(master motive)"인 사람이다(Allport & Ross 1967, p. 434). 이 사람들에게 일체의 다른 지향점들은 종교적 목표로 수렴되며, 종교적 신념을 고수하며 살기 위해 노력한다.

연구 결과 목적은 종교의 내재적 지향과 유의미한 관련이 있었다(Byrd et al. 2007; Crandall & Rasmussen 1975; Paloutzian & Ellison 1982; Soderstrom & Wright 1977). 이 결과와 마찬가지로 구원의 가치를 중요하게 생각하는 사람들은 쾌락, 흥분, 위로와 같은 가치를 선호하는 사람들보다 목적 점수가 높았다(Crandall & Rasmussen 1975). 이렇듯 목적과 종교적 헌신의 관련은 신앙의 지향점이 어떤 성격을 가지는가에 따라 달라진다.

마찬가지로 신앙의 확신도 종교적 목적의 성격에 영향을 줄 수 있다. 노인 집단의 연구에서는 참여자들을 종교적 신념의 확실성의 정도에 따라 확신자(believer), 소속자(belonger), 의심자(doubter)로 분류하였다(Fletcher 2004). 이런 식의 명명은 종교에 대한 내재적 지향, 외재적 지향, 탐구적 지향과 각각 일정 부분 유사한 면이 있다.[4] 확신자는 신이 자신에게 원하는 것이 무엇이든지 그것을 하고자 한다. 그들은 신을 섬기는 것이 곧 목적이거나 신에게 봉사하는 데서 목적을 찾는다. 소속자는 다른 사람들에게 봉사함으로써 신에게 인정받기를 희망한다. 마지막으로, 의심자는 개인적인 의미로

---

4) [역주] 이 대목의 논의는 역자들로서도 쉽게 이해되지 않는다. 확신자는 내재적 지향, 소속자는 외재적 지향, 의심자는 탐구적 지향으로 대응하기 어렵기 때문이다. 탐구적 지향의 여부는 신앙에 대한 인지적 태도와 관련 있는 범주이고, 내재적, 외재적 지향은 신앙의 목적이 신앙 자체나 공동체적 기여에 있는가의 여부로 나누어지는 관점인데, 이에 비해서 확신자/소속자/의심자는 신앙의 깊이나 종교 공동체에 대한 헌신을 기준으로 나누어지는 관점으로 설명하고 있다.

신앙을 가지는 대신 다른 사람들을 돕고 의미 있는 유산을 남기고자 한다. 확신자는 신과의 관계에서 목적을 발견하는 반면, 소속자, 의심자는 종교 공동체에 같이 속한 사람을 포함해서 사람들과의 사회적 상호작용과 같은 대인 관계에 의미를 둔다. 이렇듯 종교로부터 목적을 도출하는 방식은 신앙의 확신에 따라 달라진다.

종교적 확신이 개인차에 영향을 주는 또 한 가지 방식은 신앙의 내용과 관련이 있다. 목적에 대한 헌신은 신앙의 내용에 따라 달라진다. 개인이 신앙과 맺는 관련은 헌신적(committed)일 수도 있고 관행적(consensual)일 수도 있다(Allen & Spilka 1967). 헌신적 신앙인은 분화된 개념과 식견을 제공하고, [여러 사례에 두루 적용 가능한] 추상성, 유연성, 개방성, 삶에의 적합성을 갖춘 신념체계를 가지고 있다. 관행적 신앙인은, 축자적(문자 그대로의) 경전 해석과 미분화된 개념에 그치고, [눈앞의 사태에만 적용 가능한] 구체성, 모호성, 비개방성, 삶과의 괴리가 특징인 신념체계를 가지고 있다. 삶의 목적을 가진 사람들은 헌신적 신앙인에게서 더 많이 나타난다(Soderstrom & Wright 1977).

마지막으로, 종교적 목적이 발달할 가능성은 종교적 신념의 깊이에 따라 달라진다. 데이비슨(Davidson 1972)은 종교나 신에 대한 헌신의 깊이를 반영하는 차원과, 다른 사람들에 대한 도덕적 헌신을 평가하는 차원, 이렇게 두 가지 차원을 사용하여 개인을 분류할 것을 제안하였다. 참된 신자(true believer)는 둘 다 높은 수준의 도덕적, 영적 헌신, 대다수 주류 신자(mainliners)는 중간 수준의 도덕적, 영적 헌신을 보이며, 불신자(unbelievers)는 둘 다 낮은 수준의 도덕적, 영적 헌신을 보인다. 인본주의자(humanists)는 도덕적 헌신의 수준은 높으나 영적 헌신은 낮고, 근본주의자(fundamentalists)들은 도덕적 수준은 낮으나 영적 헌신은 높다. 참된 신자들은 다른 사람들보다 목적 점수가 훨씬 더 높다(Soderstrom & Wright 1977).[5]

---

5) [역주] 저자는 2차원 분류라고 했지만 주류인까지 포함에서 다섯 종류가 제시되고 있다. 참된 신자(영적+, 도덕적+), 근본주의자(+,-), 인본주의자(-,+), 불신자(-,-), 주류신자(4 사분면의 중앙에 위치)

이러한 연구 결과를 종합해 볼 때 종교에 헌신하는 성숙하고 참된 신자들 사이에서 종교형 목적이 가장 많이 나타남을 알 수 있다(Soderstrom & Wright 1977).

종교형 목적이 증가하는 시기

종교성은 연령에 따라 증가한다(Courtenay et al. 1992). 따라서 종교형 목적은 평생에 걸쳐 나타나지만 특히 고령자들에게서 많이 찾아 볼 수 있다(Fletcher 2004). 4장(전생애적 관점에서 본 목적)에서 자세히 다룬 것처럼, 고령자는 종종 "구조적 지체 문제(structural lag problem)"(Riley et al. 1994)로 인해 유목적적 참여를 위한 기회와 역할이 점차 없어지기 때문이다(Ryff & Singer 2008). 죽음이 현실로 가까와지면서 이러한 사실을 깨닫게 되면 대신 종교적 헌신이 고취될 수 있다. 노년기에 종교형 목적이 특히 많이 나타나는 것은 이런 사실에 입각해서 설명할 수 있다(Fletcher 2004).

종교형 목적이 특히 많이 나타나는 또 다른 시기는 개종 직후이다. 새로운 종교로 회심한 후 1주일이 지난 사람들은 회심하지 않은 사람들보다 목적 점수가 높다(Paloutzian 1981). 회심 이후 1개월이 지나면 목적 점수가 낮아지는 경향이 있다. 이 점은 목적의식이 영속적이기는 하지만, 인생에서 일어나는 사건에 의해 증가하거나 감소한다는 것을 시사한다. 목적 구인의 상태적, 기질적 특성에 대한 자세한 논의는 4장(전생애적 관점에서 본 목적)에서 다루었다.

종교형 목적의 사례 연구

다음은 5년간에 걸쳐 인터뷰를 세 차례 실시한 연구에서 종교형 목적의 징후를 확실히 보여주는 청소년의 사례이다(Bronk 2011, 2012; Damon 2008). 마르타(Marta)[6]는 캘리포니아 북부에 살고 있는 라틴계 여학생으로 처음 인터뷰에 참여했을 때에는 열여덟 살이었다. 고등학교 3학년이었던 그녀는 열

---

6) 이하 연구 참여자들의 이름은 가명을 사용하였다.

정적인 신앙을 가지고 있었고, 자신은 "기독교인"이라고 처음부터 힘주어 말했다. 열 살 때부터 기독교계 사립학교에 다닌 그녀는 교회 찬양팀의 일원으로서 키보드를 연주하며 매주 예배 시간에 성가를 불렀다. 마르타는 여덟 살 때 그리스도 안에서 "다시 태어났다(born again)." 어릴 적부터 아버지를 따라 매주 교회에 갔지만 그것이 무엇을 의미하는지는 나이가 들어서야 알게 되었다. 청소년이 된 마르타는 자신의 신앙에 대해 더 깊이 되돌아보고 매일 성경을 묵상하기 시작했다. 열다섯 살이 되어 마르타는 히스패닉의 전통적 성인식인 퀸세네라(Quinceanera)를 맞이하였다. 이때 신부님은 하느님 께서 의학 분야에서 경력을 쌓아 가난한 저소득층 히스패닉에게 봉사하기를 원하신다고 마르타에게 말씀하셨다. 마르타는 이 예언을 믿었다. 자신도 같은 생각이었기 때문이다. 가족 중에 대학에 진학한 사람은 한 사람도 없었지만, 그녀는 여름방학 동안 근처 대학의 의학연구소에서 일하고 그 대학에 입학원서를 냈다.

2년이 지나 우리가 마르타와 다시 인터뷰했을 때, 그녀는 예전보다 분주한 생활을 했지만 믿음은 여전히 굳건했으며, 의학 분야로의 진로 계획도 확실했다. 마르타는 상위권의 4년제 대학을 다니면서 졸업 후에는 의대로 진학하려는 계획을 가지고 있었다. 다시 2년이 지났을 무렵 마르타는 대학을 졸업했고, 병원에서 일하면서 학자금 대출을 상환하고 있었으며 어떤 분야에 종사할지 고민하고 있었다. 이 시기에는 교회 공동체 활동에 적극적으로 참여하지는 못했지만 그녀의 신앙은 여전히 확고했다. "[하느님은] 지금까지 늘 선한 길로 인도하셨습니다. 진짜 그분의 은총이 아니었다면, 좋은 선생님, 좋은 성적, 모든 것을 그분이 허락하지 않으셨다면 저는 [대학에서] 공부를 마칠 수 없었을 거예요. 솔직히 수업이 너무 많아서 힘들게 졸업했어요. [대학에서 들은] 과학 수업은, 아, 정말, 하느님이 역사하셨어요. 정말이에요. 하느님은 언제나 저를 돌보고 계시거든요."

마르타가 들려준 이야기는 종교형 목적이 실제 삶에서 어떤 모습으로 나타나는가를 보여주는 좋은 그림이다. 신을 섬기고자 하는 그녀의 지향점은 개인적으로 의미가 있었고 자아외적으로 확장되었으며 시간이 지나도 안정적이었다. 마르타의 목적이 청소년기와 청년기에 걸쳐 지속되었다는 사실은, 이 시기에 정체성과 삶의 상황들이 크게 변한다는 점을 감안하면 특기할만하다(Arnett 2004). 마르타는 가정을 벗어나 전업 학생으로서 학교에서 공부하며 전공을 바꾸는 과정에서도 변함없이 종교형 목적에 헌신하였다.

가족형 목적

종교가 목적과 유목적적 참여의 원천으로 작용하듯이, 가족도 개인적으로 의미 있는 포부들, 그리고 높은 가치를 지닌 지향점을 위한 목적이 될 수 있다. 가족을 위해 봉사하고 자식을 낳고 사랑하며 가문의 전통을 보존하는 것은 가족형 목적의 여러 가지 모습이다. 장차 가족을 갖고 싶다는 강한 열망을 가지고 있거나, 미래의 가족을 염두에 두고 학교, 진로, 연애 계획을 세우고 있는 청소년들과 청년들에게서 가족형 목적이 분명히 드러날 수 있다. 자유분방하고 열린 생각을 가진 자녀를 길러내어 인종적 고정관념을 어느 정도 깨는 것도 유목적적 참여가 될 수 있다. 이런 사람들은 특수한 방식으로 자녀를 키우면서 삶의 목적을 추구한다.

경험적 연구에 의하면 [사회적] 연결성(유대감, connectedness)은 목적을 발견하기 위한 중요한 전제 조건이다. 예를 들어 타인 또는 사회적 세계와 연결되어 있다고 느끼는 사람들은 삶의 목적이 더 높았고(Debats et al. 1995) 동시에 사회적 관계의 결여는 목적부재로 나타났다(Stillman et al. 2009). 마찬가지로 의미부재는 소외감, 고립감과 유의한 관련이 있었으며(Debats et al. 1995), 대인관계 거부는 목적결핍과 관련이 있었다(Sommer et al. 2012).

타인과의 친밀성과 목적 추구 간에 중요한 관련이 있음에도 불구하고, 가족 및 인간관계 목적이 어떻게 나타나는지 또는 어떻게 기능하는지를 직접 다룬 경험적 연구는 거의 없다. 가족형 목적이 아직 연구되지 않은 이유 중 하나는 연구 대상자들이 대부분 청소년이나 청년들로, 이들은 아직 가정을 꾸리기 전이었기 때문이다. 물론 자신이 태어난 가정을 부양하고 돌보는 일에 헌신하는 청소년들도 있다. 집단주의적(collectivistic) 문화에서는 이러한 경향이 일반적이지만 개인주의적(individualistic) 문화에서는 이러한 경향이 자주 보이지 않는다. 따라서 개인주의적 문화권에서는 가정이 있는 중년기 성인들 사이에서 가족형 목적이 더 많이 나타날 것이다.

이와 같은 가능성은, 일반적으로 중년기에 양육(Umberson & Gove 1989)이나 [노부모, 친구, 친척의] 간병(Marks et al. 2002)과 같은 활동에 종사하는 사람이 그렇지 않은 사람들보다 목적이 더 높다는 연구 결과로 뒷받침된다. 그러나 양육이나 간병은 유목적적 활동이 될 수도 있지만 아닐 수도 있다. 심지어 매우 자상한 사람일지라도 목적의식보다 의무감때문에 양육이나 간병을 하는 사람도 있기 때문이다. 인간관계 안에서도 의미의 관점으로 자신의 역할을 바라보지 못하면 목적이 높게 나타나지 않는다(McKnight & Kashdan 2009). 달리 말해서 가족의 일원이 되는 것은 그 자체로 유목적성과 관련을 맺지만, 개인이 가족의 일원으로서 어떤 지향점을 갖는지에 따라 유목적적 경험이 달라진다.

가족형 목적의 사례 연구

가족형 및 인간관계형 목적을 보여주는 다음 예는 시골 청소년을 대상으로 한 1년간의 종단연구에서 나온 것이다(Bronk et al. 심사 중[7]). 이 사례의 참여자는 가족을 부양하고 화목하게 사는 것에 헌신하고 있었다. 우연치 않게도 이 참여자는 다른 대상자보다 나이가 약간 더 많았고 자녀를 두고 있었다.

데이나(Dana)는 부모, 자매, 친척들과 가까이 살면서 친밀하게 자랐다. 아동기와 청소년기 동안 자매는 그녀의 가장 친한 친구였고, 부모님과 할머니는 믿고 따를 수 있는 지혜와 조언의 원천이었다. 그녀가 아이를 갖게 되자 가족의 사랑과 도움, 지지는 이전보다 더 중요해졌다. 그녀가 처음 인터뷰를 한 스물네 살 때, 그녀는 두 살배기 딸을 애지중지 키우는 어머니였다.

---

7) 165페이지의 역주 3번 참조.

그녀의 친정 가족에 대한 감사와 헌신은 자신의 딸에 대한 내리사랑이 되었다. 그녀는 이렇게 말했다. "내 인생은 [내 딸을 중심으로] 돌아가고 있어요." 그녀는 가족에 대한 깊은 사랑과 진실한 존경심을 딸에게 물려주고 싶다고 말했다.

그녀는 대학을 졸업하면 초등학교 교사가 될 계획이었다. 왜 선생님이 되려고 하는지를 설명하면서 그녀는 자신의 미래 학생들과 맺을 인간관계를 강조했다. "교사는 [아이들을] 만드는 사람이죠"라면서, 그녀는 학생들의 인생에 긍정적이고 지속적인 영향을 미치고 싶어했다. 특히 초등학교 저학년의 교사는 부모와 다를 바 없는 존재라고 설명하면서, 효과적인 교사는 "기대서 울 수 있는 어깨"를 줄 수 있어야 하고 "신뢰" 및 지지의 중요한 원천이 되어야 한다고 말했다.

확실히 데이나는 인간관계에 높은 가치를 두고 있으며, 이를 구심점으로 하여 대학과 진로 계획 등 그녀의 인생을 적절히 짜맞춰나갔다. 실제로 그녀의 목적에 대해 물었을 때 그녀는 통찰력 있게 이렇게 말했다. "나는 좋은 엄마, 좋은 딸, 좋은 자매, 좋은 교사, 좋은 아내가 되는 것이 목적이에요. 그러나 특히 좋은 엄마가 되고 싶어요." 개인적으로 의미 있는 그녀의 모든 지향점들이 다른 사람들과의 관계 속에 있는 자신을 중심으로 한다는 점은 주목할 만한 흥미로운 부분이다. 이 점에 비추어 보면 그녀의 사례는 인간관계형 목적, 특히 가족형 목적을 잘 보여주는 사례이다.

직업형 목적과 소명

가족에서 목적을 찾을 수도 있지만, 많은 사람들이 그렇듯이 돈을 버는 직업 내에서도 목적을 찾을 수 있다. 여기에서 목적을 찾는 것은 "소명(calling)" 또는 "천직(vocation)"을 말한다(Damon 2008; Weiler & Schoonover 2001). 직업형 목적 또는 소명형 목적은 일상 생활(Ryff & Singer 1998)뿐만 아니라 직장(Bonebright et al. 2000)에서의 행복감 또는 안녕감과 관련이 있다. 직장 안에서 목적과 행복 간의 관계가 명확하게 나타나기 때문에, 청소년 대상

(예: Diket al. 2011; Kosine et al. 2008), 그리고 성인 대상(예: Leider 1997) 프로그램에서는 대부분 자신에게 가장 중요한 것이 무엇인지를 확인하면서 자신의 관심사와 진로를 연결한다. 목적 중심의 진로 교육은 개인이 자신에게 중요한 일을 확인하는 동시에 자아를 넘어선 세계에 유용하게 기여할 수 있도록 돕는다(Kosine et al. 2008). 이 프로그램과 관련된 경험적 연구는 5장(목적의 기원과 지원)에서 자세히 다루었다.

직업에서의 목적 개발을 지원하는 방법에 대한 연구 또는 각자의 포부에 어울리는 직업과 개인을 연결하기 위한 연구를 제외하고는 직업형 목적의 연구는 많지 않기 때문에, 이 분야에 더 많은 연구가 필요하다. 예를 들어 진로나 직업형 목적과 가장 관련이 있는 직업은 어떤 것인지를 알아보는 연구가 필요하다. 교사, 간호사, 사회복지사와 같이 남을 돕는 전문직을 추구하는 사람들 사이에서 목적이 더 많이 나타나기는 하겠지만, 이를 확인한 연구는 아직 없었으며, 다른 유형의 진로나 직업에서도 목적이 도출될 수 있으므로 관련 연구가 필요하다. 유목적적 진로를 추구하는 사람들이 어떻게 그 일에 접근하는지 알아보는 연구도 중요하다. 그런 사람들은 일중독에 빠지지 않고 일을 즐길 확률이 높기는 하지만(Bonebright et al. 2000), 목적이 없는 사람들보다 양질의 성과를 내는지, 일하는 방식에 차이가 있는지, 직장 내 사회적 지원이나 기타 자원들이 그들이 계속 목적에 헌신할 수 있도록 어떤 도움을 주는지 등을 알아보아야 한다. 이런 질문에 대한 연구는 직업형 목적의 성격을 알아내는 데 중요한 시사점을 줄 것이다.

직업형 목적을 추구하는 데는 두 가지 경로가 가능하다. 개인이 목적을 먼저 발견하고 이후에 이것을 지향할 수 있는 진로나 직업을 선택하는 경로이거나, 직업에 종사하면서 그 일에서 목적을 발견하는 경로가 있다. 두 가지 경로가 모두 가능하지만 현재까지는 후자에 대한 경험적 증거만이 있다(Bronk 2012). 어떤 사람은 처음에는 일에 의미를 두지 않다가 시간이 지나면서 점점 더 의미를 두기도 한다. 어떤 사람은 목적이 아닌 유목적적 참여의 한 형태로 일할 수도 있다. 교육대, 간호대 학생들은 학생들을 가르치고 환자를 돌보는 일이 다른 사람들을 돕는 중요한 방법이었기 때문에 그 진로를 선택했다고 말하는데, 일 자체보다는 타인을 돕는 것이 그들에게는 훨씬 더 중요했기 때문이다(Bronk et al. 심사 중[8])).

직업형 목적의 사례 연구

젊은이들에게 직업 활동이 곧 목적 추구가 되는 경우는 드문 일이 아니다(Bronk 2012). 닐리(Neely)가 그런 예다. 그녀는 웨스트 버지니아에서 온 열아홉 살의 대학 1학년생이며 뉴잉글랜드에 있는 대학에서 의학 분야의 진로를 열심히 추구하고 있었다. 닐리는 유치원에 다닐 때부터 암 연구를 지원하기 위한 모금 활동에 참여하였다. 닐리는 기금을 모으기 위해 수선화를 팔고 조직을 만들었으며, 또한 최초로 미국청소년항암협회(American Cancer Society Junior Board)를 창설하고 청소년들이 암투병에 관심을 가지도록 노력하였다. 그녀는 아동기와 청소년기에 집중적으로 자원봉사에 참여하였는데, 이는 궁극적으로 그녀의 진로 선택에 영향을 주었다.

닐리의 목적은 일반적으로 보면 사람들을 돕는 것이었지만, 구체적으로 보면 의료적 도움이 필요한 사람들을 돕는 것이었다. 닐리에게 직업 선택은 자신의 개인적인 신념과 가치관의 체계에서 비롯되었다. "[암환자 기금 마련은] 세상 속에서 우리의 위치를 알게 해주는 것 같아요. 그 활동은 세상에서 벌어지는 많은 일들 속에서 길을 잃지 않고, 실제로 어떤 기여를 할 수 있는지, 어떻게 다른 사람의 삶에 영향을 줄 수 있는지 알게 해주죠. 그리고 나는 그 일이 꼭 필요하다고 생각합니다. 우리는 각자 따로 살지 않아요. ... 우리가 정말 해야 할 일은 다른 사람을 돕는 거라고 생각합니다." 닐리가 이처럼 지향점을 향해가는 방식은 의료봉사와 진로준비로 나타났다.

"나는 보건의료분야에 흥미가 많지만, 수련의가 되고 싶은 생각은 없어요... 나는 직접 환자를 다루는 것보다 보건에 대한 사회적, 정치적 문제, 보건행정 같은 것에 재능도 있고 관심도 있습니다. 의학/경영학박사(MD/MBA) 과정을 밟고 싶은 이유도... 아직 우리나라가 보건 지원에 있어 최선의 방

---

8) 165페이지의 역주 3번 참조.

안을 구축하지 못했다고 생각해서예요. 그래서 나는 이렇게 좀 더 넓은 사회적 문제에 집중하고 싶습니다."

널리의 직업 경로는 개인적으로 가치 있는 지향점을 위해서 그녀만이 가진 능력을 적용하는 독특한 방식을 보여준다.

예술형 목적

다른 유형의 목적처럼 예술형 목적에 초점을 맞춘 경험적 연구도 거의 없다. 예술은 자기지향적 성격을 가지기 때문에, 예술형 목적을 연구하는 것은 특별히 어렵다. 사람들은 즐거움 때문에, 그리고 자신을 표현할 수 있기 때문에 예술을 한다. 목적은 자아를 넘어선 세계에 기여하는 개인적으로 의미 있는 지향점이므로, 예술의 자기지향적 동기는 목적이 되기에 충분하지 않다. 그렇긴 하지만 예술을 자신만이 아닌 타인을 위해서도 추구하는 사람도 분명히 있으므로, 따라서 무엇이 예술형 목적이고, 얼마나 보편적인지, 예술형 목적은 어떤 경험을 가져오는지 밝히는 연구가 필요하다.

예술형 목적의 사례 연구

예술적 헌신의 이면에 있는 동기를 명확하게 표현하는 능력을 가진 파올로(Paolo)의 사례는 예술형 목적을 보여주는 설득력있는 사례이다. 파올로와의 세 번의 인터뷰 중에 그는 재즈 피아노에 대한 애정으로 채워진 인생을 사는 것에 대해 길게 말했다. 음악에 대한 그의 열정은 분명했다. "[연주할 때는] 그저 감정을 표현하는 것이죠. 무엇을 생각하고 느끼건 간에 악기를 통해 표현하는 과정은 정말 재미있고 신이 나요." 여기서 음악에 대한 자기지향적인 동기는 확실해 보인다. 그러나 파올로는 자기만을 위해서 음악에 헌신하는 것은 아니었다. "그래서 나는 [사람들이 뭔가를 생각하거나 경험하게 만드는] 음악을 만들고 싶습니다. 사람들의 감정에 울림을 주고, 그들이 진짜 느끼는 것이 무엇인지 알게 해주는 음악요. 사람들은 음악이 없으면 자신의 감정을 쉽게 느낄 수 없다고 생각해요." 재즈에 대한 파올로의 헌신은 다른 사람들에게 영향을 주고자 하는 욕구가 한 부분을 이루며, 따라서 그의 헌신은 목적을 나타낸다. 첫 인터뷰로부터 5년 후, 파올로가 가진 자아를 넘어선 동기는 더욱 발전했다. 그는 재즈를 즐기는 청중들이 더 많아지는 데 도움이 되고 싶다고 말했고, 최근 관심을 갖게 된 전자 음악과 재즈 피아노에 대한 지식을 결합해서 자신만의 새로운 장르를 남기고 싶다고 했다.

파올로는 여섯 살부터 음악을 연주했고, 음악에 대한 열정, 특히 재즈에 대한 열정은 시간이 지남에 따라 커졌다. 그는 상위권 수준의 공대에 다닐 기회가 있었지만 음대를 선택했다. 그는 항상 자신을 음악가라고 여겼기 때문이다. "나는 [재즈와] 하나였어요. 와, 저 사람 누구야? 아, 파올로. 재즈 하는 애. [그러나] 아, 파올로. 수학 잘하는 애. 이런 생각은 가져본 적이 없어요."

예술형 목적은 매우 다양하며, 파올로는 예술형 목적이 구현된 한 가지 사례일 뿐이다. 그의 헌신은 오래 지속되었고, 음악의 길을 가기 위해 희생했으며, 자신의 음악을, 자신의 즐거움뿐만 아니라 다른 사람들에게 영향을 주는 수단으로 사용하고자 했다. 그러나 음악에 대한 파올로의 헌신은 직업 경로를 따라 발전했기 때문에, 그의 목적은 예술형 목적일 뿐만 아니라, 직업형 목적으로도 분류될 수 있을 것이다. 이 예는 목적을 하나의 범주에만 명확히 한정하는 것이 어렵다는 것을 보여준다.

시민형, 정치형 목적

정치와 사회봉사 활동을 포함하는 시민 활동은 마지막으로 살펴볼 목적의 범주이다. 흥미롭게도, 오늘날 많은 젊은이들이 봉사 활동에 참여하고 있지만, 정치적 지향점을 두고 헌신하는 사람은 비교적 드물다. 최근의 한 조사에 따르면 고등학생의 50% 이상이 적어도 매달, 25% 이상은 매주 지역사회에서 자원봉사를 하고 있는 것으로 나타났다(Youniss & Yates 1997).

그러나 청소년들의 정치에 대한 지식과 관심은 매우 낮은 편이다(Colby et al. 2007). 따라서 봉사형 목적은 상당히 많지만 정치형 목적은 매우 희소하다(Damon 2008).

다른 유형의 목적에 대한 연구와 마찬가지로 시민형 목적에 대한 경험적 연구도 제한되어 있다. 이 주제를 직접 다룬 연구는 손에 꼽힐 정도이다. 한 연구에 따르면 이타적 행동에 참여한 청소년이 그렇지 않은 청소년보다 더 높은 수준의 안녕감을 보고했을 뿐만 아니라(Benson et al. 2007) 목적을 가지고 있을 가능성도 더 높았다(Schwartz et al. 2009). 물론 목적이 반드시 이타적이거나 친사회적일 필요는 없다. 예를 들어 재즈의 저변을 확대하려는 것은 친사회적이라고는 할 수 없지만, 자아를 넘어선 세계에 영향을 주려는 의도가 들어있는 것이고, 따라서 그것은 목적을 가지고 있다고 볼 수 있다. 목적이 반드시 친사회적 성격을 갖는 것은 아니지만, 많은 목적, 특히 시민형 목적은 친사회적 성격을 가진다. 어떤 목적이 친사회적 성격을 갖는다면 이타성과 목적이 서로 연관되는 것은 당연하다. 그러나 놀라운 사실은 높은 능력을 가진 청소년들이 일반 청소년들보다 봉사형 목적을 보고할 확률이 높다는 것이다(Bronk et al. 2010). 이 연구 결과는 영재를 위한 사립고등학교에 다니는 학생들이 일반 공립고등학교에 다니는 학생들보다 목적을 보고하는 비율이 높다는 것과도 연결된다. 그러나 이 결과는 지적 능력의 차이가 아니라 기회의 차이로 보인다. 능력을 가진 학생들이 다니는 학교는 봉사 활동에 참여할 수 있는 더 많은 기회를 주고, 그 활동에 참여한 학생들은 능력을 발휘할 것이라는 주위의 기대를 더 많이 받기 때문이다.

시민형 목적의 사례 연구

시민형 목적은 정치 참여와 사회 봉사에 대한 헌신을 모두 포함한다. 따라서 정치형 목적과 봉사형 목적에 대한 사례가 여기에 해당될 수 있다.

미치(Mitch)는 텍사스에서 고등학교를 다녔고 이때 정치에 매료되었다. 그는 보수당을 지지하는 가정에서 자랐지만, 부모님은 그들의 정치적 성향을 특별히 강조하지는 않았다. 미치는 자신의 개인적 신념을 성찰하는 데 많은 시간을 보냈고, 결국 자신의 개인적 가치는 진보적 이념보다 보수적 이념에 더 가깝다고 판단했다.

정치에 대한 그의 관심은 고등학교 시절 사회 선생님 덕분에 시작되었는데, 선생님은 그에게 자신의 신념을 알아보도록 격려하고 그의 생각에 도전감을 불어넣어 주었다. 미치는 고등학교 시절에도 여러 정치 단체에 참여하였지만, 대학교에 진학한 후에 본격적으로 활동하기 시작했다. 역설적이지만 미치가 다닌 대학은 미국에서 가장 진보적인 성향을 가진 곳이었다. 그는 교수와 학생들이 진보적 이념에 무비판적으로 편향되어 있다고 느꼈고 마음이 불편했다. 그래서 그는 지역 공화당 대학 지부의 일에 더 많이 관여하게 되었다. 정치 활동이 늘면서 그는 주 전역을 대표하는 공화당의 대학생 위원장으로 출마하여 당선되었다. 대학 졸업 후에 그는 공화당의 대통령 선거 운동에 참여하고 보수파 싱크탱크에서 일했다. 마지막으로 그와 인터뷰했을 때 그는 정치가가 될 수도 있다고 언급하였다. 그가 실제로 그렇게 하기로 결심했는지는 모르지만, 그는 이렇게 말한다. "나는 세상을 변화시키고 있고 변화시킬 것입니다. 나는 정치에 관여하고 있고, 그 일도 완수해낼 것입니다. 나를 넘어서는 위대한 일에 참여해서 세상을 변화시킬 수 있습니다. 그리고 이제 정치에 직접 뛰어들고 싶고, 분명 거기서 나만의 길을 갈 것입니다." 미치의 정치적 지향점은 개인적으로 의미 있는 방식으로 더 넓은 세계에 영향을 미칠 수 있는 방법을 찾게 해주었다.

리드(Reid)는 시민형 목적의 또 다른 예시이다. 그의 헌신은 정치 활동보다는 지역사회 봉사 활동에 초점이 있다. 캐나다인인 리드는 일곱 살 무렵 학교 수업 중 제3세계 국가에서는 깨끗한 식수를 얻는 것이 매우 어렵다는 이야기를 들었다. 이 수업은 리드의 "머리를 관통했다." 그는 이 문제를 어떻게 해결할 수 있는지에 대해 자세히 알아보기로 결심했다. 부모님과 선생님의 도움으로, 리드는 충분한 자금을 모으면 마을 전체에 깨끗한 물을 공급하는 우물 조성에 도움이 된다는 것을 알게 되었다. 그는 또래들에게서 보기 힘든 집중력과 끈기를 발휘하여 이 문제에 매달렸다. 1년 넘게 집안일을 도와 용돈을 모으고, 학교에서 발표를 했으며, 각종 언론과의 인터뷰에 참여했다. 모두 우물 조성을 위한 기금 마련 때문이었다. 1년 후 우물을 파는 데 필요한 돈을 모았고 관련 기관에 연락하여 끝내 우물을 만들게 되었지만 리드는 거기서 멈추지 않았다.

리드는 처음 인터뷰 당시 열두 살이었다. 이후에 리드는 전 세계 식수원 프로젝트를 지원하기 위한 비영리 단체를 직접 설립했다. 5년 후 다시 인터뷰했을 때, 그의 단체는 전 세계에 걸쳐 700개 이상에 달하는 식수원 프로젝트를 위해 백만 달러 이상을 모금했다. 리드는 마지막 인터뷰에서 "우리는 좋은 일을 해왔지만 아직 해야 할 일이 너무 많아요."라고 말했다. 왜 이러한 일들을 해오고 있냐는 질문에 리드는, 깨끗한 식수 문제와 같이 세상에는 중요한 문제들이 많다고 설명하고, 자신은 이 문제를 해결한 준비가 되어 있다고 말했다. 이 문제를 해결할 수 있는 다른 방법도 많았지만 자신의 재능은 기금 모금에 있었다고 하였다. "누구든, 어떤 식으로든 [세상을 변하게] 할 수 있어요. 우리는 세계의 모든 사람들로부터 도움을 받고 있습니다. 통역하고 자원봉사에 지원하고, 재단에서 일하는 등 각자의 방식으로 더 좋은 세상을 만드는 것이죠. 우리는 똑같은 사람이 아니니까 각자 다른 방식으로 기여해야 합니다. 나는 이렇게 일이 되어가는 데에 감동을 받을 때가 많아요." 리드는 개인적으로 의미 있는 지향점을 위해 자신의 재능을 발휘하는 방법을 찾았고 의미 있는 변화를 만들어낸 것이다.

가족형 목적에서의 사례를 제외하고, 미치와 리드를 포함한 다른 사례들이 목적을 가진 청소년들의 모범사례라는 점은 유념할 필요가 있다. 이 청소년들은 매우 발달한 형태의 목적을 보여주는 예외적인 사례이다. 그들의 헌신 수준은 매우 높기 때문에 목적을 묘사하는 데에는 도움이 되지만, 반대로 여기서 일반적인 목적의 모습을 그려보기는 쉽지 않다. 그러나 개인적으로 의미 있는 목표에 대해 헌신의 수준이 높지 않아도 여전히 목적을 보여줄 수 있다. 사실상 헌신의 수준이 보통인 것이 청소년들의 표준에 가깝다. 8장(모범사례 연구)에서는 소수의 사례를 대상으로 한 연구를 더 자세히 논의하고, 모범사례 연구의 장단점을 개략적으로 설명한다.

종교형 목적에 대한 연구 외에 다른 유형의 목적에 대해서는 경험적 연구가 많지 않으며, 이들은 또한 새로운 연구 영역이기 때문에 더 확실한 검토가 필요하다. 그러나 목적에 대한 명확한 정의도 생겼고 인간의 최적 기능에서 목적의 긍정적인 역할도 확인된 지금, 보다 많은 연구가 필요한 시점이다. 다양한 목적이 어떻게 발전하며 그 목적을 효과적으로 지원하는 방안은 무엇인지 이해하기 위해서는 목적을 고취하는 다양한 원천들을 검토하는 것이 중요하다. 예컨대 직업형 목적은 가족형, 종교형 목적과 다른 형태로 발달하며 다른 종류의 지원을 필요로 한다. 그리고 시민형 혹은 정치형 목적은 가족형이나 종교형 목적과는 다른 종류의 성격 강점과 관련이 있거나 심리적인 결과물도 다를 가능성이 높다. 9장(목적 연구의 미래 향방)에서는 이러한 연구들의 필요성에 대해 더 포괄적이고 상세한 논의를 할 것이다.

다양한 유형의 목적을 명확하게 이해하는 것과 함께 다양한 집단에서 목적이 어떻게 나타나는지 알아보는 것도 필요하다. 다양한 민족, 문화, 지리적 배경을 가진 청소년들이 개인적으로 의미 있는 목표를 위해 헌신하는 방식과 목표의 종류는 여러 가지로 나타난다. 다음 장에서는 다양한 집단에서 목적을 가진 삶이 어떤 경험으로 나타나는지 살펴보고자 한다.

07

다양한 집단에서 목적의 경험

The Experience of Purpose among Diverse Groups

07

다양한 집단에서 목적의 경험
The Experience of Purpose among Diverse Groups

목적의 정서적 경험

현재까지 검토한 연구는 목적이 있는 삶을 영위하는 것이 긍정적인 경험이라는 사실을 확실하게 보여준다. 삶의 목적을 가진 개인은 대체로 긍정적인 감정과 정서 상태를 보고한다(King et al. 2006). 3장(최적의 인간 기능에서 목적의 역할)에서 자세히 논의했듯이, 목적은 주관적 안녕감(Seligman 2002; Zika & Chamberlain 1987; Gillham et al. 2011), 긍정 정서(King et al. 2006), 희망(Bronk et al. 2010), 삶의 만족(Ho et al. 2010; Bronk et al. 2010; Bronk et al. 2009) 등과 유의한 관련이 있다. 어떤 목적은 행복과도 관련이 있지만(Soderstrom & Wright 1977), 우리가 확인한 구인으로서의 목적은 자신이 생각하는 삶의 의미대로 살아가는 느낌을 공통적인 특징으로 한다(Bronk 2011). 예를 들어서 구원이나 청결한 삶(clean living)[1]과 같은 덕목을 반영한 가치는 목적 경험과 결부되는 반면, 쾌락, 편안함, 흥분과 같은 가치는 목적부재의 경험과 연결된다(Paloutzian 1981; Simons 1980).

목적의 추구(pursuit)는 대체로 긍정적인 경험으로 나타나지만, 목적의 발견(discovery)은 그렇지 않을 수도 있다. 어떤 경우에는 목적을 탐색(search)하는 것이 힘들고 불편할 수 있으며, 특히 노년기에 목적을 찾아야

---

1) [역주] 1830년대 이후 미국 중부지역에서 확산된 일종의 종교적 금욕주의 운동으로서 술, 담배, 약물 등의 유해물질을 삼가고 건강하고 도덕적인 생활을 추구함.

하는 경우에는 더욱 그렇다(Bronk et al. 2009). 목적을 탐색하는 것이 어려움을 수반함에도 불구하고, 프랭클(Frankl 1959)은 매우 고통스럽고 우울한 상황에서도 목적이 발견될 수 있다고 믿었다.

3장(최적의 인간 기능에서 목적의 역할)에서 논의했듯이, 목적과 긍정 정서 사이의 관계는 복잡하다. 따라서 어떤 조건에서 목적과 긍정 정서가 관련되어 있는지를 확인하기 위한 연구가 필요하다. 목적과 긍정 정서 사이의 방향성, 즉 목적이 긍정 정서를 이끄는지 아니면 긍정 정서가 목적이나 의미의 발달을 이끄는지 알아보기 위해서 연구자들은 여섯 가지 일련의 연구를 실시했다(King et al. 2006). 첫 번째 연구에서는 삶의 의미가 긍정적인 기분 상태와는 강한 정적인 관련이 있는 반면 부정적인 기분 상태와는 부적인 관련이 있음이 입증되었다. 두 번째 연구에서는 하루를 의미 있는 경험이라고 예측하는 가장 강력한 변수는 그날 경험한 긍정 정서의 양이라는 것을 보여주었다. 달리 말해서 '다 괜찮아(all is well)'라는 감각은 의미 있는 삶을 이끌어 낸다. 이어진 연구들에서는 개인에게 긍정적인 기분을 느끼게 해주었을 때 삶의 의미에 대한 평정 점수가 높아졌다. 이 연구들을 종합하면, 긍정적인 기분은 의미의 발달을 이끌거나, 최소한 자신의 삶이 의미 있다고 느끼게 해준다. 다시 말해 긍정적인 분위기는 주어진 상황에서 유의미성에 대한 개인의 인식과 민감성을 증가시킨다(King et al. 2006).

예상할 수 있듯이, 이어진 연구들에서도 목적부재는 부정적인 기분 상태와 유의한 관련이 있음을 확인하였다. 예를 들어 목적을 가지지 못한 개인은 불안, 권태, 우울을 포함한 높은 수준의 부정적인 감정을 느끼는 것으로 밝혀졌다(Fahlman et al. 2009). 마찬가지로 만성적인 권태를 경험하는 개인은 목적이 없는 경우가 많으며(Drob & Benard 1988) 유의미한 인생의 프로젝트를 그만두는 것은 만성적인 권태에 갇히게 되는 느낌을 낳는다(Bargdill 2000).

흥미롭게도 긍정 정서는 의미 있는 상태를 이끄는 데 반해, 부정 정서가 목적부재를 이끄는 것은 아닌 듯하다. 경험적 연구에서는 이와는 반대로 목적부재가 부정 정서를 유도한다는 결론을 얻었다(Fahlman et al. 2009). 이러한 결론에 이르기 위해서 연구자들은 참여자들을 나누어 기분(행복 혹은 슬픔)과 목적의식을 각각 조작했다. 결과를 보면, 기분의 변화가 아닌 목적의식의 변화에 따라 권태 점수가 변하는 것으로 나타났다.

또한 목적부재는 죽음불안(death anxiety)과 정적으로, 목적 실재는 죽음불안과 부적으로 유의하게 관련 있다(Drolet 1990). 이는 목적을 가진 개인의 경우 자신의 성취와 공헌을 통해서 인생을 지속할 수 있음을 느끼기 때문이다. 더 넓은 세계 안에서 개인적으로 의미 있는 일들을 하다보면 상징적인 불멸성을 의식할 수 있다. 이러한 방식으로 목적 추구는 특히 중년기의 생산성을 위한 중요한 경로가 된다(Erikson 1959; McAdams & Logan 2004).

지금까지의 논의를 통해, 목적이 있는 삶의 경험은 대체로 긍정적이지만 목적이 없는 삶의 경험은 대체로 부정적이라는 결론을 얻었다. 그러나 중요한 예외도 있다. 이 책의 앞부분에서 논의한 바와 같이 중년기에는 일반적으로 [노부모, 친구, 친척의] 간병(Marks et al. 2002)이나 양육(Umberson & Gove 1989)과 같은 목적을 가지게 되는데, 이는 긍정 정서와는 관련이 없지만 목적과는 관련이 있다. 이런 목적들처럼 긍정 정서와 관련되지 않은 목적을 명확히 밝히는 연구가 더 필요하다. 마찬가지로 목적부재와 부정 정서 사이에 유의한 관계가 있는 것이 분명하지만 여기에도 예외가 있을 수 있다. 목적을 가진 사람의 비율 자체가 높지 않고, 또한 목적을 가지지 않은 사람들이 모두 우울증이나 권태를 겪는 것은 아니기 때문에 목적부재가 부정 정서를 전혀 예측하지 못하는 어떤 상황이 있을 수 있다. 목적과 부정 정서, 목적부재와 긍정 정서, 또는 중립 정서에 대한 추가적인 연구도 필요하다. [목적과 정서 간의] 이러한 관계가 어떻게 나타나는지 더 많이 이해하게 되면, 목적 구인이 가진 복잡성과 한계들을 이해하는 데에도 시사점을 얻을 수 있을 것이다.

목적의 정서적 경험 과정

앞서 말한 예외에도 불구하고, 대다수 사람들에게 목적이 있는 삶을 영위하는 경험은 대부분 긍정적이다. 그러나 그 이유를 바로 이해하기는 쉽지 않다. 목적이 가진 특정 요소 때문에 그런 것인지 혹은 다른 요소가 그것을 가능하게 하는지는 명확하지 않다.

이론적 혹은 경험적 연구는 긍정 정서와 목적 사이의 관계 이면에 있을 수 있는 몇 가지 메커니즘을 제안하고 있다. 첫째는 목적의 목표지향적 측면과 관련이 있다. 1장(개요와 정의)에서 자세히 논의했듯이, 삶의 목적은 개인적으로 의미 있는 장기적인 목표를 나타내며, 목표를 추구하는 것과 긍정적 감정은 강한 관련이 있다. 예를 들어 대학생들에게 한 달 동안 목표의 중요성, 목표 달성, 주관적인 안녕감에 대해 매일 일기를 쓰게 한 결과, 목표의 중요성과 목표 달성은 긍정적 감정과 상당한 관련이 있었다(Emmons & Diener 1986). 목적을 가진 개인은 목적의 정의에 따르면 개인적으로 매우 중요한 목표를 가진 사람이며, 그 목표를 달성하기 위한 활동에 열심히 참여할 수밖에 없으므로 목적은 긍정 정서를 경험하게 하는 데 핵심 역할을 한다.

둘째, 목표 추구에는 강한 내재적 동기가 들어있다. 목표를 추구하는 개인은 높은 동기를 가지고 있으며 목적을 가진 개인도 그러하다. 사실 목적을 가진 사람들은 개인적으로 의미 있는 지향점을 향한 강한 동기를 가지고 있고 심지어 떠밀리기도 한다(Bronk 2005, 2012). 연구 결과에서도 높은 동기를 가진 사람들의 목적 점수가 더 높고(Crumbaugh et al. 1970), 목적을 추구하는 동기가 높은 사람들은 삶에 대해 더 긍정적으로 느끼는 경향이 있었다. 예를 들어 의미 있고 스스로 잘 관리할 수 있으며 타인의 지지를 받을 수 있는 프로젝트(Little 1983)와 같이 목표지향적인 활동들에 관여하는 사람들은 우울증이 낮고 안녕감이 높다(Little 1989; Salmela-Aro & Nurmi 1997). 이는 목적 추구에서의 내재적 동기가 목적과 긍정 정서 사이의 관계를 일부 설명할 수 있음을 시사한다.

셋째, 목적의 자아외적 측면 역시 긍정 정서에 기여한다. 삶의 목적을 열망하는 개인은 자기를 넘어선 문제에 기여하고자 한다. 경험적 연구 결과, 긍정적인 경험은 목적 추구의 삶에 헌신할 때 나타났다. 최근의 한 연구에서는 청소년들의 장기적 목표 유형에 대해 조사했는데(Bronk & Finch

2010), 연구에 참여한 144명의 청소년은 자기지향적 목표, 자아를 넘어선 목표, 자기지향적이면서 자아를 넘어선 목표를 가진 세 개의 집단으로 분류되었다. 조사 결과 자기지향적 목표를 가진 청소년보다 자아를 넘어선 목표를 가진 청소년이 삶의 만족에서 훨씬 더 높은 점수를 나타냈다.

같은 맥락의 한 연구에서는 대학생들에게 일기 과제를 부여했다. 참여자들은 3주 동안 참여한 활동과 그 활동에서 느낀 감정을 일기에 적었다(Steger et al. 2007). 참여 활동은 타인에 초점이 있는 에우다이모니아적 활동과 자신에 초점이 있는 쾌락적 활동의 두 부류로 나뉘었다. 연구 결과 쾌락적 활동에 비해 에우다이모니아적 활동에 대한 참여가 높을수록 삶의 의미, 긍정 정서, 삶의 만족이 높았다.

마지막으로, II차 세계대전에 참전했던 남성들을 대상으로 자아를 넘어선 의도를 조사한 회고적 연구(Mariano & Vaillant 2012)가 있다. 연구자들은 이들이 청년 시절에 했던 인터뷰와 같은 역사적 문서를 분석하였다. 그 결과 자아를 넘어선 관심을 표명한 사람이 그렇지 않은 사람들보다 더 긍정적인 경험을 보고한 것을 알 수 있었다.

목적의 사회적 경험

목적이 있는 삶을 영위하는 것은 정서적, 사회적으로 긍정적인 경험을 가져온다. 특히 유목적성은 친밀한 관계와 동시에 나타날 수 있다(Padelford 1974; Reker 1977). 가족, 친구, 타인 등 다양한 사람들과 상호작용하고 서로를 배려하는 것은 의미 있는 경험과 결부된다(Debats et al. 1995). 또한 기혼자는 미혼자보다 목적 점수가 높으며(Zeitchik 2000), 이타적인 청소년들은 남녀 모두 긍정적인 사회적 관계와 목적 점수가 더 높다(Schwartz et al. 2009).

동시에 사회적 고립은 목적부재의 경험과 유의한 관련이 있다. 특히 여러 연구에서 목적부재가 사회적 아노미와 소외를 예측한다는 것을 보여준다(Debats et al. 1995; Morojele & Brooks 2004; Ross & Mirowsky 2009). 한 연구에서 참여자들은 의미부재의 상황을 기술하였는데, 이들은 또한 사회에서의 소외나 고립감을 일관되게 보고하였다(Debats et al. 1995). 또 다른 연구에서도 사회적으로 배척당한 경험 이후 목적 점수가 낮아진 것으로 나타난다(Stillman et al. 2009).

사람들이 소외감이나 고립감을 자주 경험하는 한 가지 상황은 다른 문화적 배경을 가진 사람들에게 둘러싸여 있을 때이다. 인종적, 민족적 이질성은 사람들을 위협하고 불안하게 만든다(Alesina & La Ferara 2002). 위축이론(Constrict Theory, Putnam 2007)에 따르면, 문화적으로 이질적인 환경에 놓인 사람들은 스스로 "움츠러들고", 자신과 같은 혹은 다른 부류로 지각되는 사람들과 사회적 관계를 전반적으로 적게 형성한다. 한 연구에서는 목적과 사회적 연결성 간에 분명한 관계가 있다는 사실을 전제로, 목적을 가진 개인이 이질적 배경을 가진 사람들에게 둘러싸였을 때 고립감을 경험하는지, 아니면 이질적 배경을 가진 사람들에게 둘러싸여 고립감을 경험할 때 목적을 가지고 있다는 느낌이 감소되는지 알아보고자 하였다.

이를 위해 연구자들은 새로운 방식으로 연구를 설계했다. 이 연구에서는 목적의 유무에 따라 문화적 배경이 다른 사람들로 둘러싸여 있는 상황을 느끼는 방식이 달라지는지 알아보고자 하였다(Burrow 2012). 참여자들은 목적과 감정에 대한 설문에 응답한 후 열차를 타고 미국의 대도시 주변을 여행했다. 실험 협조자들은 참여자들 모르게 열차에 탑승하여 승객들의 인종적 배경을 기록했다. 목적지에 도착한 후 참여자들은 다시 한 번 목적과 감정에 대한 설문에 응답했다. 목적을 가지지 않은 사람들은 이질적 환경에서 더 높은 수준의 부정 정서를 보고하였지만, 목적을 가진 사람들은 그렇지 않았다. 실제로 목적을 가진 사람들은 사전검사에서도 그리고 이질적 환경에 노출된 사후검사에서도 목적이 없는 사람들보다 부정 정서가 낮았다. 즉 삶의 목적이 있는 개인은 실험 시작 전에도 부정 정서를 적게 경험했고, 다른 문화적 배경을 가진 사람들에게 둘러싸여 있었던 경험 이후에도 부정 정서를 적게 경험했다. 이 연구 결과는 삶의 목적을 추구하는 것이 다문화적 상황에서 발생하는 어려움을 완충시킬 수 있음을 시사한다.

이어지는 반복연구에서는, 실험 집단의 참여자들에게는 개인적으로 의미 있는 목적에 대해 쓰고, 통제 집단의 참여자들에게는 그들이 좋아하는 영화에 대해 쓰게 하여 실험집단에만 유목적적 상태를 유도했다(Burrow 2012). 앞서와 마찬가지로 실험 협조자들은 탑승객의 인종적 배경을 기록하였다. 열차 여행이 끝나고 참여자들은 다시 목적과 정서에 대한 설문에 응답했는데, 목적의 느낌을 가지도록 유도했던 실험 집단은 문화적 다양성의 수준에 관계없이 부정 정서의 수준이 높지 않았다. 즉 유목적적 상태를 가지는 것은 다문화적 맥락에서 발생할 수 있는 부정적 감정들로부터 참여자들을 보호할 수 있다.

흥미롭게도 이것은 단지 서구 사회에서만 일어나는 현상이 아니다. 호주의 중국인 유학생을 대상으로 한 연구에서도 유사한 결과가 나타났는데, 삶의 의미 수준이 높다고 보고한 학생들은 의미 수준이 낮다고 보고한 학생들에 비해 문화적 스트레스를 덜 경험했다(Pan et al. 2008).

목적의 자아 관련 경험

삶의 목적의식이 분명한 사람들은 다문화적 맥락뿐만 아니라 자신에 대해서도 더 편안함을 느끼는 편이다. 그들은 목적이 없는 사람들보다 긍정적인 자기개념(positive self-concepts, Reker 1977), 자신감(self-confidence, Crumbaugh & Maholick 1969), 자기통제(self-control, Crumbaugh & Maholick 1969), 자기수용(self-acceptance, Crumbaugh & Maholick 1969), 자존감(self-esteem, Bigler et al. 2001; Paloutzian & Ellison 1982; Schlesinger et al. 1990; Scannell et al. 2002)의 수준이 더 높다. 또한 목적을 가진 개인은 현실적 자아와 이상적 자아 간의 간극도 크지 않다(Reker 1977).

의미부재의 경험은 자아균열(disintegration) 의식과 관련 있는 반면 의미 있는 경험은 자아통합 의식과 관련 있다(Debats et al. 1995). 연구자들은 참여자들에게 삶에 대해 언제 의미 있다고 느끼며 언제 의미 없다고 느끼는가를 물었다. 자신의 삶이 의미 없다고 느낀 시기는 자신의 가능성이 막히고

무능함 때문에 뒤처지는 경험을 할 때였고, 자신이 삶이 의미 있다고 느낀 시기는 자아가 단일하다(self-unity)는 경험을 할 때였다.

긍정적인 기분과 긍정적인 인간관계 그리고 자아통합감을 경험하는 것 외에도, 목적을 가진 사람은 목적이 없는 사람보다 스트레스를 효과적으로 관리한다. 목적을 가진 사람들이 더 많은 스트레스 요인에 노출될 수도 있지만, 3장(최적의 인간 기능에서 목적의 역할)에서 설명한 대로 이들은 스트레스를 관리하기 위한 준비가 더 잘 되어 있다.

목적을 가진 사람들이 스트레스가 주는 부정적인 영향을 적게 경험하는 한 가지 이유는 그들이 통제감을 더 높게 인식하기 때문이다. 목적이 없는 사람에 비해서 목적을 가진 사람은 자신이 환경을 통제할 수 있다고 보며 운이나 우연을 기대하지 않는다(Reker 1977; Yarnell 1971). 목적이 있는 삶을 영위하는 것은 내적 통제 소재와 관련이 있다(Pizzolato et al. 2011). 남아프리카인들을 대상으로 한 연구에서 사회경제적 배경이 낮은 사람들은 높은 사람들보다 국내의 사회적, 정치적 상황에 대해 의미 없다고 응답하는 비율이 더 높았다(Morojele & Brooks 2004). 아마도 어려운 환경에 있는 사람들은 국가의 운영 방식을 바꾸는 것에 무력감을 느낄 가능성이 있고, 따라서 전반적 상황을 무의미하게 느낄 수 있다. 이러한 관점에서 볼 때 이 연구 결과는 목적과 통제 소재 사이의 관계를 뒷받침한다.

목적 탐색의 경험

지금까지는 삶의 목적에 헌신하고 있는 사례를 주로 다루었고, 목적을 탐색하고 있는 사례를 따로 다루지는 않았다. 앞서 밝혀진 바와 같이 목적 탐색의 경험은 목적 추구의 경험과 상당히 다를 수 있다. 3장(최적의 인간 기능에서 목적의 역할)에서 목적 탐색의 경험에 대해 자세히 논의하였지만, 간단히 말해 목적의 탐색은 청소년기와 청년기에서는 삶의 만족과 관련 있지만 중년기에는 그렇지 않다(Bronk et al. 2009).

사람들이 일단 목적을 발견하면, 그 뒤에는 목적을 덜 탐색할 것으로 예상된다. 2장(목적의 측정)에서 대략 설명한 바와 같이, 크럼보(Crumbaugh 1977)가 「노에틱 목표탐색 검사」(Seeking of Noetic Goals Test, 이하 SONG, Crumbaugh 1977)를 제작할 때 기대했던 점도 이것이다. 목적을 이미 찾았는지 확인하는 「삶의 목적 검사」(Purpose in Life Test, 이하 PIL; Crumbaugh & Maholic 1964)를 보완하기 위해서 그는 목적을 찾는 동기를 측정하는 「SONG」을 제작했다. 예상한 대로 일반 집단에서는 목적의 발견과 목적의 탐색 사이에서 역관계가 나타났지만 문제 집단에서는 이 관계가 나타나지 않았다(Crumbaugh 1977). 크럼보는 이 결과를 통해 자신이 새로 만든 「SONG」이 건강한 집단과 그렇지 않은 집단을 잘 구별한다고 주장하였다. 그러나 다른 연구자들은 목적에 대한 탐색과 목적에 대한 헌신이 반드시 양립 불가한 것은 아니라고 말한다(Bronk et al. 2009; Steger et al. 2007). 어떤 연구자들은 이 두 구인이 실제로 독립적으로 기능하는 것이라고 주장한다. 삶의 목적을 가진 개인은 참여의 성격이 바뀌면서(Steger et al. 2008a) 또는 목적을 향해 나아가는 다른 방법을 찾으면서(Bronk 2012) 새로운 의미의 원천을 계속해서 찾아가기 때문이다. 후자의 관점에 따르면 삶의 목적을 갖는 경험은 시간이 지남에 따라 진화한다. 청소년기에 목적을 추구하는 방식은, 비록 성인이 되어서 여전히 같은 지향점을 열망한다고 하더라도, 성인기에 목적을 추구하는 방식과 동일하지 않다.

　그러나 목적 혹은 목적을 찾는 동기를 측정하는 도구들 중에서 어떤 도구가 두 구인의 역관계를 증명하고 어떤 도구가 독립적으로 기능하는 것을 증명하는지는 불명확하다. 이 불일치에 대한 한 가지 설명은 서로 다른 측정 도구들에 들어 있는 실제 문항들을 더 자세히 살펴보면 얻을 수 있다. 「삶의 의미 설문」(Meaning of Life Questionnaire, 이하 MLQ, Steger et al. 2006)과 「개정판 청소년 목적 설문」(Revised Youth Purpose Survey, 이하 RYPS, Bundick et al. 2006)에서 목적 탐색 질문들은 목적 헌신 질문과 별도로 구성되어 있으며 구체적이고 직접적인 평가 문항으로 이루어져 있다(예: 「MLQ」-"나는 내 삶을 의미 있게 느낄 수 있게 하는 무언가를 찾고 있다." vs. 「RYPS」-"나는 항상 내 삶의 목적을 찾으려고 한다.") 이러한 질문들에서 높은 점수를 받는다는 것은 삶의 의미나 목적을 찾으려는 강한 동기를 의미한다. 반면 목적 탐색과 목적 헌신을 역관계로 보여주는 「SONG」(Crumbaugh 1977)의 목적 탐색 질문들은 훨씬 더 일반적인 평가 문항으로 이루어져 있다(예: 「SONG」– "나는 안절부절 못한다.", "나는 내가 정의할 수 없는 어떤 요소가 내 삶에서 부족하다는 것을 느낀다.") 그러므로 「SONG」에서 높은 점수를 받는 것은 목적이나 의미를 구체적으로 탐색하는 것이라기보다 탐색 활동에서 오는 일반적인 불안감이나 불만족을 보여준다. 「MLQ」이나 「RYPS」는 목적과 의미의 탐색을 구체적으로 측정하는 반면, 「SONG」은 그보다 일반적인 탐색을 측정하기 때문에 사용 도구에 따라서 결과가 달리 나타나는 것이 당연하다. 동요감(sense of disquiet), 불편감(sense of unrest)과 비슷한 경험인 불안(anxiety)과 목적이 역관계를 보여준다는 다른 연구 결과도 있다. 이는 목적 실재가 막연한 불만감(sense of dissatisfaction)이나 불편감(sense of restlessness)과 역관계에 있다는 사실을 뒷받침한다(Bigler et al. 2001).

어떤 연구자들은 문화적 배경에 따라서 목적을 찾는 경험이 달라질 수 있다고 주장한다(Steger et al. 2008b). 목적 실재, 의미실재는 개인이 더 큰 사회와 관련해서 자신을 바라보는 관점과 밀접한 관계가 있다(Baumeister 1991; Bronk 2011; Damon 2008; Erikson 1959, 1968). 개인주의 문화에서는 독립적인 주체로서의 자아를 강조하는 반면, 집단주의 문화에서는 구성원들 간의 상호의존성을 강조한다(Heine et al. 2001). 개인주의 문화의 구성원들은 자신에 대해 긍정적인 감정을 형성하고 유지하는 데에 동기화된다(예: Heine et al. 1999; Oishi & Diener 2003). 목적 탐색은 인생의 특정 단계에서만 긍정적인 감정을 제공하는 반면 목적 헌신은 인생의 전 단계에서 긍정적인 감정을 제공하므로, 이러한 문화권의 사람들은 목적의 헌신에 더 큰 가치를 둔다(Bronk et al. 2009). 집단주의 문화의 구성원들은 자기계발을 위한 노력과 수고에 더 높은 가치를 둔다(예: Heine et al. 1999; Oishi & Diener 2003). 이것은 목적 탐색과 유사한 과정이므로 이러한 문화권의 사람들은 목적에 헌신하는 것보다 목적을 탐색하는 것에 더 편안함을 느낄 수 있다. 이 이론을 뒷받침하는 증거가 있다. 예를 들어 개인주의 문화의 미국인은 집단주의 문화의 일본인보다 삶의 의미 수준이 더 높게 나타나고, 일본인들은 미국인보다 삶의 의미 탐색 수준이 더 높게 나타났다(Steger et al. 2008b). 또한 미국인은 한국인보다 안녕감, 즉 이미 목적이 있는 상태의 수준이 더 높다. 다양한 문화 안에서 목적 탐색과 목적 헌신 과정을 모두 검토하는 추가적인 연구가 필요하지만, 문화권에 따라 목적 탐색과 목적 실재의 경험이 다르다는 것은 확실하다.

다양한 집단에서 나타나는 목적의 경험

지금까지의 논의에서는 "일반인"들이 목적있는 삶을 영위하는 것이 어떤 것인가를 보여주었다. 그러나 "일반인"에게만 초점을 맞추면 그외 다른 집단에서 나타나는 목적의 성격과 목적이 나타나는 경향에 대한 차이를 간과할 수 있다. 다양한 집단에서 나타나는 목적에 대한 연구는 최근 시작되었다.

전생애에 걸쳐서 목적이 어떤 비율로 나타나는지에 대한 연구는 주로 서구사회 집단에서 많이 진행되었다. 4장(전생애적 관점에서 본 목적)에서 이에 대해 설명하였다. 간단히 말해 목적은 청소년기, 청년기에 나타나며(Bronk et al. 2009; Damon 2008; Reker 1977), 청년기에 절정에 이르렀다가 유목적적 참여의 기회가 사라짐에 따라 중년기와 노년기에는 약간씩 감소하는 경향이 있다(Meier & Edwards 1974; Pearson & Sheffield 1974; Ryff 1995; Ryff & Singer 2008). 이러한 목적의 편재성(prevalence)은 목적이 주어지는 것이 아니라 발견되는 것이라는 프랭클의 믿음(1959)을 뒷받침하는 것으로서, 삶의 목적을 발견하는 데는 어느 정도의 시간과 함께 유목적적 추구가 될 가능성이 있는 활동에 능동적으로 참여할 기회가 필요함을 의미한다(Bronk 2012). 그러나 이러한 편재성과는 별도로 목적의 개인차와 집단차에 대한 연구가 진행되어야 한다. 출신 국가, 소수 민족의 지위, 지역사회의 유형, 학생 신분 같은 요소에 따라 개인이 인생에서 의미 있는 목적을 발견하고 헌신할 가능성이 달라지기 때문이다.

비서구사회 집단에서의 목적

앞에서 언급한 바와 같이 목적에 대한 대부분의 연구는 서구사회에서 이루어졌다(Jonsen et al. 2010). 일부 문화 연구 및 비교문화 연구에서는 다른 국가에서 나타나는 목적의 비율을 조사하였다. 예를 들어 [PIL]은 중국어로 번역되어 중국 청소년에게 실시되었는데(Shek et al. 1987), 그 결과 중국 청소년들은 서구 청소년들보다 목적을 보고하는 비율이 상대적으로 낮았다. 저자들은 중국 문화권에서는 비관적인 태도를 특징으로 하는 권위주의적인 성격 프로파일을 자주 볼 수 있는데, 이 때문에 그런 결과가 나왔다고 추측한다(Meade 1970; Meade & Barnard 1973). 이 결과는 중국인들 사이에서 전형적으로 나타나는 높은 외적 통제 소재 때문일 수도 있다(Yang 1981).

이 장의 앞부분에서 논의한 바와 같이, 다른 아시아권 문화에서도 목적은 낮은 비율로 나타난다. 한국인(Ryff 1995)의 경우 목적의 중요한 요소인 안녕감이 낮게 나왔으며, 일본인의 경우 목적 비율은 낮지만 목적 탐색은 높은 비율로 나타났다(Steger et al. 2008b).

사회적 불평등과 목적

목적에 관한 연구는 대부분 취약층이 아닌 보통의 경제적 수준을 가진 학생을 대상으로 한다. 사회적 불평등을 겪고 있는 집단의 목적에 관한 연구는 거의 없다. 프랭클(1959)은 사회적 불평등과 관련된 어려움이 삶의 목적을 찾는 것을 막지는 못한다고 하였다. 실제로 그는 나치 수용소에 수감된 중에도 자신의 목적이 지녔던 생명 유지력을 강조하고 있다. 그는 또한 역경이 삶의 목적을 깊이 의식하는 데 도움이 된다고 주장한다.

리프 등(Ryff et al. 2003)은 소수 민족 지위, 교육적 성취, 지각된 차별로 사회적 불평등을 측정하고 목적의 경험을 알아보고자 하였다. 연구 결과 소수 민족 지위 단독으로는 더 높은 목적 점수를 예측하지 못했지만, 교육적 성취를 추가하면 예측이 가능했다. 즉 고학력 아프리카계 미국인은 고학력

백인보다 목적 점수가 높게 나타났다(Ryff et al. 2003). 교육적 성취는 특히 소수 민족에게 지위 획득의 기회이자 노동시장에서의 기회를 높인다. 이러한 기회들은 목적 추구, 특히 직업형 혹은 가족형 목적을 추구하게 한다. 또한 소수 민족이라도 교육을 받게 되면 인종차별에 대처할 수 있는 인지적, 정서적 능력을 갖추게 된다(Ryff et al. 2003).

소수 민족의 목적

또 다른 연구들에서 민족 정체성은 목적과 관련하여 고려해야 할 중요한 요소이다. 12,000명 이상의 청소년을 대상으로 한 연구에서는 민족 정체성 형성이 목적 헌신을 예측하는 중요한 요소임을 발견했다(Martinez & Dukes 1997). 이 연구에서 민족 정체성 형성 점수가 높은 청소년들은 목적 점수가 더 높았다. 주류 청소년들은 자신의 정체성을 의문시하거나 고려하지 않기 때문에 목적의 발전에 장애가 될 가능성이 적다. 결과적으로 이 연구에서 대부분의 백인 청소년들은 소수 민족 청소년들보다 목적 점수가 높게 나타나지만, 소수 민족 청소년들끼리 비교한다면 민족 정체성 발달이 높은 청소년들이 목적 점수가 더 높았다. 이러한 상관 연구는 목적과 민족 정체성 개발 사이의 인과관계를 확증하지는 않는다. 그러나 4장(전생애적 관점에서 본 목적)에서 자세히 기술한 것과 같이 목적의 발달과 정체성 형성 사이의 중요한 관계를 다시금 확인할 수 있다.

이 논의를 통해서, 사람들은 지위 불평등 및 소수 민족의 지위 때문에 어려움을 겪을 수도 있지만, 그 어려움을 의미 있게 인식하게 되면 목적의 발달을 막지 않는다는 결론을 얻을 수 있다. 이 결론은 프랭클(1959)의 신념과 일치한다. 프랭클은 조심스럽게 "개인을 파괴하는 것은 고통 그 자체가 아니라 의미 없는 고통"(p. 288)이라고 지적한다. 즉 개인적인 유의미성의 관점에서 본다면 고난이 반드시 목적을 감소시키는 것은 아니며 심지어는 목적의 발달을 촉진시킬 수도 있다.

소수 민족의 지위 자체가 목적을 제한하는 것은 아니지만, 다양한 민족적, 문화적 배경을 가진 개인들 사이에서 나타나는 목적의 성격 또는 편재성에 대해 알아야 할 중요한 내용이 많다. 어떤 유형의 연구가 특히 더 필요한지, 이 연구들이 왜 중요한지에 대한 자세한 설명은 9장(목적 연구의 미래 향방)에서 다룰 것이다.

다양한 공동체에서의 목적

다른 문화권에서의 성장이 목적의 경험에 영향을 미치는 것처럼, 한 문화권 내의 하위 문화나 지역사회가 다를 때에도 목적의 경험이 달라진다. 미국의 도시, 근교, 시골 출신 청소년들 사이에서 나타나는 목적을 연구한 결과 흥미롭게도 도시와 근교의 청소년들은 목적이 나타나는 비율과 시기가 비슷했다. 도시와 근교 출신의 초기 청소년 중에서는 약 15%가, 후기 청소년 중에서는 25%가, 그리고 청년 중에서는 33% 정도가 목적이 있다고 보고했다(Damon 2008). 그러나 5장(목적의 기원과 지원)에서 자세히 논의한 것과 같이, 시골 청소년들 사이에서 목적이 나타나는 비율이 상당히 높다(Bronk et al. 심사 중[2]). 최근 연구에 따르면, 시골 청소년들 중 40%(도시 및 근교 출신의 25%와 비교했을 때)가 명확한 삶의 목적이 있다고 응답했다. 이는 이 지역 청소년들이 사회적 지지를 더 많이 받기 때문인 것으로 보인다.

수감자들의 목적

연구자들은 또한 수감자 집단에서 나타나는 목적의 비율을 조사했다. 재소자들이 일반인보다 목적의 비율이 낮고, 재범자들이 초범자보다 목적의 비율이 낮은 것은 놀랍지 않다(Black & Gregson 1973; Reker 1977). 왜 수감자들이 더 낮은 목적 점수를 보고하는지 확실히 알 수는 없지만, 아마도 감옥에서의 단조로운 경험들은 지루함과 관련이 있으므로, 이것이 낮은 목적 점수와 연관될 수 있다. 또한 수감자들의 지각된 통제 소재에서도 이유를 찾을 수도 있다. 자신의 삶에 대한 통제력이 거의 없는 재소자들은 외적 통

---

2) [역주] 원서의 참고문헌에서는 under review라고 표기되어 있다. 이는 Bronk, K. C., Finch, H. W., Kollman, J., & Youngs, A. *Ecological and social support for rural youth support*로 미출간된 논문이다.

제 소재를 경험하며, 이것이 낮은 목적 점수와 관련이 있어 보인다(Pizzolato et al. 2011).

학생들의 목적

마지막으로, 목적을 가지는 것은 학생들의 삶에도 특별한 역할을 한다. 목적의 발달이 청소년기와 청년기 정체성의 발달과 일치한다는 것에 근거하여(Damon 2008; Erikson 1959, 1968) 중고등학생들과 대학생들에게서 목적의 역할에 대해 연구한 결과가 점점 늘고 있다. 이에 따르면 학교에 다니는 청소년들은 중퇴한 청소년들보다 목적 수준이 높다는 것이 밝혀졌다(Maton 1990). 여기에는 목적 수준이 낮아서 학교생활을 무의미하게 느낀 결과 중퇴하였을 가능성과, 중퇴하고 난 뒤 교육 없이는 원하는 포부를 이룰 수 없다는 것을 깨닫고 목적 수준이 낮아졌을 가능성이 있다. 다른 측면으로는 노숙(homelessness)과 같은 제3의 요소가 학업과 목적 추구를 방해한 것일 수도 있다. 그러나 인과관계의 방향과 관계없이 학교에 다니는 것과 목적 추구는 중요한 관련이 있다.

한 연구에서 유목적적 학업 목표를 가진 학생들은 그들의 공부가 더 의미 있다고 응답했다(Yeagar & Bundick 2009). 이 결과는 학교 중퇴가 목적부재를 이끈다기보다 목적부재가 학교 중퇴를 이끌 수 있음을 암시한다. 자신이 하고 있는 공부에서 의미를 찾지 못하는 학생들은 공부를 지속할 가능성이 적으며, 극단적으로는 학교를 중퇴할 가능성이 있다. 이 연구 결과는 또한 3장(최적의 인간 기능에서 목적의 역할)에서 언급했던 데이먼(Damon 2008, 2011)의 학업 스트레스 이론을 뒷받침한다. 즉 의미 있는 것으로 경험되는 일(공부)은, 다른 사람들의 눈에 스트레스를 유발하는 것처럼 보일지라도 자신에게는 스트레스로 지각될 가능성이 적다. 후자의 주장은 목적 점수가 높은 중고등학생들의 성적이 더 좋다는 또 다른 연구 결과에 의해서도 뒷받침된다(Benson 2008; Pizzolato et al. 2011).

그러나 능력이 뛰어난 학생들이라고 일반 학생들보다 목적을 가지는 비율이 더 높지는 않다. 높은 능력을 가진 학생들은 일반 학생들과 대체로 비숫한 시기에 비슷한 비율로 목적에 헌신하는 것으로 나타났다(Bronk et al. 2010). 다른 연구들에서도 마찬가지로 IQ 점수는, 수감자를 제외하고는(Reker 1977) 목적을 예측하지 않는다는 결론을 얻었다(Crumbaugh & Maholick 1969; Yarnell 1971). 수감자들의 IQ와 목적 사이의 관계는 이들 표집의 IQ 점수가 넓은 범위(72~122점)를 가지기 때문으로 보인다.3) 다른 표집에서 IQ를 측정한 추가 연구가 필요하다.

요컨대, 다양한 집단에서 나타나는 목적의 경험에 대한 추가적인 연구가 필요하다. 특히 민족적, 문화적 배경이 다른 개인들 사이에서 나타나는 목적의 성격, 편재성, 형태, 발달에 대한 조사가 필요하다. 또한 사회경제적 차이에 따른 목적 추구에 관한 연구는 목적 구인에 대한 이해를 높이는 데 도움이 될 것이다.

지금까지 여러 집단에서의 목적의 경험을 조명했지만 중요한 집단 하나가 빠져 있다. 특별히 매우 발달한 목적의 형태를 가진 청소년들은 이러한 경험적 연구에 포함되는 경우가 드물다. 그러나 이것을 빼놓아서는 안 된다. 청소년 목적의 모범사례들은 목적의 완전한 발달, 또는 완전에 가까운 발달을 쉽게 보여줄 수 있기 때문이다. 다음 장에서는 모범사례 연구방법론이 무엇인지 소개하고, 이것이 청소년 목적 연구에 어떻게 관련되는지 논의한 뒤에 목적의 모범사례에 대한 종단연구 결과들을 종합하고자 한다.

---

3) [역주] 원문의 The relationship between grade point average and purpose among inmate에서 grade point average를 IQ로 수정하여 번역하였다. 원문의 오기의 확인과 수정은 Reker(1977)의 논문을 참조하였다.

08

—

모범사례 연구
Exemplar Research

모범사례 연구
Exemplar Research

모범사례 연구의 정의

지금까지의 논의에서 알 수 있듯이 목적을 연구하는 방법과 관점은 다양하다. 예를 들면 일기 연구(예: Inholder & Piaget 1958; Steger et al. 2007), 개입 연구(예: Burrow 2012; Dik et al. 2011; King et al. 2006; Pizzolato et al. 2011), 문헌 검토(예: Mariano & Vaillant 2012), 조사 연구(예: Crumbaugh & Mahick 1969; Meirer & Edwards 1974; Riff 1989; Schmutte & Ryff 1997), 인터뷰 연구(예: Bronk et al. 2010; Damon 2008; Yeagar & Bundick 2009) 등이 있다(연구 도구와 방법에 대한 자세한 설명은 2장 '목적의 측정' 참조). 이러한 방법들을 통해 일반적이거나 불완전한 목적이 어떤 성격을 가지고 있는지 그리고 목적이 어느 정도 나타나는지 알 수 있다. 이들은 모두 나름대로의 장점을 가지고 있지만, 완전하거나 완전에 가까운 목적 발달을 잘 보여주지는 못한다(Damon & Colby 출판 중[1]). 모범사례 연구를 통해 이러한 목적 발달을 이해할 수 있다.

모범사례 연구법은 관심 구인을 고도로 발달시킨 개인, 집단, 실체를 의

---

1) [역주] 원서의 참고문헌에는 in press라고 표기되어 있다. 이는 Damon, W., & Colby, A. (2013). Why a true account of human development requires exemplar research. *New directions for child and adolescent development*, 2013(142), 13-25로 출간된 논문이다.

도적으로 선택하는 표본 선정 기법이다(Bronk 2012a, 2012b). 연구자들은 모범사례 연구법에서 그들이 보고자 하는 특성을 매우 강하게 그리고 매우 발달한 수준으로 보여주는 개인이나 실체의 표본을 의도적으로 선택한다. 여기서 참여자들이 보여주는 특성 자체가 희소하다기보다는 그 특성이 매우 높은 수준으로 발달한 경우가 희소하다고 볼 수 있다. 예를 들어 목적의 모범사례 연구에서는 개인적으로 의미 있다고 여기는 포부를 위해서 모든 것을 아우르는 매우 집중적인 헌신을 보이는 청소년에 대해 연구한다.

모범사례 연구법은 도덕성(Colby & Damon 1992; MacRenato 1995; Mastain 2007; Mattuba & Walker 2005), 영성(spirituality, King 2010), 이타성(altruism, Oliner & Oliner 1988), 환경 운동(Pratt 2011), 돌봄(Hart & Fegley 1995; Walker & Frimer 2007), 용기(Walker & Frimer 2007) 등 윤리적 구인의 발달을 탐구하는 데 일반적으로 사용되었다. 이 방법은 이상적인 상태에 초점을 맞추기 때문에 긍정적이고 도덕적인 구인을 연구하는 데 사용되는 것이 맞지만, 그렇다고 이러한 영역에만 한정할 필요는 없다. 모범사례 연구법은 어떤 발달 구인이라도 완전하거나 완전에 가까운 성장을 이해하는 데 사용될 수 있다.

이러한 접근법은 인간 발달 연구에서 폭넓게 사용되며, 그에 대한 당위성도 가지고 있다. 모든 범위에 걸친 성장을 이해하기 위해서는 기존의 방법론에서 얻을 수 있는 일반적인 성장이나 다소 불완전한 성장에 대한 정보도 필요하지만, 모범사례 연구법(Damon & Colby 출판 중[2])에서 나타난 최상의 성장에 대한 정보도 필요하다. 모범사례 연구법과 일반 개인들을 대상으로 하는 연구법을 종합하면, 발달의 모든 스펙트럼을 포괄적이고 상세하게 이해하는 방법론이 된다. 이로써 인간의 성장을 더 온전하게 이해할 수 있을 것이다.

모범사례는 특정한 구인이 가장 잘 발달한 수준을 보여주지만, 그 구인 외의 발달 수준은 일반인과 크게 다르지 않다(Bronk 2012a). 다른 영역에서의 발달은 평균이거나 심지어 평균보다 지체될 가능성도 있다. 모범사례를

---

2) 205페이지의 역주 1번 참조.

보여주는 사람들이 일반인과 크게 다르지 않기 때문에, 우리는 그들로부터 좀 더 전형적인 발달 과정을 이해할 수 있다. 예를 들어 콜비와 데이먼 (Colby & Damon 1992)은 도덕성 모범사례 연구에서 "훌륭한 도덕적 행위들은 … 평범한 행위와 같은 근원에서 출발한다."고 말한다. 즉 모범사례들은 일반인과 동일한 발달 경로를 따르지만 단지 앞서 있을 뿐이다. 이는 일반인들이 어떤 것을 향해 나아갈 때, 모범사례가 이미 걸어간 발자취를 따라가고 있음을 의미한다(Damon & Colby 출판 중3)). 따라서 모범사례에 대한 연구는 일반인도 가능한 발달 궤적에 관한 중요한 정보를 제공한다.

방법론적 관점에서 보면, 모범사례 연구법은 넓게 보아 사례 연구(case study) 안에 포함된다. 사례 연구법의 초창기 연구자인 고든 올포트(Gordon Allport 1962)는 개별기술적(idiographic) 방법이 법칙정립적(nomothetic) 방법의 "얄팍함(thinness)"에 비해 도움이 된다고 하였다. 사례 연구는 복잡한 문제, 대상, 개인을 맥락 안에서 매우 상세하게 분석할 수 있다. 인(Yin 1984)은 사례 연구를 가리켜, 실생활의 맥락에서 동시대적 현상을 조사하는 경험적 탐구 방법으로 정의한다. 그러므로 이 방법은 현상과 맥락 사이의 경계가 명확하지 않을 때 유용하며, 다양한 원천에서 나온 증거를 사용한다. 사례 연구는 왜, 어떻게와 관련된 질문을 다루는 데 자주 사용되기 때문에, 탐색적, 설명적, 기술적 특성을 갖는다(Tellis 1997). 연구자들이 오랫동안 다양한 분야에 걸쳐 사례 연구법을 사용해왔지만, 그 중 사회과학자들은 개인의 성장을 맥락적으로 접근하기 위해 이 연구법을 사용해왔다.

모범사례 연구법은 주로 질적 연구에서 사용되었으나, 양적 연구에도 사용될 수 있다. 사실, 최근의 모범사례 연구들은 사례의 표집을 크게 하여 양적 연구를 수행하기도 한다(예: Matsuba & Walker 2004; Walker & Frimer 2007).

모범사례 연구법을 사용할 때에는 사례들을 고심해서 선정하는 것이 중요하다. 효과적인 모범사례 연구들은 어떤 사람을 모범사례로 결정하기 위해 대부분 추천 기준(nomination criteria)을 사용한다(Bronk 2012a). 추천 기

---

3) 205페이지의 역주 1번 참조.

준은 특정 영역에서 높은 수준으로 나타난 경험, 속성, 수상 경력, 행동 징후 등이 지표가 된다. 해당 영역의 전문가, 즉 추천자(nominator)들은 이 기준을 공유하여 모범사례 대상자를 확인한다.

아리스토텔레스는 모범사례 연구법의 중요성을 강조한 최초의 사상가이다. 그는 『니코마코스 윤리학』에서 "실천적 지혜를 주제로 다룰 때 우리는 그 지혜를 속성으로 가지고 있는 사람들을 연구한다."고 하였다(1962, 6.5 1140a25). 달리 말하면 복잡한 구인이 어떻게 기능하고 발달하는지 이해하려면 그 구인을 높은 수준으로 일관되게 보여주는 사람들의 삶에서 그 구인을 확인하는 것이 타당하다. 같은 맥락에서 매슬로우(Maslow 1971)는 모범사례 연구법을 채택한 초창기 학자이다. 그러나 그는 아리스토텔레스와 마찬가지로 자신의 방법론에 이름을 붙이지는 않았다. 매슬로우는 사람들이 어떻게 자아실현을 성취하는지를 이해하는 데 관심이 있었기 때문에, 충분히 자아실현을 성취한 사람들을 중심으로 연구하였다. 그는 발달이란 "어떻게 성장하는가를 배우고 무엇을 향해 성장하는가를 배우는 것"(p. 169)이라고 주장했다. 그러므로 개인적으로 의미 있는 포부가 어떻게 성취되는지 이해하려면 삶의 목적의식이 높은 수준으로 발달한 사람을 중심으로 연구해야 한다.

목적의 모범사례 청소년

스탠포드 대학 청소년 센터의 연구자들은 5년 동안 목적의 모범사례 청소년들을 연구하였다(Damon 2008). 윌리엄 데이먼(William Damon)을 책임자로 한 연구진은 먼저 다양한 유형의 삶의 목적에 깊이 헌신한 청소년들의 표본을 선정했다. 표본의 연구 대상자들은 청소년기와 청년기에 걸쳐 인터뷰에 세 차례 참여했다. 인터뷰는 약 2년 반마다 실시되었으며, 사례 연구의 전형적인 방식을 따라 매 회기 3시간 정도 진행되었다. 이 청소년들의 부모와 친구, 동료들도 인터뷰에 참여하였다.

연구자들은 목적의 정의에 기초를 두고 다음과 같이 추천 기준을 마련하였다.

- 장기적인 지향점에 대한 뚜렷한 헌신
- 먼 지평의 포부를 위한 활동에의 참여
- 미래의 목표를 향해서 지속적으로 활동하기 위한 현실적인 계획 수립
- 개인적으로 의미가 큰 장기적인 지향점에 대한 확신
- 일부분에서라도 더 큰 세계에 기여하고자 장기적이고 개인적으로 의미 있다고 여기는 지향점을 추구하는 동기(Bronk 2005, 2008, 2011, 2012b, pp. 83-84)

이러한 추천 기준을 적용하여 음악교육, 스포츠, 종교, 사회봉사, 과외활동 등 다양한 분야의 청소년 전문직 종사자들이 모범사례를 확인했다. 연구진들은 잠재적 모범사례에 해당하는 대상자들을 만났고, 간단한 심사 면접을 통해 위에 언급한 추천 기준이 충족되는지 확인하였다.

표본에는 다양한 활동과 관심사에 헌신하고 있는 청소년들이 포함되었다. 아프리카 지역 우물 조성을 위한 모금, 암 연구 지원, 언론의 주요 뉴스 공유, 청소년의 건강 증진, 환경 보존 등과 같은 사회 문제에 헌신하는 청소년들이 절반 정도 되었다. 나머지 다섯 명은 재즈음악, 보수 정치 이념의 확산, 신기술 발명, 신에 대한 봉사 등의 다양한 지향점들을 향해 헌신하고 있었다.

이 인터뷰의 결과로 광범위하고 매우 상세한 자료를 얻었으며, 분석 결과 가장 높은 수준의 목적 발달이 실제로 어떻게 나타나는지 알 수 있었다. 분석 결과는 목적을 가진 청소년의 특징, 목적의 발달과 정체성 형성 간의 관계, 시간의 경과에 따른 목적의 발달 등을 보여준다. 각 분석의 주요 결과들을 요약하면 다음과 같다.

목적을 가진 청소년의 특성(Bronk 2008)

자료 분석에서는 목적을 가진 청소년들의 특성을 확인하는 것부터 시작하였다. 이 분석에서는 목적을 가진 청소년과 연령, 성별, 민족성은 같지만

목적을 가지지 않은 청소년을 비교하였다. 그 이유는 목적을 가진 청소년 표본에서 나타나는 특성들이 실제로 모범사례만이 가지고 있는 특성인지 판별하기 위해서이다.

연구 결과, 청소년 목적의 모범사례들은 공통적으로 활력(vitality), 개방성(openness), 집중력(focus), 겸손(humility) 등 다른 청소년들과 구별되는 특징들을 가지고 있었다. 활력은 감정적, 인지적 요소를 포함하는 심리적 구인으로서, 긍정적이고 낙관적인 감정, 열정과 에너지, 그리고 실천하기를 간절히 바라고 이를 효과적으로 할 수 있다는 믿음을 특징으로 한다(Nix et al. 1999; Ryan & Frederick 1997). 모범사례에서 활기는 (1) 긍정적인 에너지와 분주함, (2) 미래에 대한 긍정적, 낙관적 견해, (3) 자신의 능력이 효과적이고 영향력 있다는 자신감 등 세 가지로 일관되게 나타났다. 또한 이 사례들은 진정한 겸손, 또는 지성적 겸손의 여러 측면들을 보여주었다(Roberts 2012).

모범사례들이 보여주는 헌신의 정도를 감안하면, 분주함, 낙관성, 유능감이 나타나는 것은 당연하다. 그러나 그들에게서 겸손이라는 특성이 도출된 점은 의외이다(Bronk 2008). 근거이론을 토대로 목적의 모범사례들을 분석한 결과에서 겸손은 가장 놀랍고도 이론적으로 흥미로운 특성이었다.

겸손에 관해서 가장 널리 인용되는 연구자인 탱니(Tangney 2000, 2002)에 따르면, 진정한 겸손은 네 가지 인지적 특징을 가지고 있다. 첫째, 진정한 겸손은 자신의 단점, 불완전, 한계, 부족한 지식을 정확하게 평가하여, 자신의 능력과 성취를 과대평가하거나 과소평가하지 않고 정확하게 인지한다. 둘째, 진정한 겸손은 새로운 아이디어와 상충되는 정보나 조언에 대해서 개방적인 태도를 가지고 있다. 달리 말해서 겸손한 사람은 자신의 견해와 맞지 않는 관점을 무시하지 않고 수용하여 자신의 생각을 발전시키고 개선하는 데 활용한다. 셋째, 겸손하다는 것은 상대적으로 낮은 자기중심성(low self-focus)을 유지하는 것을 의미한다. 탱니는 나아가 "자신을 잊는 것(forgetting of the self)"으로 표현하기도 한다. 마지막으로, 진정한 겸손은 사람들마다 더 큰 세계에 기여하는 방식이 다양하게 나타날 수 있음을 인정하고, 그 다양성의 가치를 높이 평가한다. 이 정의에 비추어보면 진정한 겸손은 단점이 아니라 상당히 유용한 성격 강점이다(Peterson & Seligman 2004).

겸손은 청소년들에게 자주 나타나는 특성이 아니며, 특히 대중의 인정을 받을 만큼 큰 성취를 이룬 모범사례 청소년들이 겸손한 경우는 흔하지 않다. 그러나 목적을 가진 청소년과 그렇지 않은 청소년의 표본을 비교한 결과, 목적을 가진 청소년 표본에서는 107개의 사례가 나타난 반면 목적을 가지지 않은 청소년 표본에서는 12개의 사례만이 나타났다. 겸손을 보여주는 모범사례들은 다음과 같은 하위코드로 분류된다. (1) 개방성(예: 배움과 성장에 개방성, 열린 마음, 새로운 관점의 추구), (2) 강점과 약점에 대한 정확한 평가, (3) 타인의 공헌에 대한 감사, (4) 낮은 자기중심성.

개방성

목적을 가지지 않은 청소년들 가운데 개방성이 나타난 사례는 4건에 불과했지만, 목적을 가진 청소년들에게서는 65건이 나타났다. 사실 개방성은 목적의 모범사례에게서 가장 많이 보고된 특성이다.[4] 각각의 모범사례들은 개방성을 보여주었지만, 개방성의 형식이나 역할은 다양하게 나타난다. 개방성의 형식들은 지적 호기심, 반대되는 관점에 대한 평가, 열린 시각 등이다. 흥미롭게도 개방성의 형식들은 약간씩 다른 방식으로 청소년들의 목적 추구를 지원했다. 목적의 발견에 도움이 되는 개방성은 청소년들이 목적이 될 만한 중요한 포부들을 받아들일 때와 개인적으로 의미 있는 지향점을 향해 나아가는 새로운 방법을 찾고자 할 때 나타난다.

그러나 목적을 가진 청소년들이 개방성만 있고 집중력이 없으면 성취의 결과가 좋지 못했을 것이다. 닻을 내리지 않으면 이리저리 쉽게 흔들릴 수 있다. 그러나 목적을 가진 모범사례 청소년들은 개방성과 집중력 간의 균형

---

4) [역주] 이 대목의 논의는 목적의 특징에 관한 논리적 흐름이 살짝 비껴가고 있다. 즉 목적의 모범사례에서 가장 특징적이었던 겸손의 하위코드만을 길게 다루고 있다. 가령 210페이지를 참조해보면, 목적의 특징은 활력, 개방성, 집중력, 겸손인데, 실제 절 제목과 논의는 겸손의 지표에 대한 설명을 제시하고 있다.

을 계속해서 유지하는 능력을 가지고 있었고, 따라서 많은 성취를 이룰 수 있었다. 그들은 일종의 나침반 같은 것을 가지고 있어서 개인적으로 의미 있는 포부들을 일정한 방향으로 이끌고 나갔다. 동시에 그들은 자신의 포부가 어떤 의미인지, 어떻게 그 포부에 효과적으로 도달할 수 있는지 재해석할 때 개방적인 관점을 유지했다. 청소년기와 청년기에는 통상적인 전환 사건, 예를 들어 대학 진학, 취업 등이 맞물려서 일어나게 되는데, 이들은 상황의 변화에 따라 나타나는 새로운 정보 및 자원을 이용했다. 청소년 모범사례들은 전환기에 개인적으로 의미 있는 포부를 추구하는 방식을 바꾸었다. 예를 들어 한 여학생은 고교 재학 중에는 부모에게 순종하고 성당에 다니고 성경을 묵상함으로써 하느님께 봉사했다. 대학에 진학한 그녀는 부모로부터 독립하였고 다니던 성당에도 나가지 않았기 때문에, 하느님을 섬기는 방식은 학교에서 열심히 공부함으로써 하느님께서 원하시는 직업을 추구하는 것으로 바뀌었다. 궁극적인 지향점은 변함없었지만 상황이 바뀌자 그것을 추구하는 다른 방식들을 찾은 것이다.

강점과 약점에 대한 정확한 평가

모범사례들 사이에서 나타난 겸손의 두 번째 지표는 개인적 강점과 약점을 성찰하고 정확하게 평가하는 능력이다. 목적을 가진 청소년 사례에서는 모두가, 목적을 가지지 않은 청소년 사례에서는 절반 미만이 자신의 강점과 약점을 직접 언급하거나 스스로의 장단점에 대해 평가하였다. 목적을 가진 모범사례 중 겸손으로 분류된 인용문의 약 5분의 1, 즉 107건 중 22건이 이 하위 코드로 분류되었고, 목적을 가지지 않은 사례의 경우 7건이 이 코드로 분류되었다. 따라서 이 하위코드는 목적을 가진 사례에서는 흔하게 나타나지만 목적을 가지지 않은 사례에서는 흔하게 나타나지 않는 것을 알 수 있다. 모범사례들은 자신의 단점에 대해서도 자주 언급했다. 한 모범사례의 여대생은 보건의료 행정분야에 헌신하고자 하는 목적을 가지고 있었는데, 신입생때 경제학 과목 수강을 회피했던 경험을 이야기하였다. 그녀는 일반적으로 경제학이 유용할 수 있겠다는 생각은 했지만, 자신이 추구하는 의료 관련 직업에는 필요해 보이지 않았고, 무엇보다도 경제학은 어렵기 때문에 될 수 있으면 피하고자 하였다. 그런데 2학년이 끝나갈 무렵 그녀는 보건의료 사업과 경제학은 서로 밀접한 관련이 있음을 깨닫게 되었다. 사실 경제학에 대한 이해는 그녀가 추구하려고 계획한 일들에서 특히 중요했다. 따라서 그녀는 경제학 과목들을 이수하고 의학 석사학위와 함께 경영학 석사학위를 함께 취득하고자 결심했다. 이 과정에서 그녀는 자신의 단점 두 가지를 깨달았다. 첫째, 자신이 경제학을 어려워한다는 것, 둘째, 경제학 공부를 피할 수 있다고 생각한 것. 그녀는 이러한 단점들을 인정하고, 단점과 타협하는 대신 그것을 극복하기 위해 열심히 공부했다. 이런 행동패턴은 목적을 가진 다른 모범사례들 사이에서도 전형적으로 나타난다.

자신의 장단점을 인식하는 능력은 어떤 목표를 추구하든 반드시 필요하며, 이 점에서 목적도 예외가 아니다. 삶의 목적은 지속적이고 장기적인 지향점이며, 그런 만큼 자신의 강점과 약점을 인식하는 것은 특히 중요하다. 특히 유목적적 지향점을 향해 나아가고자 한다면 자신의 약점이 무엇인지 알아야 한다. 그래야 언제 도움과 안내가 필요하고 언제 자신의 행동 방침을 바꾸어야 하는지 알 수 있기 때문이다. 마찬가지로 자신의 강점도 알아야 한다. 언제 앞장서야 하고 언제 자신의 신념과 실천을 확고하게 지켜야 하는지 알 수 있기 때문이다. 이렇듯 자신의 강점과 약점을 아는 것은 개인적 포부의 추구에 도움이 된다.

타인의 공헌에 대한 감사

겸손의 세 번째 측면은 모든 것의 가치에 대한 감사였다. 목적을 가진 모범사례에서는 14건, 목적을 가지지 않은 사례에서는 1건이 이 하위 코드로 분류되었다. 목적을 가진 청소년들은 자신의 삶과 목적을 추구하는 데 도움이 되는 다른 사람들의 역할을 잘 알고 있었다.

청소년 환경운동가는 이런 방식의 겸손을 보여준 대표적인 예이다. 그녀는 권위 있는 환경보호단체로부터 상을 받았지만, 이것이 자신만의 상이 아니라 자신을 도와준 가족, 친구, 멘토들의 상이라고 생각했다. 그녀는 자신에게 쏠릴 수 있는 관심과 영예를 자신을 도와준 모든 사람들과 함께 나누고자 하였다.

다른 사람들의 공헌에 감사하는 것은 청소년들이 궁극적인 지향점을 향해 나아가는 데 다양한 방식으로 도움이 될 수 있다. 그 중에서 가장 중요한 것은 다른 사람들로 하여금 그들과 함께 일하고 그들을 더 많이 돕도록 해준다는 것이다. 어떤 사람이 성공에 대한 모든 찬사를 독차지 한다면 다른 사람들은 그를 도우려 하지 않을 수 있다. 그러나 다른 사람과 기꺼이 찬사를 나누고 그들의 공헌을 인정하는 사람이라면 다른 사람들은 더욱 그를 도우려 할 것이다. 다른 사람들의 공헌을 인정하는 성향을 가지고 있으면 친구, 동료, 멘토들의 도움과 지지를 얻게 되며 이는 목적을 추구하는 데 도움이 된다.

낮은 자기중심성

목적을 가진 모범사례 청소년들이 다른 사람들에게 사랑받을 수 있었던 또 한 가지 이유는 낮은 자기중심성을 유지했기 때문이다. 이 특성은 목적을 가진 사례에서는 3건이 나타났지만 목적을 가지지 않은 사례에서는 한 건도 나타나지 않았다. 이 특성은 두 집단 모두에서 가장 드물게 나타났다. 목적의 모범사례들은 자신의 성취가 아니라 그 사안의 중요성에 초점을 맞추는 겸손함을 보여주었다. 청소년들은 목적 추구 과정에서 자신의 성취보다는 궁극적인 지향점에 집중했다. 이로 인해 도움을 줄 수 있는 또래와 멘토들의 애정을 얻었고, 따라서 목적 발달을 지원하는 자원이 더욱 풍부해졌다. 또한 자기중심성을 낮게 유지하는 것은 모범사례들이 어려움을 견디는 데 도움을 주었다. 이는 실패나 역경을 개인적인 것이 아니라 목적 추구과정의 하나로 보도록 해주었기 때문이다.

목적의 모범사례 집단에서는 네 가지 측면의 겸손이 일관되게 목적을 정의하는 특성으로 자연스럽게 나타났지만, 모범사례가 아닌 집단에서는 그렇지 않았다. 이 점은 주목할 만하다. 이 결과만 가지고는 목적이 겸손의 발전을 촉진하는지, 겸손이 목적의 발전을 촉진하는지, 아니면 두 구인의 발전에 제3의 요소가 기여하는지 결론을 내릴 수 없다. 그러나 인과관계의 방향과 무관하게, 겸손이 경우에 따라서 목적을 지지하는 데 중요한 역할을 할 수 있다는 점과, 목적과 겸손이 동시에 청소년들을 긍정적인 방향으로 발전시킨다는 점은 분명하다.

3장(최적의 인간 기능에서 목적의 역할)에서는 목적이 긍정적인 청소년 발달에 기여하는 다양한 방식들을 요약했다. 그러나 겸손이 어떻게 건강한 성장을 촉진하는지는 명확하지 않다. 템플턴(Templeton 1995, 1997)은 겸손이 가진 개방성은 지적 성장을 촉진하는 반면 오만은 지적 성장을 방해한다는 이론을 세웠다. 개방성을 가진 사람들은 새로운 정보를 찾고 자신의 관심사에 대해 더 많이 배울 수 있다. 겸손한 모범사례의 경우 자신의 개인적 포부에 대해 더 많이 배우고자 하였고, 따라서 개방성은 궁극적인 지향점으로 나아가는 데 도움이 되었다. 배우고 성장하는 방식에 열려 있는 청소년들은 자신의 목적을 찾고 유지하는 데 중요한 교훈뿐만 아니라 인생의 중요한 교훈도 얻을 수 있었다. 실천적인 지식을 쌓는 것은 목적과 긍정적인 청소년 발달을 향해 나아가는 중요한 단계이다.

겸손은 모범사례 청소년들에게 멘토 혹은 또래들과 관계를 맺을 가능성을 높여주었다. 이것은 겸손이 목적 추구와 긍정적인 발달에 기여하는 또 하나의 방식이다. 모범사례의 청소년들은 자신이 가진 관심사에 대해 더 많이 배울 수 있게 해주는 멘토가 있었다. 이 멘토들은 모범사례들과 자주 상호작용하면서 장기적인 관계를 맺었다. 모범사례가 아닌 청소년들은 멘토가 적었고, 있더라도 그 관계가 일시적이거나 영향력이 적었다. 또한 모범사례의 청소년들은 혼자 지향점을 향해가는 것이 아니라 같은 관심을 가지고 서로 지지해주는 또래들과 함께 나아갔다. 다른 사람들과의 협력은 시간이 지나 흥미를 잃거나 올바른 길에서 벗어날 가능성을 줄여주었다. 배움에 대한 개방성, 타인의 공헌에 대한 감사, 그리고 자신의 단점을 정확하게 평가하는 능력은, 모범사례들이 바람직한 제자, 매력적인 친구, 소중한 동료가 되도록 도와주었다. 친사회적 멘토, 또래 및 동료들은 모범사례들이 시간이 지남에 따라 목적을 발견하고 유지하기에 더 좋은 위치에 자리잡을 수 있도록 해주었다. 같은 생각을 가진 멘토와 또래가 목적을 지원하는 방법은 5장 (목적의 기원과 지원)에 자세히 설명되어 있다.

목적 발달과 정체성 형성

두 번째로는 목적 발달과 정체성 형성 사이의 관계를 분석하였다. 4장 (전생애적 관점에서 본 목적)에서 건강한 정체성 발달을 위한 목적의 역할에 대해 자세한 논의한 바 있다. 간단히 말해 에릭슨(Erikson 1968)의 주장대로, 청소년들은 최적의 조건에서 개인적으로 의미 있는 가치, 신념, 계획에 헌신하는, 일관되고 안정적인 정체성을 발달시킨다. 즉 목적은 건강한 정체성 발달의 중요한 결과로 나타난다. 최근의 연구를 보면 청소년들은 정체성을 탐색하고 헌신하는 것과 동시에 목적을 탐색하고 헌신하는 것으로 나타났다 (Burrow et al. 2010). 목적과 정체성은 거의 동시에 발달할 뿐만 아니라 개인적으로 의미 있다고 여기는 신념과 지향점을 공유한다. 그러나 목적과 정체성이 생애 단계에서 동시에 나타나고 초점을 공유하고 있음에도 불구하고 이 둘은 서로 다른 구인이다. 정체성은 자신이 되고자 하는 것을 의미하며 목적은 자신이 성취하고자 하는 것을 의미한다(Bronk 2011; Erikson 1968).

4장(전생애적 관점에서 본 목적)에서 논의한 것과 같이, 최근의 연구에서는 목적과 정체성이, 하나의 성장이 다른 것의 성장을 촉진하는 상호보완적인 역할을 한다는 결과를 보여주고 있다(Côté 1996, 1997). 목적과 정체성 간의 관계에 대해서는 다음과 같은 이론이 있다. 목적을 발견하면 시간, 에너지, 노력의 방향을 제시하는 의미 있는 지향점을 얻게 됨으로써 정체성 "위기"를 해결하는 데 도움이 될 수 있으며(Burrow & Hill 2011), 정체성 "위기"가 해결되면 새로운 자산이나 능력 또는 재능을 개발할 수 있어 목적이 성장하는 데 도움이 될 수 있다(Burrow et al. 2010).

에릭슨(1968)을 포함한 연구자들은 정체성과 목적을 서로 관련된 구인으로 보았지만, 이 두 구인이 어떻게 함께 기능하는지에 대한 연구는 거의 없었다. 따라서 모범사례에 대한 두 번째 분석에서는 두 구인 간의 관계를 다루었다. 분석 결과를 보면, 목적이 정체성 형성을 촉진하며, 정체성 형성은 목적에의 헌신을 촉진하고, 그리하여 목적과 정체성은 서로 지지하고 강화한다.

정체성 형성을 돕는 목적

목적의 추구는 모범사례들이 더 넓은 사회와 관련한 자아인식 그리고 긴 시간의 관점에서 자신을 바라보는 자아인식에 영향을 주었다. 코테와 레빈(Côté & Levine 2002)은 자아에 대한 관점을 사회정체성과 자아정체성으로 나누어 제시하며, 목적의 추구가 이 두 영역에서 자아를 의미 있는 방식으로 성장하도록 도와준다고 하였다.

사회정체성의 형성과 관련하여, 청소년들은 의미 있는 포부를 지향하면서 자신이 더 넓은 세계를 위해 어떤 위치에서 어떻게 기여할 수 있는지 발견하게 된다. 예를 들어 청소년 환경운동가는 자신의 활동이 "세상에서의 자기 자리"를 찾도록 도와주었다고 말했다. "내가 살고 있는 곳을 위해, 나의 세상을 위해 무언가를 하고 있다고 느껴요. 내가 할 일이 있는 여기가 내가 있어야 할 곳이라고 느껴요. 내가 하는 일을 통해 사람들에게 혜택을 주고, 내가 가진 능력으로 다른 사람을 돕고 있습니다. … 이 세계를 위해 내가 줄 수 있는 것들이거든요."(Bronk 2011, p. 37). 다른 모범사례들도 이와 비슷한 진술을 하였다. 이는 목적이 자신을 넘어선 세계 안에서 자신의 자리를 찾는 데에 매우 중요함을 보여준다.

자아정체성의 형성과 관련하여, 청소년들은 목적을 가지게 되면 자신의 포부로 구성된 자아인식을 유지하게 된다. 자아정체성은 "자신의 연속성과 동일성에 대한 살아있는 인식"(Côté & Levine 2002, p. 182)이며 자신이 누구이고 무엇을 믿는가에 대한 안정적인 인식을 말한다. 모범사례들이 목적에 헌신하는 과정을 통해 자신의 정체성을 확인한다는 점은 목적이 자아정체성의 확립에 핵심적인 역할을 한다는 증거이다. 예를 들어 모범사례들은 자신의 목적을 통해서 자신이 누구인지 확인하였다. 종교형 목적을 가진 청소년은 "나는 기독교인입니다. 하느님께서 저에게 하고자 하시는 일에 저를 바치기로 했거든요."라고 말했다.

이 결과는 목적이 청소년의 긍정적인 발달을 돕는 하나의 과정을 보여준다. 목적을 찾는 것은 사회정체성과 자아정체성 발달에 중요한 기회를 제공한다. 이것은 목적이 정체성과 관련된 자원이 된다는 이론적 주장을 뒷받침한다(Burrow & Hill 2011; Burrow et al. 2010; Côté & Levine 2002). 정체성 자본 모델에서는 유무형의 자원이 최적의 정체성 형성과 개인화를 지원한다고 본다(Coté 2002). 삶의 목적에 헌신하는 것은 중요한 무형의 정체성 자본이다. 목적을 탐색하는 것은 청소년들이 에너지를 쏟고 집중할 수 있는, 개인적으로 의미 있는 방향을 제시하기 때문이다(Burrow & Hill 2011).

목적 발달을 강화하는 정체성 형성

목적의 추구는 정체성 형성을 촉진하고, 정체성 형성은 목적의 헌신을 강화한다. 타인의 눈에도 청소년들이 품은 포부가 그들의 정체성이 되어가는 것이 보이게 되면, 목적에 더욱 헌신하게 된다. 청소년 환경운동가는 친구들이 자신에게 "나무 사랑이(tree hugger)"라는 별명을 붙였다면서, 이 별명에 자부심을 느꼈고 환경보호를 위해 더 열심히 노력하게 되었다고 말했다.

에릭슨(1968)은 목적의 발달이 정체성의 형성에 선행한다고 보았다. 따라서 본 연구에서 정체성 형성이 목적의 발달을 유도하는 것이 아니라 목적의 발달을 지지하는 것으로 밝혀진 것은 당연하다. 벰(Bem 1972)의 자기인식 이론(self-perception theory)에서는 개인들이 자신의 행동을 관찰함으로써 자신의 태도를 추론한다고 설명한다. 따라서 어떤 활동에 지속적으로 참여하게 되면 그 활동과 자신이 깊게 관련되어 있음을 유추하게 된다. 다른 사람들이 그 활동과 개인을 동일시하게 되면 이러한 연관성은 더욱 강해진다. 모범사례들의 정체성 발달은 이러한 과정을 거쳐 목적에 헌신하도록 도왔던 것이다.

목적과 정체성의 중복

목적 발달이 정체성 형성을 촉진하고, 정체성 형성이 목적의 발달을 지원한다는 점을 감안할 때, 목적과 정체성이 서로를 강화한다는 결론을 얻을 수 있다. 따라서 모범사례에서 이 두 구인이 중복되어 나타나는 것은 당연하다. 일반인에게는 목적과 정체성이 서로 구분되었지만, 모범사례에서는 서로 중첩되었다. 달리 말해 고도로 발달된 목적을 가진 사람들은 그 목적에 의해 정체성을 가진다.

이를 통해 청소년 목적이 정체성 형성과 관련하여 어떻게 기능하는지 이해할 수 있다. 목적과 정체성 형성의 모델은 도덕적 정체성의 모델과 유사하다. 도덕적 모범사례의 경우 자아인식과 도덕적 관심사가 일치하고 있는 반면, 일반인의 경우 정체성과 도덕적 관심사는 독립적으로 기능한다(Blasi 1984; Colby & Damon 1992). 이와 유사하게 모범사례 청소년들은 유목적적 관심사와 정체성이 일치하였다. 그러나 모범사례가 아닌 청소년들은 유목적적 관심사와 정체성이 서로 독립적이었다. 유목적적 헌신의 정도에 따라서 목적의 모든 기준을 충족하는 청소년, 목적의 일부 기준을 충족하는 청소년, 목적의 기준을 충족하지 않는 청소년의 세 가지 범주로 나눌 수 있다(Bronk et al. 2010). 목적의 기준 중 일부만을 충족시키는 청소년들은 모범사례의 경우에 나타나는 목적과 정체성이 일치하는 수준과 모범사례가 아닌 경우에 나타나는 목적과 정체성이 불일치하는 수준 그 중간 쯤의 수준을 보일 것으로 예상된다. 이 새로운 이론을 확인하기 위해서는 후속 연구가 필요하다.

청소년의 목적 발달

세 번째와 네 번째로는 목적의 발견 및 목적이 변화하거나 진화하는 방식을 분석하였다. 이는 5장(목적의 기원과 지원)에서 다룬 것과 연결된다(Bronk 2012b). 목적의 정의에 따르면 개인적인 포부는 지속적이고 비교적 안정적이다. 연구 결과 청소년기와 청년기의 격변기에도 모범사례들은 목표를 계속해서 유지하고 있었다. 또한 목적에의 헌신은 목적이 발달하도록 돕는다. 따라서 이하에서는 목적의 발달에서 헌신의 개시(initiating), 헌신의 유지

(sustaining), 헌신의 고양(escalating), 헌신의 진화(evolving)와 같은 헌신의 단계를 제시한다.

헌신의 시작

모범사례의 청소년들은 어린 시절부터 자신의 삶에 중요하게 될 활동에 참여하였다. 예를 들어 암 연구에 헌신하고 있는 여학생은 여섯 살 무렵 미국 암 협회 기금 마련을 위해 수선화를 팔았던 경험이 헌신의 시작이었다고 말했다.

5장(목적의 기원과 지원)에서 논의한 바와 같이, 청소년들이 자라는 곳과 그곳에서 접할 수 있는 기회는 그들이 선택할 수 있는 활동에 영향을 준다. 예를 들어 청소년 환경운동가는 텍사스의 농촌에서 자랐다. 어릴 적 그녀는 아버지가 집 근처에 자동차 기름을 버리는 것을 보았는데, 그들의 가족은 근방의 지하수에서 식수를 얻고 있었다. 그녀는 이 일이 미칠 결과를 걱정하는 과정에서 환경 문제에 관심을 두게 되었다. 4-H 프로젝트를 수행하면서 그녀는 기름 오염이 환경에 미치는 결과들을 조사하여, 아버지를 비롯한 농부들에게 자동차 기름을 안전하게 폐기할 수 있는 손쉬운 방법을 알려주기로 결심하였다. 농촌에서 자란 경험은 그녀가 환경 운동에 헌신하게 되는 시작점이었다.

헌신의 유지

목적에 헌신하게 되면 즐거움과 의미를 깊게 느낄 수 있다. 이것은 도전을 극복하기 위한 전략을 만들어 준다. 이러한 전략의 예는 도전을 성장으로 받아들이기, 동기를 부여해주는 사람에게 집중하기, 문제를 해결할 수 있다는 자신감을 유지하기, 과거의 문제 해결을 통해서 얻은 전략을 수정하고 보완하기 등이다. 이러한 전략은 헌신을 유지하는 데 도움을 준다. 모범사례의 청소년들은 목적의 활동에 참여하면서 더욱 성장했다. 예를 들어 암 연구에 헌신한 모범사례는 자신의 열정을 다음과 같이 기술하였다.

몇 주 전 금요일 밤에는 새벽 3시까지 재단에 남아 있었어요. 아시다시피, 금요일 밤은 뭘하든 나가서 놀기 즐거운 시간이죠. 하지만 난 이 일이 너무 좋아서 ... 다른 일들은 모두 부차적이었습니다. 난 정말 내가 하고 싶은 일을 하고 있었고 그래서 새벽 3시가 되도록 거기 남아있었던 거죠. ... (Bronk 2012b, p. 89).

많은 청소년들은 자신이 즐길 수 있는 활동을 찾는다. 그러나 모범사례들은 사회적 필요에 부응하기 위해 자신의 재능과 기술을 사용할 수 있는 활동을 찾는다. 예를 들어 언론 관련 모범사례는 다음과 같이 말했다. "[나는 최근 「뉴욕 타임즈」 기사에서] 무기소지 및 은닉에 관한 법률(concealed weapon law)5)을 읽었습니다. 중범죄를 자백하거나 인정한 수백 명의 범죄자는 총기 소지가 가능하다는 것이었습니다. 이런 문제를 해결하는 데 내가 도움이 될 수 있는 아이디어와 자원을 가지고 있다고 생각해요. 그런데도 가만히 있을 이유가 있겠어요?"(Bronk 2012b, p. 90). 사회적 필요를 충족시키기 위해서 자신의 재능과 기술을 활용할 수 있는 방법을 찾는 것, 그것이 목적의 본질이다(Damon 2008).

연구 결과를 보면 모범사례들은 처음에는 비교적 그 활동을 중요시하지 않았음을 알 수 있다. 그러나 일단 그들이 참여하기 시작한 후에는 자신의 재능이 그 일에 잘 맞는다는 것을 알게 되었고, 사회적 요구에 자신이 쓸모 있다는 사실을 알게 될수록 목적에 대해 계속 헌신하게 되었다.

헌신의 고양

결과적으로 그들의 헌신은 점점 깊어졌다. 생활에서 부딪히게 되는 사건에 따라 그 수준에는 증감이 있었지만, 청소년기와 청년기 동안 전반적인 헌신의 수준은 증가했다. 처음에는 긍정적인 피드백을 받으면서 헌신이 증가하였고, 시간이 지남에 따라 또래나 멘토의 지원을 받으며 헌신이 증가하

---

5) [역주] 미국의 대부분의 주에서 사람을 만나거나 공공장소에서 총기, 특히 권총을 눈에 띄지 않게 소지하는 것은 불법이지만, 일부 주의 경우 일정 연령 이상 총기안전교육을 이수하고 중범죄 전과 이력이 없는 등의 요건을 갖출 경우 허용되기도 한다.

였다.

비록 개인차는 있어도 긍정적인 피드백은 초기부터 청소년들의 헌신을 심화하는 데 중요한 역할을 하였다. 어떤 모범사례에게는 긍정적인 피드백이 그들의 재능에 대한 인정이었고, 어떤 사례에게는 지향점을 추구하면서 얻은 작은 성공이었다.

시간이 지남에 따라 긍정적인 피드백과 인정의 중요성은 줄어들었지만, 또래와 멘토의 지지는 그 중요성이 증가하였다. 모범사례들은 처음에는 목적과 관련된 관심사를 공유하는 친구들도 없었고 심지어 반대하는 친구들도 있었다고 말했다. 청소년기에는 대체로 또래들에게 맞추려는 욕구가 강하기 때문에, 이들이 친구들의 무관심이나 반대에도 불구하고 그들의 목표에 헌신할 수 있었다는 사실은 주목할 만하다. 이 경우 모범사례들은 자신들과 같은 관심을 가진 새로운 또래 집단을 찾으려 하였다. 어떤 경우에는 같은 생각을 가진 집단을 찾기도 했고, 또 어떤 경우에는 그런 집단을 스스로 만들기도 하였지만, 결국 모범사례들은 자신의 주변에 목적을 공유하고 지지하는 사람들을 두었다. 예를 들어 청소년 건강 운동가는 10대들의 흡연을 줄이기 위해 노력했지만, 고등학교 시절에는 친구들의 반대를 겪었고, 그렇기 때문에 같은 열정을 가진 사람들을 찾아야 했다. 그녀는 "[내가 이 일에 헌신하면서 해야할 일 중] 많은 부분은 금연 운동이 전국적인 관심을 얻도록 하는 것과 마찬가지로 나와 같은 생각을 하는 청소년들을 찾는 것이었습니다. 1998년에 금연 캠페인을 시작해서 결국 근처에 사는 99명의 다른 청소년들과 일하게 되었죠. … 다른 지역에서도 같은 신념을 가진 사람들이 더 많이 이 운동에 참여하고 있습니다."(Bronk 2012b, p. 97). 지지적인 또래 관계는 시간이 지남에 따라 모범사례들의 헌신을 촉진하고 강화하는 데 중요한 역할을 하였다.

또래뿐만 아니라 멘토 역시 중요하다. 새로운 영역에서 새로운 행동을 배우려면 고도의 기술과 지식을 가진 사람들의 도움이 필요하기 때문이다. 따라서 멘토의 지원 역시 목적에 더 헌신하게 하는데 도움이 된다. 이는 5장(목적의 기원과 지원)에서 자세히 논의하였다.

헌신의 진화

청소년기와 청년기에는 중학교에서 고등학교로, 고등학교에서 직장이나 대학교로 전환하는 것과 같은 몇 단계의 규범적 전환(normative transitions)을 겪는다. 각 전환점에서 모범사례들은 다른 청소년들과 마찬가지로 새로운 사람들을 만나고 새로운 경험을 접하고 새로운 자원을 얻었다. 이 각각의 전환기는 그들의 헌신을 진화시킬 수 있는 기회가 되었다. 진화를 위해서 그들은 목표를 달성하기 위해 새로운 방법을 발견하였다. 목적은 일관성을 유지하되, 그들의 상황과 맥락이 진화함에 따라 목적 추구의 방법은 달라졌다.

또한 모범사례의 지향점은 시간이 지남에 따라 확장되는 경향이 있었다. 예를 들어 우물 조성에 헌신한 모범사례 청소년은 처음 제3세계 국가에 우물을 조성하기 위한 기금 모금을 시작하였다. 그 관심은 시간이 흐르면서 더욱 확장되었다. 열여섯 살 무렵 그는 수백만 달러를 모금해서 전 세계에 수백 개의 우물을 조성하게 되었다. 언론 매체와 많은 사람들이 그의 활동과 업적에 주목하기 시작하면서, 그는 초청 강연도 많이 다니게 되었다. 깨끗한 식수를 제공하기 위한 그의 헌신은 줄어들지 않았지만, 이제 그는 자신이 다른 사람들이 식수제공을 위해 무엇을 할 수 있는가를 생각해보도록 알려줄 수 있는 위치에 있음을 깨달았다. 이에 따라 그의 비영리단체는 새로운 세 가지 미션을 채택했다. 첫째, 깨끗한 수도 시설의 건설, 둘째, 기본 위생에 대한 교육, 셋째, 많은 사람들이 이 세상에 의미 있는 변화를 이루기 위해 자신의 능력을 사용할 수 있도록 하는 일.

모범사례 연구에서 나타난 결과는 모범 청소년뿐만 아니라 일반 청소년에게도 목적의 발달이 어떻게 나타나는지 이해하는 데 도움이 된다. 예를 들어 모범사례들을 보면 환경의 중요성을 확실히 알 수 있다. 모범사례들의 목적은 모두 그들이 자란 장소에서 영향을 받았다. 고향과 관련된 사안이나 고향에서의 경험은 목적의 성격에 큰 영향을 주었다. 만약 그들이 다른 곳에서 자랐다면 다른 활동에 헌신하거나 헌신하는 활동이 아예 없었을지도 모른다. 또한 환경은 시간이 지남에 따라 헌신이 지속되는 데에도 영향을 주었다. 지지적 환경이 형성될 때에는 헌신이 높아지지만 그렇지 않을 때는 헌신이 낮아지거나 헌신하지 않게 된다. 5장(목적의 기원과 지원)에서 자세히 다룬 것과 같이, 지지적인 환경은 목적의 발달에서 핵심적이다. 또래와 멘토는 목적 탐색을 위한 직접적인 동기보다는 간접적인 안내와 기회를 제공했다. 이러한 연구 결과는 어른들이 청소년들의 싹트는 관심 즉 "스파크"(Benson 2008)에 대해 관심을 더 기울여야 한다는 점과, 개인적인 관심과 관련된 영역에 청소년들이 더 많이 참여할 수 있도록 기회를 줄 필요가 있다는 점을 시사한다(Damon 2008).

둘째로 모범사례들은, 어린 시절 특정 활동에 일찍 참여하지 않았더라면 그 영역에서 목적을 발견하지 못했을 수도 있다고 말하였다. 따라서 봉사, 종교, 가족, 직업 등 목적으로 진화할 수 있는 활동에 청소년들을 자주 노출시키는 것이 중요하다. 구체적으로 어떤 활동에 참여해야 헌신이 높아지는지는 알 수 없지만, 활동에 노출되지 않고서는 목적의 발달을 꾀하기 힘들다. 청소년들이 처음부터 활동에 열성적인 것은 아니다. 그러나 참여하는 과정에서 사회적 필요를 충족하는 데 도움이 되는 자신의 재능이나 기술을 발견할 수도 있고, 그렇게 되면 목적을 발견할 수 있다. 이 이론은 5장(목적의 기원과 지원)에서 자세히 다루었다. "의무적인 봉사 활동(obligatory volunteer work)"에서조차도 긍정적인 발달의 결과를 낳을 수 있다는 결론을 얻은 봉사-학습 연구(예: Astin et al. 2000; Boss 1994; Miron et al. 2002; Raman & Pashupati 2002)는 이 이론을 뒷받침한다. 중요한 것은 활동의 가짓수를 많이 늘리는 것이 아니라 소수의 활동에서 그 의미를 진지하게 성찰하는 것이다(Fry 1998). 성찰을 통해 개인적 의미나 자신의 재능에 대해 더 진지하게 생각할 수 있게 된다(Bundick 2011).

많은 연구들에서는 목적이 긍정적인 청소년 발달에 기여하는 것으로 나타났다. 3장 '최적의 인간 기능에서 목적의 역할'에서 이 관계에 대해 상세히 논의한 바 있다. 그러나 목적이 청소년 발달에 기여하는 과정을 설명한 연구는 거의 없다. 몇몇 연구들에서는 목적 추구가 갖는 동기적 힘에 주목하였다. 이 연구들에서 친사회적인 헌신은 청소년을 긍정적 방향으로 이끄는 것으로 나타났다(Damon 2008; Moran 2009). 그러므로 삶의 목적은 청소년기와 청년기의 격랑 속에 밝혀지는 횃불과 같은 역할을 한다. 이 점에서 목적의 역할이 확실하게 드러나지만, 목적의 역할은 그것이 다가 아니다. 모범사례들은 포부를 추구하는 과정에서 의도치 않게 긍정적인 발달을 지지하는 환경들을 만들어냈고 결국 멘토와 또래의 네트워크를 가지게 되었다. 이러한 환경적 맥락들은 목적은 물론 긍정적인 발달을 도울 수 있다.

모범사례 연구는 긍정심리학이라는 일반적 영역, 그리고 청소년 목적이라는 특수한 영역에서 중요한 결론들을 도출해냈다. 연구 결과들은 최고 수준의 목적이 어떻게 발달하며 건강한 성장에 어떻게 기여하는지 보여준다. 비록 모범사례가 흔한 편은 아니어도 이러한 결과들은 목적의 발달에서 무엇이 필요한지 알려준다.

또한 모범사례 연구법은 가장 훌륭하게 목적 발달을 이룬 정점을 보여주며, 고도로 발달된 목적의 기능에 대해 알 수 있게 해 준다. 따라서 이 방법론을 사용하면 개인적으로 의미 있는 지향점을 발견한 사람들이 어떤 경로로 목적을 발달시키는지 예측할 수 있다.

한편 이 방법론은 부모, 교사 등 청소년들의 안녕감에 관심 있는 성인들이 목적의 성장을 효과적으로 지원할 수 있는 방법이 무엇인지 보여준다. 성인들은 청소년들이 유목적적 활동에 참여하도록 격려하고, 그들을 돌보는 멘토나 같은 생각을 가진 또래들과 관계를 만들어 주고, 목적에 헌신할 수 있도록 새로운 자원을 제공해야 한다. 물론 이를 위해서는 먼저 싹트고 있는 목적들, 즉 "스파크"를 파악할 필요가 있다(Benson 2008).

모범사례 연구법을 통해 이 구인의 성격과 이 구인을 가진 개인을 더 잘 이해하게 된 것은 분명하다. 그러나 모범사례로부터 알아내야 할 것이 아직 남아 있다. 발달을 광범위하게 이해하려면 다른 표본에서 목적의 모범사례를 분석해야 한다. 예를 들어 중년기 이후 목적의 역할과 기능을 분석하고 검토할 필요가 있다. 청소년기부터 중년기 이후까지 이어지는 모범사례에 대한 연구는 목적이 어떻게 발달하고 성장하며 변화하는가에 대해 알려줄 것이다. 또한 부정적인 목적의 모범사례에 대한 연구는, 시간이 지남에 따라 부정적인 목적이 성장하는 방식을 더 깊이 이해하는 데 도움이 될 것이다. 이러한 [부정적] 지향점은 고귀한 지향점과 동일한 근원에서 출발하는가? 고귀하지 않은 목적들도 고귀한 목적과 유사한 방식으로 긍정적인 발달 결과와 연관되는가? 비도덕적 목적은 어떠한 경험에서 만들어지는가? 부정적 목적, [긍정적] 목적을 지원하는 원천들은 어떤 점에서 같고 또 어떤 점에서 다른가? 한 마디로 모범사례 연구법은 목적 구인을 연구하는 유용한 방법이며, 따라서 이러한 맥락에서 지속적인 연구가 필요하다.

그러나 모범사례 연구만을 수행할 필요는 없다. 심리학자들은 목적이 안녕감에 기여하는 방식들을 최근에 들어서야 인식하기 시작했고, 이 부분에 대한 연구 자체가 아직 새롭고 충분하지 않다. 다음 장(9장 목적 연구의 미래 향방)에서는 추가 연구가 필요한 분야를 논의하고, 목적의 이해를 높이는 데 도움이 될 수 있는 연구 방법들을 논의한다.

09

목적 연구의 미래 향방
Future Directions for Purpose Research

목적 연구의 미래 향방
Future Directions for Purpose Research

이 책을 준비하면서 나는 목적에 관련된 문헌을 샅샅이 뒤졌고, 수백 편의 학술 논문과 저서를 검토하는 과정에서 목적에 대해 많은 것을 알 수 있었다. 즉 목적은 무엇인지, 어떻게 측정할 수 있는지, 인간의 최적 기능에서 어떠한 역할을 하는지, 어떻게 시작해서 발달하며 어떻게 지원가능한지, 목적의 형식은 무엇인지, 최상의 형식은 어떤 모습으로 나타나는지 등에 관해 알 수 있었다. 그러나 아직 연구해야 할 것이 많이 남아 있다. 이 장에서는 앞으로 연구해야 할 주제 중에 특히 중요한 것들을 다루어 보고자 한다.

목적의 측정도구

목적 연구를 위한 측정 도구들은 명확한 한계를 가지고 있다. 목적 연구가 발전하기 위해서는 쉽고 저렴한 측정 도구가 필요하다. 목적이나 구인들을 평가하는 도구는 매우 다양하다. 예컨대 다양한 설문조사 도구들이 사용되어 왔지만(예: 「삶의 목적 검사」(Purpose in Life Test, 이하 PIL, Crumbaugh & Maholick 1964); 「심리적 안녕감 척도」(Scale of Psychological Well-being, Ryff & Keyes 1995)의 목적 하위척도) 현재 목적의 차원들을 모두 평가하는 도구는 아직 없다.

1장(개요와 정의)에서 자세히 논의한 것과 같이 삶의 목적은, 개인적으로 의미 있는 것을 성취하려는 지속적인 의도이자 동시에 자아를 넘어선 세계의 어떤 측면에 참여하는 것을 일컫는다(Damon 2008; Damon et al. 2003). 이 정의는 목적 구인의 네 가지 요소를 강조한다. 첫째, 목적은 먼 지평의 목표를 의미한다. 개인은 자신이 의미 있다고 여기며, 그곳에 성장이 있기를 바라는 지향점을 확인한다. 둘째, 목적에의 헌신은 개인이 시간, 에너지, 자원을 투자하는 능동적인 참여로 나타난다. 셋째, 삶의 목적은 개인적으로 매우 의미 있는 것이다. 마지막으로, 목적은 더 넓은 세계에 변화를 주고자 하는 열망을 나타낸다. 기존 도구들의 대부분은 처음의 세 가지 요소만 측정한다. 현재의 측정 도구 중 이 네 가지 요소를 모두 평가하는 것은 없다.

기존 도구에서 목적의 자아외적 차원이 측정되지 않은 이유는 이를 포착하는 간단한 문항을 제작하기 어렵기 때문이다. 문항에서는 우선 개인적으로 의미 있는 장기적 지향점을 가지고 있다면 그것이 어떤 수준인지 확인해야 하며, 다음에는 이 지향점이 동기가 되는 정도를 판단할 수 있어야 한다. 이 동기는 개인이 자아를 넘어선 세계에 기여하도록 만들기 때문이다. 설문 문항이 그 동기를 포착한다고 하더라도, 그것이 사회적 바람직성 편향인지 진정한 자아외적 차원인지 구분하기는 쉽지 않다. 이러한 단점은 인터뷰와 일기 자료를 이용하면 극복할 수 있다. 인터뷰와 일기 자료는 참여자들의 자아를 넘어선 관심사에 대하여 말해주기 때문이다. 외부의 강요 없이 이러한 관심사를 가지게 된다면 진정한 경험이 될 가능성이 높다. 그러나 인터뷰는 시간과 비용이 많이 들고, 일기 연구는 후속 질문을 하기 어렵다.

목적의 네 가지 차원을 모두 측정하는 저렴하고 효율적인 도구를 만드는 것은 매우 중요하다. 이러한 도구가 만들어지면 목적 구인에 대한 연구들이 크게 증가할 수 있다. 인터뷰, 일기, 역사적 문헌을 검토한 연구들은 표본의 크기가 작고, 개인정보 보호의 문제가 있으며, 기록이 불완전하다는 단점이 있다. 목적을 측정하는 더 나은 도구를 개발한다면 이런 단점들을 극복할 수 있을 것이다.

종단연구

　목적은 발달적 구인이므로 횡단연구의 자료와 균형을 맞추기 위해서는 종단연구도 필요하다(Damon 2008). 일반적으로 정체성을 탐색하는 시기와 목적을 고취시키는 원천을 탐색하는 시기는 비슷하게 나타난다. 목적은 청소년기에 시작해서 청년기동안 형성되고 중년기와 노년기까지 계속 진화한다(Bronk 2011, 2012; Damon 2008; Damon et al. 2003; Deeks & McCabe 2004; Erikson 1968, 1980; Ryff et al. 1996; Ryff & Singer 2008). 삶의 목적은 중요한 전생애적 계획임에도 불구하고 그것이 어떻게 변화하고 진화하는지, 청소년기와 청년기에 만들어진 계획이 실제로 어떻게 중년기 이후의 삶을 이끄는지 등 시간의 경과 속에서 목적의 변화를 연구한 경우는 거의 없다. 목적에 대한 횡단연구는 많지만(예: Bronk et al. 2009; Damon 2008; Reker 2005) 종단연구는 얼마 없으며 그 기간도 대부분 몇 주(예: Steger et al. 2006) 또는 몇 달(Fahlman et al. 2009; Ryff & Essex 1992; Steger & Cashdan 2007; Steger et al. 2008)에 걸쳐 이루어진 것뿐이다. 현재 청소년기와 청년기에 걸쳐 5년 이상 청소년들을 추적한 연구는 하나뿐이다(Bronk 2011, 2012; Damon 2008). 이 연구가 의미 있는 첫 걸음이기는 하나 아직 가야할 길이 멀다.

　목적에 대한 종단연구는 중요한 여러 문제에 접근하는 데 용이하다. 예를 들어 어떤 연구자들은 목적이 특수한 경험을 하거나 전환기를 겪으면서 변화한다고 주장한다(Bronk 2012; Paloutzian 1981; Ryff & Essex 1992; Ryff et al. 1996; Stillman et al. 2009). 그러나 다음과 같은 질문에 답하기 위한 후속 연구가 필요하다. 발달 단계별로 목적은 어떻게 변화하는가? 목적은 안정적인 특성인가 변화하는 상태인가? 청소년기에서 청년기에 걸쳐 확립된 목적은 어떠한 조건하에 중년기와 노년기로 이어지는가? 목적의 연속성이나 단절은 안녕감에 어떠한 영향을 미치는가?

　목적의 안정성과 영속성, 그리고 목적과 안녕감의 관계를 알아보기 위한 연구 외에도, 이 구인 또는 관련된 구인의 인과관계를 밝히기 위한 종단연구가 필요하다. 현재까지 목적과 관련한 연구 대부분은 상관관계만을 보여주었기 때문에 인과적 모델을 드러내기 위한 종단연구가 더 많이 이루어져야 한다(Pinquart 2002). 이런 종류의 연구는 시간과 비용이 많이 들지만 최적의 인간 발달에서 목적의 중요성을 감안할 때 꼭 필요한 연구이다.

비도덕적 목적 또는 고귀하지 않은 목적에 대한 연구

목적에 대한 기존 연구들은 대부분 상관관계를 다루고 있을 뿐만 아니라, 고귀하거나 도덕적인 형태의 목적들에 한정되어 있다. 그러나 목적의 정의를 자세히 보면 이 구인이 반드시 긍정적인 성격일 필요는 없음을 알 수 있다. 비도덕적이거나 고귀하지 않은 형태의 목적들도 분명 존재하며, 이런 형태의 목적들은 도덕적 목적이 안녕감에 기여하는 것과 동일한 방식으로 기여하지 않을 수도 있다. 목적을 전체적으로 이해하기 위해서는 이런 유형의 목적에 대해서도 연구가 필요하다.

어떤 학자들은 목적이 도덕적 혹은 비도덕적인지 그 특성을 결정하는 것이 불가능하지는 않지만 상당히 어렵다고 주장한다. 순수한 상대주의적 관점에서 보면, 목적은 사회적 구인이고 어떤 목적이 고귀한지 아닌지 결정하는 것은 문화적, 개인적 관점에 따라서 달라질 수 있는 해석상의 문제이기 때문이다. 사실 목적의 분류는 사회적, 정치적 역사에 대한, 그리고 사회 구조에 대한 해석에 크게 의존한다.

이러한 [상대주의적] 관점은 역사, 환경, 개인의 변화가 목적에 어떤 영향을 주는지, 그리고 바람직하거나 선하다고 이해되는 것들이 어떻게 시간을 두고 진화하는지 알아내는 데에 도움이 된다. 그러나 도덕적인 목적과 그렇지 않은 목적이 사실상 구분 가능하다는 것이 보다 더 일반적인 공감대를 이루고 있다. 사회과학에서 목적이 고귀한지의 여부를 구분하는 방식에는 네 가지가 통상적으로 쓰이고 있다. 이 구분 방식에 관심 있는 독자는 「청소년기 목적의 본성과 발달(Exploring the nature and development of purpose in youth: A consensus document)」(Bronk et al. 2004)를 참고하기 바란다.

우리가 고귀한 목적과 고귀하지 않은 목적을 구별할 수 있다고 가정하면, 부정적인 목적의 역할을 탐구하는 것이 가능하며, 그렇게 함으로써 목적 구인을 더 잘 이해할 수 있게 된다. 부정적인 목적에 대해 연구할 때 도움이 되는 질문들은 다음과 같다. 비도덕적인 목적을 가진 삶은 어떤 경험을 가져오는가? 고귀하지 않은 목적은 고귀한 목적과 같은 원천에서 출발하는가? 고귀하지 않은 목적을 추구하는 개인의 특징은 무엇인가? 부정적인 목적의 발전은 어떤 경험과 관계있는가? 고귀하지 않은 목적을 만드는 요인에는 어떤 것들이 있고, 이 목적의 방향을 바꾸려면 어떻게 해야 하는가?

부정적인 목적에 대해 알게 되면, 목적의 복잡한 구조에 대해 더 잘 이해할 수 있을 뿐만 아니라, 긍정적인 목적과 최적 발달 사이의 관계를 이해하는 데에도 도움이 된다. 만약 부정적인 목적이 안녕감의 특정 측면과 연관되어 있음을 밝힌다면, 긍정적인 목적이 안녕감의 다른 측면과 연관되어 있다고 볼 수 있기 때문이다. 예를 들어 비도덕적 목적도 개인의 삶에 방향성과 초점이 되는 개인적으로 의미 있고 장기적인 지향점을 제공하며, 이점에서 도덕적 목적과 같다. 본질적으로 목적이 긍정적이든 부정적이든 목적이 가진 목표지향성은 안녕감의 특정 측면과 관련 있을 수 있으며, 이 특정 측면에 대한 이해는 **긍정적인** 목적이 최적의 건강에서 어떤 고유한 역할을 하는지 보여줄 수 있다. 부정적인 목적에 대한 연구가 중요한 이유는 긍정적인 목적에 대한 이해와 복잡한 목적 구인에 대한 더 완전한 이해를 위해서, 그리고 부정적인 목적을 긍정적인 목적으로 돌려놓기 위해서 어떤 개입이 가능한지 알 수 있기 때문이다.

부정적인 경험의 역할

부정적인 목적에 대해서 이해하는 것도 중요하지만, 부정적인 경험이 목적의 발견과 추구에 어떤 역할을 하는지 이해하는 것도 중요하다. 극적인 서사가 담긴 책이나 영화를 보면, 어렵고 혼란스런 상황에 직면해서 목적의식을 상실하는 사람들이 종종 그려진다. 그러나 모든 사람이 꼭 그런 것은 아니다. 어떤 개인은 힘든 경험에도 불구하고 개인적으로 의미 있는 지향점을 향해 나아간다. 프랭클(Frankl)은 분명 그런 사람들 중 하나였다.

> 우리는 절망적인 상황에 직면했을 때조차도, 바꿀 수 없는 운명을 마주했을 때조차도, 인생에서 의미를 찾을 수 있다. 이 사실을 결코 잊어서는 안 된다. 인간의 잠재력을 최대한 발휘하여 비극을 극복함으로써 자신의 난관을 인간적 성취로 전환시키는 것이 중요하다. 수술이 불가능한 암과 같은 불치병에 걸린 경우처럼, 아무것도 할 수 없는 상황에서 우리는 우리 자신을 바꾸는 데 도전한다(Frankl 1959, p 135).

프랭클은 자신의 경험을 들려준다. 그는 나치 수용소에 수감되어 있는 동안 그의 목적을 끝까지 추구했다. 의미와 목적이 안녕감을 높일 수 있다는 그의 믿음은 극도의 박탈과 고통의 경험 중에 다듬어졌다. 그는 로고테라피를 창안했는데, 이는 지속적으로 의미부재를 겪고 있는 사람들을 포함해서 모든 사람들이 자신의 삶의 목적을 발견하게끔 돕는 치료법이다. 프랭클은 고통과 어려움이 목적을 발견하는 선결 요건은 아니지만, 그렇다고 목적 발견과 양립불가능한 것도 아님을 조심스럽게 지적한다.

또한 고통을 겪는 중에 목적의 역할이 무엇인지 알아본 연구는 지금까지 거의 없다. 「고통의 의미 검사」(Meaning in Suffering Test, 이하 MIST, Starck 1983, 1985)는 피할 수 없는 장기간의 고통 중에서조차 목적을 유지할 수 있다는 프랭클의 주장을 확인하기 위해서 만들어졌다. 그러나 이 도구를 채택한 경험적 연구는 거의 없다. Medline, PsychInfo, PsychArticles, CINAHL, ProQuest, Ebsco, MasterFile Premier 데이터베이스를 사용해서 최근 50년간(1956-2006) 이루어진 연구들을 실제로 살펴 본 결과, 이와 관련된 연구는 이 도구의 타당성을 평가한 연구 하나뿐이다(Fjelland et al. 2008). 이 도구가 심리측정학적으로 사용가능하고(e.g. Schulenberg et al. 2006) 고통 중에서도 의미가 중요하다는 프랭클의 주장을 감안할 때, 이 주제의 연구가 진행되어야 한다. 프랭클은 목적이 고통받고 있는 개인들에게 특히 중요하다는 점을 다음과 같이 웅변한다. "자신이 돌아오기를 고대하고 있는 사랑하는 사람들을 향한 책임, 자신이 끝마쳐야 할 일에 대한 책임을 의식하는 사람은 목숨을 가볍게 여기지 않는다. 그는 자신의 존재 '이유'(why)를 알고 있으며 어떤 '방식'(how)으로든 그것을 감당할 능력이 있다."(Frankl 1959, p. 101). 프랭클은 삶의 목적을 가지는 것이 인생의 역경을 견디는 데 도움이 된다고 확신했다. 이 주제에 대한 연구를 통해 목적이 어떻게 고통을 견딜 수 있게 도와주는지 알아낼 수 있다.

프랭클에 따르면 사람들은 비참한 상황에서도 목적을 유지하는 능력을 가지고 있을 뿐만 아니라 인생의 부정적인 사건을 겪고 나서도 목적을 발견할 수 있다. 인생의 부정적인 사건이 어떤 식으로 목적을 위한 방아쇠 역할을 하는지 탐색한 연구는 거의 없다. 목적을 가진 모범사례를 대상으로 이루어진 종단연구가 하나 있는데, 여기서는 가정에서 어려움을 겪고 난 후에 어떤 목적에 뛰어 든 사례를 다루고 있다(Bronk 2012). 뉴스를 보면 개인적, 지역적, 국가적 비극 이후 법률이나 정책을 바꾸려는 일에 매진하는 사람들의 이야기를 들을 수 있다. 위의 모범사례는 이와 같은 주제가 탐구할 가치가 있음을 알려준다. 목적이 최적의 안녕감에 긍정적인 역할을 한다는 점(Benson 2006; Bundick 2010; Damon 2008; Gillham et al. 2011; Peterson & Seligman 2004; Ryff & Singer 2008; Seligman 2011), 목적을 발견하는 비율이 비교적 희박하다는 점을 감안하면 부정적인 경험이 목적의 방아쇠로서 어떤 역할을 하는지 탐색하는 것이 필요하다.

어려운 배경을 가진 청소년들의 목적

목적을 가지는 것이 어려움을 견디게 해준다는 사실에 비추어볼 때, 특히 어려운 배경을 가진 청소년들 사이에서 나타나는 목적에 대해 연구할 필요가 있다. 불치병을 앓고 있는 사람들에게서 목적의 역할을 살펴본 연구들(예: Starck 1983, 1985)이 있지만, 가출 청소년들이나 기본적인 생활조차 쉽지 않은 청소년들에 대한 연구는 거의 없다. 생존을 위해 애쓰는 동안 어떻게 삶의 목적을 찾을 수 있는가? 이들은 어떤 유형의 목적을 추구하는가? 목적을 찾는 동안에는 생존 확률이나 삶의 질이 높아지는가? 물론 이런 집단을 대상으로 목적을 연구하는 것은 매우 어렵겠지만, 이러한 청소년들일수록 목적이 더 중요할 수도 있으므로 이러한 연구는 매우 가치가 있다. 이러한 청소년들을 위한 활동에 종사하고 있는 사람들의 협조를 받는 것은 연구에 도움이 된다. 그들은 청소년들과 이미 관계를 맺고 있고 청소년들의 참여를 더 잘 이끌어낼 수 있기 때문이다. 특수한 집단의 청소년들과 함께 일하면서 그들이 기본적인 필요를 충족시키는 것은 물론이고 현재 처한 상황을 넘어서 생각하도록 도우려면 상당한 정도의 감수성과 자기의식이 필요하다. 그러나 프랭클(1959)의 의견에 비추어 보면 매우 어려운 상황에서도 목적을 발견하는 것은 불가능하지 않으며 삶을 지속시키기 위해 더욱 중요할 수 있다.

여러 가지 유형의 목적

또한 다양한 종류의 목적이 어떻게 발전하고 기능하는지 연구할 필요가 있다. 6장(목적의 여러 유형)에서 자세히 논의했지만 목적을 분류하는 것은 쉽지 않다. 시골에서 교사로 일할 계획을 가지고 있는 여대생의 경우, 시골은 그녀가 좋은 일을 할 수 있는 장소이고, 교사는 가족을 부양할 수 있는 직업이기 때문이었다. 이 학생은 직업형, 가족형, 봉사형 목적을 동시에 언급했다. 따라서 목적을 하나의 범주로 분류하는 것은 어려운 일이다. 그러나 이런 유형의 연구가 아예 불가능하다는 뜻은 아니다. 개인이 가지고 있는 궁극적인 지향점을 훼손하지 않는 선에서 목적을 광범위하게 분류하고 관련된 각각의 측면에서 어떤 포부를 가졌는가를 살펴볼 수 있기 때문이다. 방금 언급한 여대생의 프로파일은 직업형 그리고 가족형 그리고 봉사형 목적으로 동시에 분류할 수 있다.

지금까지 대부분의 경험적 연구들은 장기적 지향점의 여러 유형 중에서 특히 종교형 목적의 역할에 관심이 집중되어 있었다. 6장(목적의 여러 유형)

에서 논의했듯이 일련의 연구들을 통해 종교형 목적의 특수성에 대해서 많은 것을 알 수 있다. 가족형, 예술형, 직업형, 시민형 목적에도 종교형 목적과 유사한 접근이 필요하다. 다양한 유형의 목적들은 발달 과정, 필요한 지원, 목적 추구에서의 어려움이 다르게 나타날 수 있다.

다음과 같은 이유로 서로 다른 유형의 목적을 이해하는 연구가 필요하다. 첫째, 각 유형의 목적을 지원하기 위한 효과적인 프로그램과 개입은 어떻게 설계되어야 하는지 알 수 있다. 둘째, 목적에 대한 보다 완전한 이해를 위해서 각각의 목적이 어떤 잠재적 형태로 기능하는지 알 수 있다. 예를 들어 예술형 목적은 대체로 개인 혹은 대의명분보다 예술적 형식을 위해 봉사한다. 이러한 목적은 개인이 다른 사람에게 직접적인 영향을 주고자 하는 시민형의 봉사지향적 목적과 분명이 다르며, 이러한 지향점은 종교형 목적이나 정치형 목적처럼 개인적으로 의미 있는 가치를 위하는 형식과도 다를 수 있다. 집단이나 대의명분, 개인적 가치보다 예술의 형식에 봉사할 때 최적의 인간 기능은 어떻게 나타날 것인가?

구체적인 목적 안에서도 유사점과 차이점을 세분화 할 수 있다. 따라서 예컨대 직업형 목적 안에서 서로 다른 지향점을 탐구하는 연구가 필요하다. 교사, 간호사, 사회복지사 등의 특수한 직업에서는 다른 직업에서보다 목적이 더 고취되는지 알아볼 필요가 있다. 같은 분야에서 자신의 직업을 소명으로 바라보는 사람들과 그렇지 않은 사람들을 비교하는 연구 또한 필요하다. 이러한 연구를 통해서 특정 유형의 직업을 지향하는 목적이 구체적으로 어떻게 발달하는지 알 수 있다. 이 연구들은 중고등학교와 대학교의 프로그램, 인턴십, 진로상담에 중요한 시사점을 줄 수 있으며 정책적 함의를 제공한다.

비교문화연구 및 문화연구

여러 유형의 목적에 대해 탐색하는 것 외에도, 문화나 민족의 차이가 목적에 어떻게 반영되는지에 대해서도 연구할 가치가 있다. 목적이 무엇이며 그것이 어떻게 기능하는지 온전히 이해하기 위해서는 비교문화연구나 문화 연구가 필요하다. 비교문화연구는 서로 다른 문화에서 나타나는 심리적 차이를 조사하는 데 비해 문화연구는 한 문화 내에서 나타나는 차이에 초점을 맞춘다(King et al. 2006). 이 두 가지 접근법을 통해 첫째, 목적의 보편적 측면과 특수한 측면은 무엇인지 더 잘 이해할 수 있고, 둘째, 다양한 개인들 사이에서 목적이 어떻게 발달하는지 이해할 수 있다.

목적에 대한 비교문화연구는 극히 일부에 불과하며, 문화연구는 주로 미국의 사례에 국한되었다. 목적 또는 관련 구인들을 측정하는 몇 가지 도구가 여러 언어들로 번안되었지만(예: 「일본판 삶의 목적 검사」(Japanese Purpose in Life Test, 이하 J-PIL, Okado 1998); 「중국판 삶의 목적 검사」(Chinese Purpose in Life Test, 이하 C-PIL, Shek et al. 1987); 「일본판 삶의 의미 설문」(Japanese Meaning in Life Questionnaire, 이하 JMLQ, Steger et al. 2008), 실제 연구는 많이 이루어지지 않았다. 일부 비교문화연구에서는 미국인과 미국내 이민자를 비교하여 목적이 얼마나 나타나는지 비교하였다(예: Shek et al. 1987; Steger et al. 2008). 연구 결과 동양권 문화에서 온 이민자보다 미국인에게서 목적과 의미가 더 많이 나타났고(예: 한국인과 미국인-Hauser et al. 1992; 중국인과 미국인-Shek et al. 1987; 일본인과 미국인-Steger et al. 2008), 의미를 찾기 위한 노력은 미국인보다 동양권 문화에서 온 이민자에게서 더 많이 나타났다(Steger et al. 2008). 연구자들은, 미국과 같은 개인주의적 문화에서는 행위 주체로서의 개인(individual agent)을 강조하기 때문에 이런 차이가 나타난다고 주장한다(Heine et al. 2001). 개인주의적 문화에서는 자아에 대한 긍정적인 느낌을 갖도록 격려한다(Heine et al. 2001). 의미와 목적의 실재는 긍정적 느낌(King et al. 2006), 안녕감(Seligman 2002; Zika & Chamberlain 1987; Gillham et al. 2011)과 관련이 깊다. 반대로 상호의존적 문화에서는 공동체 및 사회 네트워크의 구성원으로서의 개인을 강조하며, 자기향상(self-enhancement)을 위해 노력하도록 격려한다(Heine et al. 1999; Oishi & Diener 2003). 이 문화권에서는 결과보다 과정에 더 관심을 갖는 편이며, 따라서 의미의 탐색이 당연한 것으로 받아들여진다. 이와 같은 연구 결과들은 목적의 성격에 있어서 문화적 차이가 존재한다는 것을 시사하며, 추가적인 비교문화연구가 필요하다는 사실을 부각시키고 있다.

또 다른 종류의 문화연구도 필요하다. 지금까지 목적에 관한 대부분의 연구는 자율성을 강조하는 서구 문화에서 이루어졌다(예: Crumbaugh & Maholick 1964; Damon 2008; Ryff & Singer 1998). 이렇듯 한정된 결과로는 목적 구인을 완전히 이해하는 데에 충분하지 않다. 특히 공동체적 윤리나 종교적 윤리를 가지고 있는 문화에서 목적의 성격과 형식을 밝힌 결과물은 거의 없다(Shweder 2003). 짐작컨대 이러한 문화에서 목적은 각각 가족과 공동체에 대한 책임이나 신앙에 대한 충실성을 더 강조할 수 있다. 이러한 문화는 자기 자신에 대한 책임감보다는 공동체나 신에 대한 의무감을 강조하기 때문에, 자아를 넘어선 지향점과 자기중심적인 지향점이 일치할 가능성이 있다(Bronk et al. 2004). 그러나 이와 같은 문화적 특성이 목적의 편재성, 목적의 발달, 목적의 역할에 어떤 영향을 주는지 아직 알려진 바가 없다.

또한 어떤 문화에서는 청소년들이 일찍부터 평생 헌신할 목적을 미리 결정하는 경우가 있다. 이런 문화에서 청소년들은 스스로 희망하는 진로를 선택하기보다 이미 마련된 특정 진로를 준비한다. 이러한 상황은 목적의 성격에 영향을 준다. 서구 문화에서는 스스로 목적을 발견해야 하는 반면 이런 문화에서는 목적과 정체성을 계속 일치시켜야 한다. 이러한 차이는 통과의례에도 반영되어 나타난다. 현재 미국이나 많은 서구 문화에서 통과 의례가 거의 남아있지 않지만, 통과 의례가 남아있는 문화에서는 청소년들에게 자신감(self-confidence)과 자기지식(self-knowledge)을 가지도록 격려한다(Bronk et al. 2004). 통과 의례에서 행해지는 의식들은 공동체 안에서의 성인 역할로 입문함을 뜻한다. 상호의존적 문화에서의 관습과 기대가 청소년들의 목적 발달에 어떤 영향을 미칠 것인지에 대한 연구가 필요하다.

문화적 차이에 대한 이러한 논의는 매우 피상적이다. 목적과 관련된 문화적 차이에 대해서 전부는 고사하고 가장 중요한 가능성조차 개관하지 못하고 있다. 따라서 목적 구인과 관련하여 비교문화연구 및 문화연구가 더 필요함을 알 수 있다.

목적의 신체적 유익

목적이 이끄는 삶을 살아가는 것이 신체적으로 어떤 유익이 있는지 알아볼 필요가 있다. 이 분야의 연구는 아직 초기 단계지만 지금까지의 결과들을 보면 기대를 가질 만하다. 3장(최적의 인간 기능에서 목적의 역할)에서 자세히 논의했듯이 높은 목적 점수는 심혈관계 건강을 포함해서 건강을 나타내는 지표와 관련이 있다(Ryff et al. 2004). 목적을 가진 사람들은 알츠하이머병, 경도인지장애(Boyle et al. 2010), 만성 통증을 가질 가능성이 적다(Kass et al. 1991). 실제로 목적을 가진 사람이 목적이 없는 사람보다 생존 가능성이 높다는 연구도 두 건이 있었다(Boyle et al. 2009; Krause 2009).

목적과 건강 지표 간의 상관은 일관되게 나타나지만 그다지 높은 편은 아니다. 게다가 목적과 신체적 안녕감 사이의 관계에 대한 연구는 극히 일부에 불과하다. 신체적 건강에 미치는 목적의 역할에 대한 심층적인 연구가 필요하며, 인과관계를 검증하기 위한 종단연구 역시 필요하다. 목적이 신체적 건강에 기여하는 것인지 아니면 신체적으로 건강한 사람들이 목적을 추구하는 경향이 더 높은 것인지, 아니면 제3의 변수가 목적과 신체적 건강을 증진하는 것인지 등에 대한 연구가 필요하다.

목적 발달의 지원

마지막으로 삶의 목적을 갖는 것이 신체적 건강(예: Ryff et al. 2004)과 심리적 건강(Bronk 2008; Bronk et al. 2009; Damon 2008)과 일관되게 관련있음을 감안할 때, 그리고 목적에 헌신하는 청소년의 비율이 실제로 그다지 많지 않음(Bronk et al. 2009; Damon 2008; Bronk et al. 2010)을 감안할 때, 목적의 발달을 지원하고 육성하는 방법에 대한 경험적 연구가 더 필요하다. 5장(목적의 기원과 지원)에서는 개인적으로 의미 있는 포부를 기르기 위한 효과적인 방법에 관한 기존 연구들을 종합하였다. 5장에서 자세히 설명한 바와 같이 비교적 간단한 개입일지라도 청소년들이 삶의 목적을 발견할 가능성에 큰 영향을 미칠 수 있다(예: Bundick 2011; Dik et al. 2011; Pizzolato et al. 2011). 소수의 개입 연구 외에 목적의 발달을 지원하는 방법에 관한 연구는 대부분 이론적인 것이지만 선행 연구들에 의해 어느 정도는 지지된다. 이론적 결과들은 목적의 기능과 관련된 경험적 결과들과 대체로 일치하지만, 목적에 직접적으로 초점을 맞춘 연구, 특히 특수한 조건에서의 경험적 연구가 필요하다.

예를 들어 부모들이 가정에서 목적을 기르는 데 어떤 도움을 줄 수 있는지 그 방법을 알아볼 필요가 있다. 놀랍게도 이 주제를 직접적으로 다룬 경험적 연구는 없다. 이론적 연구에서는 부모들이 대화를 통해 자녀들이 개인적 가치에 대해서 성찰하고 토론할 수 있도록 돕고, 단기 목표보다는 장기 목표에 집중하도록 격려해야 한다고 제안한다(Damon 2008; Fry 1998). 부모들은 자녀들과 자신의 목적을 함께 공유하고(Damon 2008) 자녀들이 잠재적으로 유목적적인 활동들에 참여하여 그들의 흥미와 재능이 어디에 있는지 탐색하도록 해야 한다(Bronk 2012; Shamah 2011). 이러한 제안들은 부모들에게 유용한 출발점을 제공하지만, 이 지침이 실제로 어떻게 작용하는지, 어떤 단계가 있는지, 어떤 전략이 효과적인지 알아보는 연구들이 더 필요하다.

또한 학교를 대상으로 하는 경험적 연구가 필요하다. 목적의 지원과 관련하여 학교를 대상으로 한 연구가 수행된 적은 거의 없다. 기존 연구에서는 학생들이 목적을 발견할 수 있도록 교사, 코치, 관리자들이 여러 가지 조치를 취할 수 있다고 하였다(예: Dik et al. 2011; Pizzolato et al. 2011). 지금까지의 연구에서는 목적 개발에 대한 부차적 프로그램(add-on approaches)에 관한 연구가 대부분이었다. 다시 말해 기존 프로그램에 목적 관련 성찰을 위한 대화, 활동, 개입 등을 추가하는 방식이다. 이미 많은 교사와 관리자들은 다양한 과외 활동에 과중한 부담을 느끼기 때문에 부가적 프로그램과 요구 사항들은 폭넓게 수용되기 어렵다. 게다가 일회성 개입은 그 효과에 한계가 있다. 목적을 개발하기 위해서는 먼저 학교 문화가 형성되는 것이 이상적이다. 즉 목적 개발이 일회성 활동이 아니라 학교 전체의 지속적인 활동에 의해 이루어져야 한다. 그러나 이러한 학교 문화가 실제로 어떤 모습으로 나타나며 어떻게 해야 이러한 문화가 형성되는지 먼저 알아볼 필요가 있다.

학교에서의 진로상담이나 대학 내 상담은 목적에 대해 깊이 토론할 수 있는 기회가 된다. 비교적 단기간의 진로상담만으로도 다양한 직업을 고려하는 학생들 사이에서 목적 비율이 크게 증가했다는 결과가 있다(Dik et al. 2011). 그러나 학생들이 미래에 개인적으로 의미가 있다고 여기는 지향점이 무엇인지 확인하고 이를 통합하는 가장 효과적인 지원 방법이 무엇인지에 대해 연구가 필요하다. 또한 현존하는 프로그램이 개인적으로 의미 있는 지향점의 발달을 지원하는 데 기여하고 있는지, 있다면 어느 정도인지 확인하는 프로그램 평가도 필요하다.

목적 발달과 관련하여 살펴보아야 할 또 다른 중요한 요소는 멘토링 관계이다. 목적에 대한 경험적 연구들은, 멘토와의 친밀하고 장기적인 관계가 목적을 가진 청소년과 그렇지 않은 청소년을 구분할 수 있음을 보여준다(Bronk 2008). 청소년들과 열정을 공유할 수 있는 성인은 비판적인 지지, 지도, 격려를 제공하는 중요한 멘토 역할을 할 수 있으며(Bronk 2012; Parks 2011), 청소년들이 자신의 목적에 대해 성찰하도록 돕는다(Bundick 2011; Fry 1998; Pizzolato et al. 2011). 그러나 목적을 추구하는 청소년들이 멘토와 어떻게 만나게 되는지, 멘토들이 개인적으로 의미 있다고 여기는 삶의 지향점을 중심으로 청소년들과 어떻게 상호작용해야 효과적인지 아직 알려진 것이 없다. 어떤 종류의 대화가 특히 유용한가? 목적을 분명히 가지고 있지만 수줍음이 많거나 사교적이지 못한 청소년들에게는 어떻게 다가가야 하는가? 시간이 지남에 따라 목적을 발견하고 헌신을 유지할 수 있도록 돕는 체계적인 멘토-멘티 매칭 방식은 무엇인가? 청소년들이 목적에 대해서 깊이 성찰하도록 하려면 어떤 대화를 해야 하는가? 목적의 발달을 돕는 멘토의 역할을 포함해서 사회적 지원에 대한 더 많은 연구가 필요하다.

프랭클의 책(1959), 심리적 안녕감에 관한 리프(Ryff)의 연구(Ryff & Keyes 1995; Ryff & Singer 1998), 그리고 긍정심리학의 성장으로 말미암아 목적 구인에 대한 심리학적 관심이 크게 증가하였다. 특히 지난 15년간 목적 구인에 초점을 맞춘 경험적 연구와 이론적 논문들이 상당히 많이 증가했다. 연구들은 목적과 관련한 중요한 문제들을 폭넓게 다루고 있고, 목적의 성격, 편재성, 형식, 그리고 전생애적 발달에서 목적의 역할, 최적의 인간 기능과의 관련성 등에 대해서 탐구하였다. 그러나 이 중요한 구인에 대한 심리학적 관심 자체는 아직은 새로운 현상이다. 목적의 삶을 영위하는 것이 어떤 점에서 이로운지 더 잘 이해하기 위해서 분명 더 많은 연구가 필요하다.

이와 동시에 목적의 한계를 탐구하는 것도 중요하다. 비록 이 구인이 긍정적인 결과와 연관되어 있지만, 최소한 일부 경우에 있어서는 행복과 연관되지 않는다. 이런 연구들을 통해서 목적 구인의 한계가 조명되기 시작했다. 목적도 다른 심리적 개념들처럼 한계를 가지고 있다. 모든 상황에서 모든 사람의 모든 질병을 치유할 수 있는 단 하나의 구인은 존재하지 않는다. 그러므로 목적의 잠재력뿐만 아니라 그 한계가 무엇인지 밝히는 경험적 연구들이 더 필요하다. 목적에 관해서 충분히 이해한다면 그만큼 삶의 목적을 추구하는 사람들에게 도움을 줄 수 있을 것이다.

참고문헌
References

본 **QR코드**를 스캔하시면, '삶의 목적 - 청소년기 최적 발달의 핵심 요인'의
각 장에 실린 참고문헌을 확인하실 수 있습니다.

역자 후기
Epilogue

　공역에 참여했지만 나는 이 책의 주제에 약간 떨어져 교육철학을 공부하는 사람이다. 그럼에도 불구하고 매우 흥미롭게 이 책을 읽었고 우리말로 옮기는 과정에서도 여러 가지 질문을 갖게 되어 많은 공부가 되었다. 이 후기를 통해서 이 책에 언급된 몇 가지 주요개념에 대한 철학적 배경을 소개하고, 이 책을 다 옮기고 난 간단한 소회를 적어보고자 한다.

　우선 아리스토텔레스의 "에우다이모니아(eudaimonia)"는 1장에서부터 목적 개념의 중요한 근거로 등장한다(p. 28). 행복이라고 번역할 수도 있는 이 단어는 단순한 쾌락적(hedonistic) 행복과 구분해서 이해할 필요가 있다(cf. p. 88, 185). 이 그리스어 단어는 '잘(well)'을 의미하는 '에우(eu)'와 영적이고 신적인 존재(daimon)의 결합으로 이루어진 말이다(Aristotle, 이창우 외 역, 2008: 458). 따라서 선한 혼, 또는 정령(daimon)이 만들어내는 (내면의) 상태를 의미한다. 물론 우리 바깥에 존재하는 초월적 존재나 신비한 힘이 있어서 그것이 인간에게 베푸는 호의 같은 것을 떠올려서는 안 된다. 소크라테스는 「변론」에서 자신의 삶이 다이몬의 규제("나에게는 신이 내려주시는 신성한 목소리 같은 것이 있습니다. 어렸을 때부터 이 목소리를 들었습니다." Apologia, 31b)에 이끌렸다고 말하는데, 오늘날의 독자들이 이해할 수 있게끔 소박하게 풀이하면, 인간으로서의 자신의 본연, 자아의 진실성에 호소하는 양심의 소리나 내면의 울림을 듣고 이를 실천으로 옮기고자 했다는 뜻이다. 그래서 소크라테스의 삶은 "자신의 내부에서 내리는 지령에 대한 응답으로 가득 차 있었다."(Brumbaugh & Lawrence, 1963: 50). 소크라테스의 제자였던 플라톤은 이를 발전시켜서 "한 사람의 행복은 전적으로 그가 받은 교육과 그가 이룬 정의에 달려 있다"(Gorgias, 470e)고 말함으로써, 인간의 행복은 지혜에 대한 사랑, 정의를 향한 마음의 활동이 자연스럽게 흘러나오는 결과라고 해석한다. 아리스토텔레스는 이와 같은 에우다이모니아 개념을 철학적으로 완성의 경지에 올려놓은 사람이다. 그에게서 잘삶(well-being)은 단순히 그저 닥치거나 우연히 일어나는 것, 즉 외적인 행운이나 괜찮은 운명 때문이 아니라 인간 내부의 탁월한 요인들(미덕, 그리스적 개념에서 아레테 arete)이 작용한 성과이다.

이렇게 소크라테스에서 아리스토텔레스까지 이어지는 인간 내면으로의 전환은 교육의 역사에서 중요한 전기가 된다. 그 당시 그리스 비극작가들은 인간의 삶과 행복을, 그가 가진 미덕과 관계없이 인간의 삶을 마구 주무르는 운명의 장난이나 신의 개입으로 묘사했다. 그래서 그들의 에우다이모니아 개념은 이런 운명론에 대한 인본주의적 저항이었다. "예나 지금이나 교육이론은, 운명이나 신적 존재로부터 독립적으로 자기 자신을 위한 인간의 노력, 그 노력에 관한 이론"(Brumbaugh & Lawrence 1963: 51)이다. 이와 같은 배경 때문에 리프(Ryff), 또는 리프와 싱어(Ryff & Singer)의 심리적 안녕감(psychological well-being)에서 에우다이모니아는 중요한 개념이고, 개인의 가능태를 실현하는 것(p. 125)과 관련 있는 것이다. 1장에서 소개하는 대로 에우다이모니아는 "우리 각자 가진 능력을 최고로 끌어올려 활동한 성과"이며, "미덕과 탁월성에 부합하도록 개인적으로 의미 있는 행위를 한 결과"를 가리킨다(p. 28).

또 한 가지 눈여겨 볼 단어는 "노에틱(Noetic, p. 25)"이다. 프랭클(Frankl)은 이 단어의 의미를 설명하면서 물질의 축적과 대비되는 인간동료들 사이의 공감, 인정, 수용을 강조한다. 삶의 의미가 전자에 있지 않고 후자에 있는 동기를 가리켜 '노에틱'이라고 이름붙일 수 있다는 것이다. 노에틱은 그리스어로 지성(intelligence)을 뜻하는 "누스(Nous)"와 누스에 의한 앎을 뜻하는 "노에시스(noesis)"에서 파생된 형용사이다. 누스를 이해하기에 가장 좋은 텍스트는 플라톤 「국가」에 나오는 선분의 비유(509d 이하)이다. 선분의 비유를 통해서 플라톤은 인간의 마음이 무지로부터 지식으로 나아가는 발달단계를 설명한다. 인간은 완전히 캄캄하고 혼돈의 상태에서 밝고 정돈된 상태로 나아가는데, 그 단계는, 사물의 겉모습이나 표피만을 보고 상상이나 짐작에 사로잡힌 에이카시아(eikasia, 억견)에서 사물의 직접적 감각에서 확실성을 찾는 피스티스(pistis, 확신), 학문적 탐구에 의해서 사물의 형식을 알아가는 디아노이아(dianoia, 추론적 사고), 그리고 마지막으로 변증술적 원리에 의해서 원리들을 궁극적인 지점까지 쫓아가는 노에시스(noesis, 지성적 인식)까지 이어진다. 앞의 두 단계가 감각에 의한 의견이라면, 뒤의 두 단계는 지성에 의한 앎이다. 따라서 노에시스는 다수의 감각대상들로부터 형식을 끄집어내는 일(종합)과 그 형식이 어떻게 다수의 상이한 감각대상들 속에 나타나는지를 보는 일(분리), 즉 종합과 분리를 넘나드는 지적 안목이다. 물론 이 책의 저자 브롱크는, 프랭클의 노에틱을 설명하면서 이와 같은 인식론적 의미로 쓰지 않는다. 대신 자아를 넘어선(beyond the self) 요소의 통합적 특징을 통해서 개인이 보다 넓은 세계에 능동적으로 참여하는 실천적 동기로 설명한다. 여기서 자아를 넘어선 세계의 참여란 타인에 대한 봉사를 추구하는 특징으로 풀이할 수도 있겠지만(p. 69), 노에틱과의 관련을 생각해보면, 공동체의 진보와 개인의 정체성 발달 사이의 필연적 관련을 환기하는 말로 풀이된다(p. 121). 노에틱은, 감각의 상이함 속에서 궁극적 원리를 찾고, 다시 그 원리로써 삶의 질서를 재편하는 지성 본연의 기능을 가리킨다. 그러므로 이 책에서 노에틱은 삶의 여러 이질적인 목표들 사이에서 보다 큰 세계, 보다 종합적인 차원을 봄으로써 품게 되는 목적의 측면을 가리킨다. 이 책에서 계속해서 목적이 '자아를 넘어선 차원'을 가지고 있다고 강조하는 이유도, 지성을 가진 존재로서 인간의 목적은, 단순히 눈앞의 욕구 충족을 넘어서서, 장기적 관점에서 삶의 여러 측면을 동시에 보고 내가 몸담고 있는 공동체 전체, 내가 발을 딛고 서있는 세계 자체를 주시하는 안목을 요구하기 때문일 것이다.

　　마지막으로 이 책의 가장 중요한 주제인 목적에 대해서 생각해 보자. 칸트(I. Kant)는 「판단력비판」에서 목적을 이렇게 정의한다. "목적이란 한 개념이 대상의 원인으로 간주되는 한에서 그 개념의 대상이다." 이어서 "그러므로 가령 한낱 대상에 대한 인식이 아니라 대상 자체가 결과로서 오로지 그 결과의 개념에 의해서만 가능한 것으로 생각되는 곳에서, 사람들은 하나의 목적을 생각한다."(CJ, V220). 너무도 추상적인 이 규정을 칸트가 사용한 구체적인 예를 들어 설명하면 이해가 좀 더 쉬울 것이다. 가령 어떤 사람이 임대료를 받기 위한 목적으로 집을 지으면, 집이라는 대상의 원인은 임대료라는 건축주의 개념이 되는 것이다. 이러한 목적론적 설명은 인간의 활동, 인간의 기예에 주로 적용되고(CJ, V370), 인간의 욕구능력, 의지 때문에 가능하다. 이러한 목적론적 인과성은, 자연에서 흔히 관찰되는 기계론적 인과성이 원인—결과로 이어지는 전향적 연쇄만이 있는 데 반해서(예를 들어 바람이 불어 깃발을 나부끼게 하고, 바람은 기압골의 차이로 일어나고, 기압골의 차이는 등등), 서로가 원인이자 결과가 되는 상호의존적인 특징을 갖는다. 임대료의 원인이 건물의 건축이고, 건축의 원인이 임대료이기 때문이다. 한 마디로 어떤 현상을 목적의 개념으로 설명한다는 것은, 다른 원인이 아니라 행위자의 마음속에서 원인을 찾고자 하는 것이며, 그 원인과 대상 사이의 상호의존적 관련을 보는 것이다. 그러므로 목적의 개념은 행위의 동기를 설명하는 다른 어떤 심리적 개념보다도 행위자의 내면에, 그가 품는 개념에, 그리고 사고와 신념들로 이루어진 행위자의 정체성에 더 집중하게 만드는 것일지도 모른다.

앞에서 말했듯이 교육철학전공자로서 교육심리학에 속한 이 책의 번역에 참여하게 된 필연적인 이유가 있지는 않다. 그럼에도 불구하고 제안이 들어왔을 때 사양하지 않은 이유는 "인간행위"에 대한 관심 때문이었다. 나는 인간행위의 개념에 관심을 두고 있었고, 행위를 이끌어가는 동력으로 간주되는 목적의 개념에 대해서 심리학이 어떤 목소리를 내는지 궁금해졌다. 이 책을 다 옮기고 난 후에도 여전히 나는 목적이 사전적(事前的) 지침이 아니라 사후적 요약이라는 생각에 변함이 없다. 목적(aim)이라는 말은 "총을 쏜다거나 돌을 던지는 것과 같은 상황에 들어맞는 말로서 맞추기 쉽지는 않지만 표적으로서 겨냥한다"는 뜻이다(Peters, 1970). 동사로도 쓰일 수 있어서 주로 동작이나 활동과 관련한 용법으로 쓰이는 aim, 명사로만 쓰이는 purpose, 염두에 두고 있는 예측가능한 활동의 성과를 의미하는 end를 구태여 구분할 수도 있겠지만, 이 세 단어는 목적에 해당하는 동사형태가 없는 우리말로서는 모두 '목적'이라고 묶어서 번역할 수 있고, 이 책에서도 거의 같은 뜻으로 쓰이고 있다. 이 단어들이 가리키는 '목적'은 미래의 어느 시점에 소망하는 어떤 상태를 머릿속에 떠올리면서 그것에 도달하기 위해서 행위를 할 때 쓰는 개념이다. 그래서 우리는 목적이 우리 삶을 이끈다고 "생각한다". 그러나 내가 믿기로 목적이 삶을 이끄는 과정은 간단한 일직선의 과정이 아니다. 목적을 세우고 그 목적달성에 적합하고 유리한 행동을 하면 바로 목적에 도달하는 것이 아니기 때문이다. 행위는 늘 즉흥무도와 같은 것이어서 폭풍우가 휘몰아치는 바다위에서 벌이는 항해술이 필요하다. 인간의 삶이 미래를 떠올리면서 현재를 끌고 가는 듯 보여도 미래란 늘 불확실하고 미리 알 수 없는 것이기 때문이다. 오히려 우리가 무엇을 할 수 있는가는 우리가 무엇을 어떻게 해왔는가에 관한 지식이다(Oakeshott, 2001). 목적이란 과거를 돌아보면서 자기를 이해하게 되는 반성적, 회고적 관심으로 얻어낸 지식이기 때문에 오히려 행위의 동력을 갖는 것이 아닐까? 복잡다단한 행위들로 이루어진 삶에서 목적이란, 폭풍우가 휘몰아치는 성난 바다 위에서 잠깐 숨 돌릴 틈을 얻어 돌아온 길을 보며 감사와 다짐을 할 때 떠올리는 초점일지 모른다.

이렇게 쓰고 보니, 나는 이 책을 이해했다기보다 아직도 궁금한 것이 더 많다. 본래 배움의 신비란 알게 되는 것보다 알지 못하는 더 많은 것을 남기는 데 있겠지만 이런 철학도 특유의 고질병이 오히려 번역의 질을 높이는 데 방해가 된 것 같아 미안한 마음이 있다. 이 역서에 들어있는 오역은 역자의 이해부족과 고집 탓임을 널리 양해해주기 바란다. 그럼에도 불구하고 이 책은 분명 독자들에게도 "목적이 이끄는 삶"에 대한 여러 질문을 던져줄 것이다.

끝으로 이 책의 공역자인 임효진 교수에게 감사의 뜻을 전하지 않을 수 없다. 심리학에 문외한인 나의 우둔함을 잘 참아 내고 언제나 열정적으로 번역과정을 이끌었다. 학자가 품고 있는 이론적 관심이 그의 삶에도 배어나옴을 보게 되는 것은 유쾌한 경험이다. 열정과 그릿에 대한 그의 관심이 큰 성과로 나타나기를 기원한다.

2020년 5월
박주병 씀

* 참고문헌 :

Aristotle, 이창우 외 역(2008). *니코마코스 윤리학*. 이제이북스.

Brumbaugh, R. S & Lawrence, N. M. (1963). *Philosophers on education.* Boston, MA: Houghton Mifflin.

Oakeshott, M. (2001). *The voice of liberal learning.* Carmel, IN: Liberty Fund.

Peters, R. S. (1970). *The logic of education.* London: Routlege.

 Springer

삶의 목적:
청소년기 최적 발달의 핵심요인

초판발행   2020년 6월 15일

지은이   Kendall Cotton Bronk
옮긴이   임효진 · 박주병
펴낸이   노 현

편 집   장유나
기획/마케팅   노 현
표지디자인   박현정
제 작   우인도 · 고철민

펴낸곳   ㈜ 피와이메이트
             서울특별시 금천구 가산디지털2로 53 한라시그마밸리 210호(가산동)
             등록 2014. 2. 12. 제2018-000080호
전 화   02)733-6771
f a x   02)736-4818
e-mail   pys@pybook.co.kr
homepage   www.pybook.co.kr
ISBN   979-11-90151-88-7   93370

* 파본은 구입하신 곳에서 교환해 드립니다. 본서의 무단복제행위를 금합니다.
* 역자와 협의하여 인지첩부를 생략합니다.

정 가   17,000원

박영스토리는 박영사와 함께하는 브랜드입니다.